滋賀県の教員採用試験過去問シリーズ❸

2025年度版

滋賀県の国語科

過去問

協同教育研究会 編

協同出版

本書には，滋賀県の教員採用試験の過去問題を収録しています。各問題ごとに，以下のように5段階表記で，難易度，頻出度を示しています。

難　易　度

非常に難しい	☆☆☆☆☆
やや難しい	☆☆☆☆
普通の難易度	☆☆☆
やや易しい	☆☆
非常に易しい	☆

頻　出　度

◎	ほとんど出題されない
◎◎	あまり出題されない
◎◎◎	普通の頻出度
◎◎◎◎	よく出題される
◎◎◎◎◎	非常によく出題される

※本書の過去問題における資料，法令文等の取り扱いについて

本書の過去問題で使用されている資料や法令文の表記や基準は，出題された当時の内容に準拠しているため，解答・解説も当時のものを使用しています。ご了承ください。

はじめに～「過去問」シリーズ利用に際して～

教育を取り巻く環境は変化しつつあり、日本の公教育そのものも、教員免許更新制の廃止やGIGAスクール構想の実現などの改革が進められています。また、現行の学習指導要領では「主体的・対話的で深い学び」を実現するため、指導方法や指導体制の工夫改善により、「個に応じた指導」の充実を図るとともに、コンピュータや情報通信ネットワーク等の情報手段を活用するために必要な環境を整えることが示されています。

一方で、いじめや体罰、不登校、暴力行為など、教育現場の問題もあいかわらず取り沙汰されており、教員に求められるスキルは、今後さらに高いものになっていくことが予想されます。

本書の基本構成としては、出題傾向と対策、過去5年間の出題傾向分析表、過去問題、解答および解説を掲載しています。各自治体や教科によって掲載年数をはじめ、「チェックテスト」や「問題演習」を掲載するなど、内容が異なります。

また原則的には一般受験を対象としております。特別選考等については対応していない場合があります。なお、実際に配布された問題の順番や構成を、編集の都合上、変更している場合があります。あらかじめご了承ください。

最後に、この「過去問」シリーズは、「参考書」シリーズとの併用を前提に編集されております。参考書で要点整理を行い、過去問で実力試しを行う、セットでの活用をおすすめいたします。

みなさまが、この書籍を徹底的に活用し、教員採用試験の合格を勝ち取って、教壇に立っていただければ、それはわたくしたちにとって最上の喜びです。

協同教育研究会

CONTENTS

第１部

滋賀県の
国語科
出題傾向分析

滋賀県の国語科　傾向と対策

出題分野は、中学校・高等学校で異なる。中学校では現代文(評論)、古典(古文)および漢字、学習指導要領で記述中心である。高等学校では現代文(評論)と古典(古文・漢文)のみで、記述中心である。この傾向は、ここ数年続いている。

中学校の一つ目の評論は、竹西寛子『庭の恵み　古人とともに』からの出題。①文中からの抜き出し　②現代語訳　③傍線部の内容(三問、そのうち一問(六十字以内))　④傍線部の説明などが出された。二つ目の評論は、鴻巣友季子『翻訳ってなんだろう？　あの名作を訳してみる』からの出題。①文節の数　②品詞と活用形　③空欄補充　④欠文補充　⑤傍線部の説明(五十字以内)が出された。難易度は標準。

評論は論理的、体系的文章である。語句の解釈、文の構成・文と文、段落相互の関係を論理的に考えながら趣旨を把握することが大切である。

古文は、鴨長明『発心集』からの出題。①作品名　②主語の異なるもの　③現代語訳　④現代仮名遣い　⑤傍線部説明　⑥空欄補充　⑦傍線部の理由説明が出された。難易度は標準。

古文の学習では、基本的古語の意味、文法(動詞・助動詞の意味、活用)、敬語への理解を深めることが大切となる。まずは、基礎をしっかりと固め、過去問を解くことで応用力を身につけ、古文読解力を高めることが重要である。

高校の評論は、野家啓一『はざまの哲学』からの出題。記述式中心。①漢字の読み書き　②傍線部の説明(二問、選択式と六十字以内)　③傍線部の理由説明(六十字以内)　④文中からの抜き出し(四十字以内)　⑤空欄補充　⑥文中の人物の考えの説明が出された。難易度は標準以上。

古文は『大和物語』からの出題。①古語の読み　②古語の意味　③助動詞の文法的意味と活用形　④文中の敬語の種類　⑤現代語訳　⑥傍線部の理由説明(記述式→字数制限なしと選択式の二問)が出された。難易度は標準。

漢文は『孔子家語』からの出題。記述式中心。①漢語の読み　②傍線部解釈　③書き下し文と解釈　④訓点　⑤現代語訳　⑥傍線部と同じ漢字の選択　⑦傍線部の理由が出された。難易度は標準。

漢文は高等学校のみの出題であるが、漢文の学習においても古文の学習と同様に基礎的な知識の定着が重要である。漢字の読み・意味、句形、返り点、書き下しなどの基礎を徹底的に習得しその応用として過去問を解く学習に取り組み漢文読解力を身につけるようにしたい。

中学校の漢字は読みと書き取りが五題ずつで難易度は標準。

漢字の学習では語句の意味を捉えた上で、同音異義語や異字同訓に注意を払う必要がある。

学習指導要領は、中学校で、第二学年の目標及び内容から空欄補充の形で問われた。難易度はやや易しい。

学習指導要領は、改訂の趣旨、改善内容を踏まえて教科目標、中学では学年目標・内容〔知識及び技能〕と三領域について学年ごとに整理し、滋賀県の出題傾向に応じて学習計画を立てることが必要である。

全体的な対策としては、各教科の基礎知識の習得とその応用として滋賀県の過去問を解き、それを分析して出題傾向・出題形式を把握することが大切である。

過去5年間の出題傾向分析

◎：中学　○：高校

分類	主な出題事項	2020年度	2021年度	2022年度	2023年度	2024年度
現代文	評論・論説	◎	◎　○	◎　○	◎　○	◎　○
	小説					
	随筆	◎		◎		
	韻文（詩・俳句・短歌）					
	近代・文学史					
古文	物語		◎	○		○
	説話			◎		
	随筆				◎	◎
	日記		○		○	
	和歌・俳句					
	俳論					
	歌論	◎				
	能楽論					
	古典文学史		◎		◎	◎
漢文	思想・政治			○	○	○
	漢詩文					
	漢詩					
	歴史					
	説話		○			
	中国古典文学史					
	学習指導要領	◎	◎	◎	◎	◎
	学習指導法					
	その他	◎	◎	◎	◎	◎

〈備考欄〉「その他」は，漢字の読み書きのみ。

第2部

滋賀県の
教員採用試験
実施問題

二〇二四年度　実施問題

【中学校】

【一】次の①～⑩の傍線部の漢字には読みがなを、カタカナには漢字を書け。

① 拾得物を交番に届ける。
② 事件を穏便に解決する。
③ 海底ケーブルを敷設する。
④ 芳しい成果を得られた。
⑤ 売上げが漸増している。
⑥ 醬油をジョウゾウする。
⑦ 式の演出にシュコウを凝らす。
⑧ 文明のハッショウの地を訪れる。
⑨ ユルやかなカーブに差しかかる。
⑩ 肩にカツいで運ぶ。

（☆☆☆◎◎◎）

【二】中学校学習指導要領(平成二十九年三月告示)「第2章　各教科　第1節　国語　第2　各学年の目標及び内容」の第二学年における目標について、次の（　①　）～（　⑤　）の空欄に当てはまる言葉を書け。

(1) 社会生活に必要な国語の知識や技能を身に付けるとともに、我が国の（　①　）に親しんだり理解したりすることができるようにする。

(2) （　②　）に考える力や共感したり想像したりする力を養い、社会生活における人との関わりの中で伝え合う力を高め、（　③　）の思いや考えを広げたり深めたりすることができるようにする。

(3) 言葉がもつ価値を認識するとともに、(④)を生活に役立て、我が国の(①)を大切にして、思いや考えを伝え合おうとする(⑤)を養う。

(☆☆☆◎◎◎)

【三】次の文章を読んで、以下の問いに答えよ。

ことさら探し出してのことではなく、与謝蕪村には、水が素材になっているいい句が少なくない。素材といっても、大方の場合何かとの取り合わせで、配合、調和の中に生かされている素材なのであるが、いずれも言葉が平明で、水景はいたって鮮明である。これは私が無意識のうちに、自分の好きな水景で蕪村句につながっているということのあらわれかもしれない。思い浮ぶままに季を追ってみる。

春の海ひねもすのたりのたりかな

(中略)

わずか十七音の中に、「のたり」を繰り返す勇気とわざ。しかし、この句はどうしても「のたりのたり」でなければならない、他の言葉におきかえることは出来ないとひとたび納得すると、勇気とわざは、必然性の強さで、勇気でもわざでもなくなってしまう。つまりごく自然になる。自然と思わせるところこそ、彼のわざかもしれない。

風の音に秋を感じるのが、「古今和歌集」に親炙した多くの日本人のならいであるように、この句で春の海を見ている日本人も少なくないだろう。名歌名句には、そのような力があるし、それが、言葉と人間と人間をとりまく世界との関り方のひとつかもしれない。

いったいに、擬態語とか、擬声語の類は、よほど気を配らないと効果をあげ難く、むしろ逆効果になりがちなものなのに、この句の場合は命中している。夏の海でも、秋の海でも、冬の海でもない、春の海の呼吸である。

d夏河を越すうれしさよ手に草履

この句には、「丹波の加悦《かや》といふ所にて」という前書がある。これは丹後の誤りとされている。現在の京都府与謝郡加悦町。丹後縮緬の産地である。

e与謝野晶子が、その歌に度々用いた「うつくしき」が、甘くも陳腐にもならず、歌によくおさまっていたように、右の句の「うれしさよ」も居場所を得ている。蕪村には、「つつじ咲いて石移したる嬉しさよ」(春)、「小鳥来る音うれしさよ板びさし」(秋)などの句もある。

着物の裾を捲《まく》って川を渡る初老の身によみがえる少年の無心。浅く、澄んで冷たい川。理屈抜きで読むほうもうれしくなる。

石工《いしきり》の鑿《のみ》冷したる清水かな

「清水かな」で季は夏。

刃物と冷水の取り合わせが、涼以上の感覚に訴えてくる。水中の刃物の鋭利という着目が非凡と思う。水をもって、fこういう種類の「冷」を表現した人が他にいるのだろうか。蕪村の、表現者としての選択眼の非凡と、感度の高さをよく伝えている。画家としても一家をなす蕪村を句に感じることはしばしばであるが、これもそのひとつ。物の表にだけ添っているような目に、こういう句は成り立たない。

(竹西　寛子『庭の恵み　古人とともに』による。)

1　傍線部aについて、「のたりのたり」は何を表していると筆者は述べているか。本文中から六字で抜き出せ。

2　傍線部bに関連して、「古今和歌集」に収められている次の歌の傍線部を現代語に訳せ。

秋来ぬと目にはさやかに見えねども風の音にぞおどろかれぬる　藤原敏行

3　傍線部cについて、「人間」は「名歌名句」とどのように関わっているか。「季節」という言葉を用いて三十字以内で答えよ。

4　傍線部dについて、この句から何が感じ取れると筆者は述べているか。本文中から十五字で抜き出せ。

5　傍線部eについて、次の与謝野晶子の短歌において「うつくしき」と表現しているものは何か、簡潔に説明せよ。

その子二十櫛にながるる黒髪のおごりの春のうつくしきかな

6　傍線部fについて、蕪村はどのような「冷」を表現したのか。その説明として最も適当なものを次のア〜エから選び、記号で答えよ。

ア　水のもつ穏やかな雰囲気を一変させる、凍えるような冷たさ。
イ　刃物の鋭利さと冷水の印象から生じる研ぎ澄まされた冷たさ。
ウ　よく切れる刃物の危険性から生まれる恐ろしいほどの冷たさ。
エ　少しのくもりもない刃物の刃から想起される、非情な冷たさ。

7　筆者は、水を素材に句を詠んだ蕪村について、どのように評しているか。本文中の言葉を用いて、六十字以内で述べよ。

【四】次の文章を読んで、以下の問いに答えよ。　　(☆☆☆◎◎◎)

いきなりですが、翻訳とはどんなものでしょうか？

a文芸翻訳の授業や講座でこう尋ねると、いろいろな答えが返ってきます。

「外国語を日本語に忠実に移し替えること」

もちろん、そのとおりですね。

「原文の意味だけではなく、ニュアンスやリズムなども日本語で表現する行為」

高度な回答ですが、そのとおりです、そこまで意識してのぞんでこそ翻訳と言えますね。【A】

「原文に劣らない文学性や表現力をもつ日本語に仕上げること」

おっと、翻訳者への要求がどんどん高くなってきました。たしかに、「翻訳とは原文と等価であるにとどまらず、独創性や批評性、より高い芸術性をもつべし」という認識が、世界の文学界に広まっています。まったくもって、そうありたいものです。

いま右に挙げた回答はどれも、翻訳の主な作業は訳文を「書く」ことだと解釈しているようです。しかし、みなさん、ひとつ忘れていないでしょうか？　訳文を書く前に、することがあります。そうです、原文を読むことです。じつは翻訳とは、「原文を読む」部分の重要性が八割か、九割ぐらいではないかと、わたしは思っています。一語一句を訳すには、一語一句を精読し、b的確に解釈しなくてはなりません。

□、翻訳というのは大部分が「読むこと」であり、精密な読書、あるいは深い読書のことなのです。

【B】

研究者や評論者は作品を読んで、自分の論文なり批評なりを書きますが、翻訳者も原文を読みこんで解釈をします。翻訳とは一種の批評なのです。しかし翻訳者が書くのは、その作品の論評ではありません。作品そのものを書くのです。他者が書いた文章を読んでインプットするだけでなく、それを今度は自分の言葉でアウトプットする。原文の一語一句をあなたの読解と日本語を通して、まるごと書き直していくわけです。だから翻訳とは〝体を張った読書〟だと言えるでしょう。翻訳とはその作品の当事者、実践者になりながら読むこと。「批評が作品へのかぎりない接近だとすれば、翻訳はその作品を体験することである」と言ったのは、フランスの有名な翻訳学者アントワーヌ・ベルマンでした。この「他者の言葉を生きる」スリルは精読するだけでは味わえないものです。声優さんの仕事の楽しさと少し似ているかもしれません。

さらに言えば、作品のテクスト(書かれている文章とその内容)を、翻訳を通して「体感」することで、自分にとってよくわかる部分、わからない部分が、より明確に見えてくる効用もあると思います。原文や訳文を読んでいるとき、「なんだか妙な表現でひっかかる」とか「さっきとつじつまが合わない」などと思いながらも、読み進めることがありませんか？　翻訳では、そうした箇所も飛ばすわけにはいかないので、そのわからなさをまじまじと見つめることになります。【C】

わたしも『嵐が丘』や『風と共に去りぬ』『灯台へ』『アッシャー家の崩壊』を訳して＝体を張って読んでみて、初めて気づいたことがたくさんありました。【D】

たとえて言えば、バレエダンサーの動きやそれが表現するものをつぶさに見て批評するのが舞踏評論家なら、バレエダンサーの動きやその奥にあるものをつぶさに見て読み解きながら、なおかつ一緒に踊るのが翻訳者です。ある優雅な姿勢をとるには、体のどこの筋がぴんと引っ張られるか、関節をどんなふうに曲げているか、腰のどのあたりに負荷がかかっているか、踊り手と同じではないにせよ、疑似体験をすることになります。水泳にたとえれば、スイマーの泳ぎの解説をしながら一緒に泳ぐようなものです。そんなことは、物理的に両立できないと思われるかもしれませんが、そのとおりです。c両立できない無茶なことをやるのが、翻訳だとも言えます。

（鴻巣　友季子『翻訳ってなんだろう？　あの名作を訳してみる』による。）

1　傍線部 a の文はいくつの文節でできているか、答えよ。
2　傍線部 b の品詞と活用形を答えよ。
3　□にあてはまる接続詞を次のア～エから選び、記号で答えよ。
ア　ときに　イ　そして　ウ　つまり　エ　または
4　次の文が入るのに最も適切な箇所を本文中の【A】～【D】から選び、記号で答えよ。

> さらに、その英文を日本語という別な言語に移す行為を通すと、その作家の文体の癖が浮き彫りになったり、かくれた意図(皮肉、ジョーク、あるいは気遣い……)が現れてきたり、作中人物の意外な性格が露わになったりするでしょう。

5　傍線部 c について、筆者が述べる「翻訳者」とはどのようなことを両立させる仕事か。本文中の言葉を用いて、「～を両立させる仕事。」に続く形になるように五十字以内で説明せよ。

（☆☆☆◎◎◎）

【五】 次の文章を読んで、以下の問いに答えよ。

　山に、正算僧都と云ふ人ありけり。我が身いみじく貧しくて、西塔《さいたふ》の大林《だいりん》と云ふ所に住みける比《ころ》、歳の暮、雪ふかく降りて、問ふ人もなく、ひたすら烟《けふり》絶えたる時ありけり。京に母なる人あれど、たえだえしき様なれば、中々心苦しうて、ことさら此のありさまをば聞かれじと[A]思へりけるを、雪の中の心ぼそさをやおしはかりけん、もし又、事の便りにや、もれ聞こえけん、ねんごろなる消息あり。都だに跡たえたる雪の中に、雪深き嶺《みね》のすまひの心ぼそさなど、常よりも細《こま》やかにて、いささかなる物を[B]送りつかはされけり。
　思ひ寄らざる程に、いとありがたくあはれに覚ゆる。中にも、此の使ひの男の、いと寒げに深き雪を分け来たるがいとほしければ、まづ火など焼《た》きて、此の持ち来たる物して[C]食はす。今食はんとする程に、箸うち立て、はらはらと涙を落して食はずなりぬるを、[a]いとあやしくて故《ゆゑ》を問ふ。[b]答へて云ふやう、「このたてまつり給へる物は、[c]なほざりにて出来《でき》たる物にても侍らず。方々《はうはう》尋ねられつれども、叶《かな》はで、母御前のみづから御《み》ぐしのしたを切りて、人にたびて、其の替りを、わりなくして奉り給へるなり。只今これをたべむと仕《つかまつ》るに、彼《か》の御志の深きあはれさを思ひ出でて、下臈にては侍れど、いと悲しうて、胸ふたがりて、いかにも喉《のど》へ入り［　］ぬなり。」と云ふ。これを[D]聞きて、おろそかに覚えんやは。[d]やや久しく涙ながしける。

（鴨長明『発心集』による。）

（注）正算僧都《しょうざんそうず》＝平安時代に比叡山で修行をした僧。
　　烟＝炊事の煙。

1　本文の筆者である鴨長明によって書かれた随筆の作品名を答えよ。

2 二重傍線部A～Dで主語の異なるものを選び、記号で答えよ。
3 傍線部aを現代語に訳せ。
4 傍線部bを現代仮名遣いに直し、すべてひらがなで答えよ。
5 傍線部cの意味を次のア～エから選び、記号で答えよ。
ア なにもいまさら手に入れる必要はないのです。
イ なおさらのこと手に入れることはできないのです。
ウ なにがなんでも手に入れたいものではないのです。
エ いいかげんな方法で手に入れたものではないのです。
6 □に入る語として適切なものを次のア～エから選び、記号で答えよ。
ア 侍ら　イ 奉ら　ウ 給は　エ 召さ
7 傍線部dについて、その理由を説明せよ。

(☆☆☆◎◎◎)

【高等学校】

【一】次の文章を読んで、以下の問いに答えなさい。

1 もし情報が数理科学によって定量的に解明し尽くされるのであれば、そこに哲学の出る幕はないはずであろう。だが、情報は①定量的側面とともに、定性的側面をもっている。つまり、情報は単なる物理的符号であるにとどまらず、何らかの「意味」と「価値」を担っているのである。哲学が情報概念の解明に関わりうるとすれば、それはこの後者の側面をおいてほかにない。

2　先に引いた鷗外訳『大戦学理』の一節に「是れ我諸想定及び諸作業の根底なり」とあったように、そこでは情報がわれわれの行なう「想定(思考)」と「作業(行動)」の基盤として、つまり特定の状況(この場合は戦争)において実効的な「意味」と「価値」をもつものとして捉えられていた。言い換えれば、選択肢を限定することによって受け手の思考や行動に明確な指示を与える働きが情報のもつ意味や価値にほかならない。このような観点から情報を考えようとするとき、以下のような清水博の発言は、一つの重要な示唆を与えてくれる。

　私は情報というのは、本来は生物に固有なものだと考えています。生命体が内的および外的世界に対してどういうふうに働くか、その働き方、つまりファンクションのありかたを規定しているものが情報だと思うのです。(中略)念仏は馬にとって耳に入ってくる信号ではあるが、おそらく何の働きかけもないものです。単なるノイズですね。受け手側に対して働きかけがあるかどうかで、信号のままで終るのか、情報になるのかが変わってきます。情報という言葉と信号という言葉は、この点で一線を[a]カクしています。情報を働きかけの有無とからんで定義できるものだとすると、それは結局、そのシステムにとっての意味と価値の有無に関係するものとなります。情報の世界というのは、本来、意味と価値を含むものです。つまり、意味と価値を含むものが生物にとっての情報なのです。

3　ここでは情報は、受け手(生命体、システム)に対する働きかけの有無という視点から捉え直されている。その働きかけは、受け手の内部あるいは外部に何らかの変化を引き起こすであろう。受け手が人間であれば、それは思考や行動の変化として現われる。この清水の発言を受けて、村上陽一郎は情報を「単なる定量的な抽象概念ではなく、物質としてのふるまいに対して統制的に働く作用力」として考えることを提案し、さらに別の箇所では「情報は受け手に知識を与える、あるいは受け手の無知を減らす、というだけではなく、その結果として、受け手に何らかの影響を与え、何らかの判断を可能にすると同時に、最終的には何らかの行動を生じさせる、という働きを持つ」と述べている。

4 受け手に働きかけて影響を及ぼし、それに判断や行動を生じさせるという意味で「作用力」とはまさに適切な表現であろう。その場合、受け手は細胞でも生物個体でも、あるいはコンピュータでも人間であってもかまわない。吉田民人は最広義の情報概念を「物質―エネルギーの時間的・空間的・定性的・定量的なパタン」と定義しているが、そのパタンこそが物質―エネルギーのシステムに働きかけて、物質代謝やエネルギー代謝をうながす作用力をもつのである。もちろん、高等動物になれば、その作用力は物質―エネルギーの代謝のみならず、受け手の感情、思考、行動などすべてに変化をもたらすであろう。いずれにせよ、②情報の意味と価値は、その作用力に基礎を置いているといってよい。

5 ただし、情報の作用力は物理的因果作用のように同一原因が同一結果を引き起こすわけではない。シマウマの群れに関する同じ視覚情報が与えられても、空腹のライオンなら直ちに行動を起こすだろうが、満腹のライオンはbダマって見過ごすだけであろう。情報の作用力とそれによってもたらされるシステムの変化とのあいだにあるのは、一対一の一義的関係ではなく、むしろ一対多の多義的関係である。また、その作用力は直ちに発現すると限らない。とりわけ受け手が人間の場合には、情報の作用力は刺激と反応のように直結的なものではなく、そこにはタイム・ラグが存在する。たとえば、ホテルのcヒナン経路に関する情報が作用力を発揮するのは、次に火事や地震が起こったときのみであろう。そのような場合、情報の作用力は直接に受け手の行動を引き起こすのではなく、行動に対するディスポジション(傾向性)を形成するのである。

6 さらに、情報の作用力は受け手の状態によっても大きく左右される。あるいは、情報はそれ自体で意味や価値を担っているのではなく、その意味や価値は受け手との相互関係の中で生み出される、と言ってもよい。「馬の耳に念仏」の諺に見られるように、念仏が情報としての意味と価値をもつのは、おそらく人間(とりわけ仏教徒)に対してだけであろう。また、入試情報が価値をもつのは受験生やその関係者にとってであり、競馬の情報紙は賭け事をしない人にとっては紙くず同然の代物にすぎまい。したがって、③情報の作用力は、物質とエネルギーを支配する物理的な力が対象を選ばないのとは異なり、働きかける対象の特異性に著しく依存的なのである。

7 その際、情報と受け手との相互関係において重要な役割を演ずるのは、何らかの「目的」の存在である。入試では合格が、戦争やゲームでは勝利が目指されているように、④情報に意味や価値が生じるのは、この目的との相関においてにほかならない。受け手が目的志向的なシステムである場合にのみ、情報は意味や価値をもち、その作用力を発揮しうるのである。逆に言えば、システムにとって目的適合的でない情報は、情報ではなく単なる〔　A　〕や雑音にとどまる。これは、情報の役割が可能性を限定し、選択肢の幅をdセバめることにあるとすれば、ごく当然のことと考えられる。何の目的も持たないシステムにとっては、もとより選択に際して不確実さを減少させる必要は生じないからである。

8 むろん、これは情報概念のなかにある種の「目的論」を導入しようとする意図に発するものではない。「目的」という言葉がe大仰ならば、それを「目標」と言い換えてもよい。要するに、情報の意味や価値は、それ自体で存立するものではなく、一定の目的連関のなかで生ずる、と言いたいのである。その目的(目標)は生体の生命維持や自己保存から、科学者による真理の探究にいたるまで多種多様でありうる。また、同じシステムであっても、それが置かれた状況に応じて、その目的(目標)は千差万別でありえよう。したがって、目的(目標)が設定されるのはそのつどの「局所的コンテクスト」においてであり、目的論が含意するような包括的な自然や宇宙においてではない。情報が作用力を発揮しうるのは、目的志向性をもったこの局所的コンテクストにおいてなのである。⑤先に清水が「私は情報というのは、本来は生物に固有なものだと考えています」と述べていたのも、おそらくはこの目的志向性との連関を示唆していたものと思われる。

情報が「物質─エネルギーのパタン」であることは当然としても、それをシステム(受け手)への働きかけ(作用力)の有無という観点から捉えた場合、われわれはこれまで無視されてきた受け手のあり方を考察の中に含めざるをえない。

（野家啓一『はざまの哲学』）

(1) 二重傍線部a～eについて、カタカナは漢字に直し、漢字は読みをひらがなで書きなさい。

(2) 傍線部①について、ここではどのようなことか。最も適当なものを次から一つ選び、記号で答えなさい。

ア 数量で表わすことができるものであるということ。

イ 量が多いほど価値が上がるものであるということ。

ウ 形而上学的な側面も有するものであるということ。

エ 客観的事実から説明できるものであるということ。

(3) 傍線部②について、このように言えるのはなぜか。六十字以内で説明しなさい。

(4) 傍線部③について、「働きかける対象の特異性に著しく依存的」であるとはどのようなことか。六十字以内で説明しなさい。

(5) 傍線部④とほぼ同じ内容を述べた箇所を四十字以内で抜き出し、はじめと終わりの五字を答えなさい。

(6) 文中の空欄〔　A　〕に当てはまる語を、漢字二字で1～4段落の中から抜き出して答えなさい。

(7) 傍線部⑤について、筆者は清水が、どのようなことを述べようとしていたと考えているのか。最も適当なものを次から一つ選び、記号で答えなさい。

ア　生物は本来生命維持、自己保存という目的をもっており、生きるうえで有利な情報を得るために他者に働きかけ、情報に意味と価値を与えようとしているということ。

イ　情報は、生命体が内的および外的世界に対してどのように働くかを規定するものであり、文化や文明が発展していくことで、情報に意味や価値が生じてくるということ。

ウ　情報は、生命体の活動を規定するものであり、生物は生きるという目的を達成するために、置かれた状況に応じて意味や価値のある情報を受け取り、行動しているということ。

エ　生物が必要とする情報は、生物が生きるために不可欠のものであり、生きる目的を達成することによって情報が意味や価値のあるものになっていくということ。

(☆☆☆◎◎◎)

【二】次の文章を読んで、以下の問いに答えなさい。

(注1)亭子の帝、(注2)鳥飼院におはしましアにけり。例のごと、御遊びあり。「このわたりの(注3)うかれめども、あまたまゐりてさぶらふなかに、①声おもしろく、よしあるものは侍りや」と問はせたまふに、うかれめばらの申すやう、「(注4)大江の玉淵がむすめと申す者、めづらしうまゐりて侍り」と申しければ、見せイたまふに、さまかたちも清げなりければ、あはれがりたまうて、うへに召しあげたまふ。「そもそもまことか」など問はせ

たまふに、②鳥飼といふ題を、みなみな人々によませたまひにけり。おほせたまふやう、「玉淵はいとらうありて、歌などよくよみき。この鳥飼といふ題をよくつかうまつりたらむにしたがひて、まことの子とはおもほさむ」とおほせたまひけり。うけたまはりて、aすなはち、

あさみどりかひある春にあひぬればかすみならウねどたちのぼりけり

とよむ時に、③帝、ののしりあはれがりたまひて、御しほたれたまふ。人々もよく酔ひたるほどにて、酔ひ泣きいとになくす。帝、御b袿ひとかさね、はかまたまふ。「ありとあるc上達部、みこたち、四位五位、これに物ぬぎてとらせざらむ者は、座より立ちね」とのたまひければ、かたはしより、④上下みなかづけたれば、かづきあまりて、ふた間ばかり積みてぞおきたりける。かくて、かへりたまふとて、南院[注5]の七郎君[注6]といふ人ありけり、それなむ、このうかれめのすむあたりに、家つくりてすむとd聞しめして、それになむ、のたまひあづけたる。「かれが申さむこと、院にエ奏せよ。院よりたまはせむ物も、かの七郎君につかはさむ。⑤すべてかれにわびしきめな見せそ」とおほせたまうければ、つねになむとぶらひかへりみける。

(『大和物語』)

(注)
1 亭子の帝＝宇多天皇(八六七―九三一、在位八八七―八九七)。
2 鳥飼院＝摂津国嶋下郡(大阪府摂津市三島町鳥飼)にあった離宮。
3 うかれめども＝遊女たち。
4 大江の玉淵＝大江音人の子。日向守、少納言、従四位下。
5 南院＝光孝天皇の第一皇子である是忠親王。
6 七郎＝是忠親王の七男。

(1) 二重傍線部b・cの読みを現代仮名遣いで答えなさい。
(2) 二重傍線部a・dの語の意味を答えなさい。
(3) 波線部ア・ウについて、それぞれの助動詞の文法的意味と活用形を答えなさい。
(4) 波線部イ・エについて、それぞれの敬語の種類を漢字で答えなさい。
(5) 傍線部①・④・⑤を現代語訳しなさい。
(6) 傍線部②について、このようにした理由として最も適当なものを次から一つ選び、記号で答えなさい。
ア　帝は遊女の姿の美しさに惹かれて殿上に上がらせたが、大江の玉淵の娘だというのは場を盛り上げるための嘘だと見抜き、そのことを指摘してやろうと考えたから。
イ　帝は遊女の境遇に同情して殿上に上げたものの大江の玉淵の娘であることには疑念を示していたので、遊女は自らの和歌の技量を示し、疑いを晴らそうとしたから。
ウ　帝は大江の玉淵の娘だと知って遊女を殿上に上がらせたが、周囲が疑っているので、娘が和歌の技量を示すことで出自を証明できるようにしてやろうと考えたから。
エ　帝はしみじみとした気持ちになって遊女を殿上に上がらせたが、本当に大江の玉淵の娘か定かではなく、座の余興もかねて、その力量を試してみようと考えたから。
(7) 傍線部③について、このようになったのはなぜか。その理由を説明しなさい。

(☆☆☆◎◎◎)

【三】次の文章を読んで、以下の問いに答えなさい。（設問の都合で、訓点の一部を省略した箇所がある。）

(注1)子路初《メテ》見《ユ》二(注2)孔子《ニ》一。子曰《ク》、「A汝何《ヲカ》好楽《スト》。」対《ヘテ》曰《ク》、「好《ム》二長剣《ヲ》一。」孔子曰《ク》、「①吾非此之問也。B徒謂《フニ》以《テシテ》二子之所《ヲ》レ能《クスル》、而加《フルニ》レ之《ヲ》以《テスレバ》二学問《ヲ》一、②豈可及乎。」子路曰《ク》、「学豈益也哉。」孔子曰《ク》、「夫《レ》人君《ニシテ》而無《クンバ》二諫臣一、則《チ》失《ヒ》レ正《ヲ》、(注3)士《ニシテ》而無《クンバ》二(注4)教友一、則《チ》失《フ》レ(注5)聴《ヲ》。御《スルニハ》二狂馬《ヲ》一不レ釋《テ》レ策《ヲ》、操《ルニハ》レ弓《ヲ》不レ反《セ》レ(注6)檠《けいニ》。木受《クレバ》レ縄《ヲ》則《チ》直《ク》、人受《クレバ》レ諫《ヲ》則《チ》聖《ナリ》。受《ケテ》レ学《ヲ》重《ネテ》問《ハバ》、C孰《カ》不《ラン》レ順《ナラ》哉。毀《そしリ》レ仁《ヲ》D悪《マバ》レ士《ヲ》、必《ズ》近《ツク》二於刑《ニ》一。③君子不可不学。」子路曰《ク》、「南山《ニ》有《リ》レ竹。不《シテ》レ(注7)揉《たメ》自《ラ》直《ク》、斬《リテ》而用《フレバ》レ之《ヲ》、達《ス》二于(注8)犀革《ニ》一。以《テ》レ此《ヲ》言《ヘバ》レ之《ヲ》、④何学之有。」孔子曰《ク》、「(注9)括《かつシテ》而羽《シ》レ之《ニ》、(注10)鏃《ぞくシテ》而⑤礪《カバ》レ之《ヲ》、其《ノ》入《ルコト》不二亦深《カラ》一乎《ト》。」⑥子路再拝《シテ》曰《ク》、「敬《つつしミテ》而受《ケント》レ教《ヲ》。」

（『孔子家語』巻第五　子路第十九）

（注）1　子路＝孔子の弟子。十哲の一人。
2　孔子＝春秋時代の思想家。儒学の祖。
3　士＝道に志して学問修養をしている人。
4　教友＝悪い点などを指摘してくれる友人。
5　聴＝勧告や意見に従うこと。
6　檠＝ゆだめ。弓の曲がった癖を直す道具。
7　揉＝曲がったものをまっすぐにする。
8　犀革＝さいの堅固な皮。
9　括＝矢はず（矢の端の弓の弦につがえる切り込みのある部分）をつける。
10　鏃＝やじりをつける。

（1）二重傍線部A～Dの本文中での読みを現代仮名遣いで答えなさい。

（2）傍線部①をすべてひらがなで書き下したものとして、最も適当なものを次から一つ選び、記号で答えなさい。

ア　われにあらずんばこれをこれとはんや。
イ　われこれをこれとふにあらざるなり。
ウ　われこれにあらざればゆきてとふなり。
エ　われこれをこれとふにあらざらんや。

（3）傍線部②について、
(1) 書き下し文に直しなさい。ただし、解答は現代仮名遣いで書くものとし、すべてひらがなで答えること。
(2) 解釈として最も適当なものを次から一つ選び、記号で答えなさい。
ア あなたはどうすれば他人の能力に比肩することができますか。
イ 他人はあなたの能力にどうしても比肩することはできません。
ウ なんとまああなたは他人の能力と比肩できることになります。
エ あなたはどうしても他人の能力に比肩することはできません。
（4）傍線部③は、「くんしはまなばざるべからず」と読む。これを参考にして、次の白文に訓点を付けなさい。
君 子 不 可 不 学
（5）傍線部④を口語訳しなさい。
（6）傍線部⑤と同じ意味を表す漢字として最も適当なものを次から一つ選び、記号で答えなさい。
ア 砕　イ 硬　ウ 破　エ 確　オ 研
（7）傍線部⑥の理由について、子路の当初の考えと孔子の考えの違いを明らかにして、わかりやすく説明しなさい。
（☆☆☆◎◎◎）

解答・解説

【中学校】

【一】①　しゅうとく　②　おんびん　③　ふせつ　④　かんば(しい)　⑤　ぜんぞう　⑥　醸造
⑦　趣向　⑧　発祥　⑨　緩(やかな)　⑩　担(いで)

〈解説〉漢字の表意性に留意し、同音(訓)異義語や似た字形と混同せずに、楷書で書くこと。読みでは、字訓・字音に注意すること。

【二】①　言語文化　②　論理的　③　自分　④　読書　⑤　態度

〈解説〉学習指導要領は、今日の国際化・情報化社会の予測困難な時代における変化に対応し、目前の課題を主体的に解決して生きる力を育成することを目標としている。そのため、教科目標は、(1)「知識及び技能」、(2)(1)を活用して問題を解決する能力である「思考力・判断力・表現力等」、(3)「学びに向かう力、人間性等」の三つの柱に整理された。学年目標もこの三つの柱をそのまま受け継ぎ、「生きる力」の知的側面である「確かな学力」の育成を図っている。

【三】1　春の海の呼吸(六字)　2　秋が来た　3　季節をとらえるときに、名歌名句の影響を受けている。(二十五字)　4　初老の身によみがえる少年の無心　5　艶やかな黒髪に象徴される若さと自信に満ちあふれた様子。　6　イ　7　蕪村は、選択眼の非凡と感度の高さをもっており、平明な言葉を用いながら

鮮明な水景を表現する人物であると賞賛している。(五十七字)

〈解説〉1　蕪村の句の「のたりのたり」について、他の言葉におきかえられず、ごく自然と思わせると述べた後で、筆者は他の季節ではない「春の海の呼吸」だと擬人法を用いて表現している。　2「秋来(き)ぬ」の「ぬ」は、「来(く)」の連用形に接続する完了の助動詞である。「秋来(こ)ぬ」と読んで、「来(く)」の未然形に接続する打消の助動詞「ず」の連体形とするような誤りに注意すること。　3「言葉と人間と人間を取りまく世界」の中に出てくる「言葉」は、名歌名句のことである。季節ごとの自然を詠みこんでおり、そうした名歌名句を介して人々は自然と接しているということ。　4　夏の川を渡るために草履を手にし、清流の涼しさを足に心地よく感じながら歩を進め、少年のように無心となった初老の喜びの句である。　5「その子二十(はたち)」の初句切れから、乙女の初々しさがまずイメージされる。二句・三句の「櫛にながるる黒髪の」、四句の「おごりの春」が、結句の「うつくしきかな」を華やかに修飾していると見ても、二句・三句が「春」を修飾していると考えても、青春を象徴する若々しい乙女の清純な姿のイメージが浮かぶ名歌である。　6　前の文の「刃物と冷水の取り合わせが、涼以上の感覚に訴えてくる」に関わる。石工が岩石を切り出すことで熱した鑿を清水で冷やす、その鋭利な刃物の水の中での反射と冷たい水との取り合わせで伝わってくる、自然でリアルな感覚について考える。　7　与謝蕪村は、水を他の何かと取り合わせて、歌の素材にしている。その着目点について、筆者は「選択眼の非凡」と評価し、感度の高さとともに、物(対象)の本質を見極める観察眼で凝視し、その感興を言葉にすくいとる俳人である、と述べている。

【四】1　九つ　2　品詞…形容動詞　活用形…連用形　3　ウ　4【C】　5　原文を読者の立場で読みこんで解釈することと、一語一句を自身の読解と日本語を通して書き直すこと(を両立させる仕事。)(四

十六字)

〈解説〉1　文節は、息を自然に切ることができる箇所で文を切った単位である。文の中で文節は、主語、述語、修飾語、接続語、独立語といった働きをする。aの文は、次のように分けられる。「文芸翻訳の／授業や／講座で／こう／尋ねると、／いろいろな／答えが／返って／きます。」　2　b「的確に」は、形容動詞「的確だ」の連用形である。　3　空欄前後と整合する接続詞で補充する。空欄の前の部分は、翻訳には一語一句の精読と的確な解釈が必要であることを説明している。後の部分は、翻訳は「読むこと」で、精密な読書だと述べている。前文を別の言葉で説明していると考えられるので、「すなわち」の意の「つまり」が入る。

4　欠文で述べられている内容は、翻訳によって作家の文体の癖やかくれた意図や作中人物の性格が明らかになるということである。この欠文を補充する前の部分も、翻訳に関する筆者の様々な見解が述べてある箇所が適切である。【C】の前では、翻訳を体感することで、作品のよくわかる部分とわからない部分がより明確になるということが述べられている。　5　「両立できない無茶なことをやる」のが翻訳だということを、筆者は、バレエダンサーとスイマーを例に出して、両者の動きなどを解説しながら一緒に踊ったり泳いだりするようなものだと比喩を用いて説明している。同じことについて三段落前では、翻訳とは他者の文章をインプット(入力・読解)し、それを自分の言葉でアウトプット(出力・翻訳)すること、すなわち、原文を一語一語読解しながら日本語を通して書き直す作業であると論じている。

【五】1　方丈記　2　B　3　たいそう不審に思って、理由を聞いた　4　こたえていうよう　5　エ　6　ア　7　生活が苦しい中でも、息子である自分のことを思う母の深い愛に心を打たれたから。

〈解説〉1　『方丈記』は、一二一二年の成立である。古典三大随筆の一つといわれる。他の二つについて、『枕草子』は一〇〇一年ごろの成立、『徒然草』は一三三一年ごろの成立である。 2 Bの主語は、正算僧都の母である。他の主語は、正算僧都。 3 「いとあやしくて」の「いと」は、「とても、非常に」の意の副詞。「あやしく」は、「あやし」(形・シク)の連用形で、「不思議に、不審に」の意で、下に「思ひ」が省略された形。「故を問ふ」は、「理由を尋ねた」と訳す。 4 現代仮名遣いは、現代語音に基づいて現代語を仮名で書き表す際の準則である。ここでは、語頭や複合語や助詞以外の「は・ひ・ふ・へ・ほ」を「わ・い・う・え・お」に置き換え、「あう」の部分を「おう」に置き換える規則が適用される。 5 「なほざりにて」の「なほざり(等閑)」は、「いい加減」の意。「にて」は、手段を表す格助詞。「出来たる物にても侍らず」の「出来たる物」は、「手に入れたもの」の意。「に」は、断定の助動詞「なり」の連用形。「侍らず」の「侍ら」は、丁寧の助動詞「侍り」(自ラ変)の未然形。「~ではございません」と訳す。 6 空欄の下の「ぬ」は、打消の助動詞「ず」の連体形。活用語の未然形に付く。ア~エは、すべて補助動詞の未然形であるが、アは丁寧、イは語謙、ウは尊敬の意を表す。エは、補助動詞としては、他の尊敬語の連用形に付いて意味を強める。 7 d「やや久しく涙流しける」とは、とめどなく流れる涙がしばらく続いた様子である。使いの者の話から正算僧都の母親が自分の髪を切り落とし、それと引き替えに食物を得て息子の僧都に送り届けたことを知ると同時に、使いの者が、子を思う僧都の母親の行為を思い出し、涙を流して箸を置いて食べるのを止めてしまった姿に、僧都は感極まったのである。

【高等学校】

【一】(1) a 画(し) b 黙(っ) c 避難 d 狭(める) e おおぎょう (2) ア (3) 情報は、受け手に働きかけて影響を及ぼし、判断や行動を生じさせることができてはじめて、意味や価値を持つと言えるから。(五十七字) (4) 情報の作用力がどのように発揮されるかは、受け手が何者か、またどのような状態であるかによって大きく左右されるということ。(五十九字)　(5)　はじめ…情報の意味　終わり…かで生ずる　(6)　信号　(7)　ウ

〈解説〉(1)　漢字の表意性を踏まえ、同音(訓)異義語や類似の字形に注意し、文脈に整合する漢字を楷書で書くこと。読みでは、音＋訓(重箱読み)、訓＋音(湯桶読み)に注意すること。　(2)　①「定量的側面」については、文中に「単なる物理的符号」と説明してある。　(3)　情報の「定性的側面」(意味と価値)に関する問いである。まず、森鷗外の著作に基づいて、情報は思考と行動の基盤として実効的な意味と価値をもつと書かれている。さらに、受け手に対する働きかけという観点が提示され、情報は「物質としてのふるまいに対して統制的に働く作用力」であるとの考え方が述べられ、また「受け手に何らかの影響を与え、何らかの判断を可能にする」ものだとされている。　(4)　空腹のライオンと満腹のライオンの対比、あるいは「馬の耳に念仏」といった諺が引き合いに出され、受け手によって情報の作用力が異なることが示されている。　(5)「目的との相関」について、傍線部がある段落の次の段落で、「それ自体で存立するものではなく、一定の目的連関」と言い換えられている。　(6)　Aは目的に対して、「雑音」と同様なものとして並べられている。つまり、情報にとって意味や価値をもたないノイズのようなものである。[2]段落で、「念仏は馬にとって耳に入ってくる信号ではあるが、おそらく何の働きかけもない」、また「信号のままで終わるのか、情報になるのかが変わってきます」と書かれている。　(7)　清水博の発言における情報は、生物固有のもので、生きている受け手(生命体やシステム)の内的および外的世界にどのような働きかけがあるかを規定しているものだとされる。

【二】(1)　b　うちき(うちぎ)　c　かんだちめ(かんだちべ)　(2)　a　すぐに　d　お聞きになって　(3)　(文法的意味／活用形の順)　ア　完了／連用形　ウ　打消／已然形　(4)　イ　尊敬語　エ　謙譲

語　(5) ① 声がうつくしく、奥ゆかしい感じのする者はおりますか　④ 位が上の人も下の人もみな、

(衣服を)褒美として(大江の玉淵の娘に)与えたので　⑤ 万時この女につらい目を見せないようにしてくれ

(6) エ　(7) 娘が、「とりかひ」という語を隠して詠み込みながら、御殿にのぼれたことへのよろこびを詠むという卓越した技能を見せたことに感じ入るとともに、玉淵の娘であるということを確信し、改めてその

境遇に対して慨嘆を抑えきれなかったから。

〈解説〉(1) b「袿」は、男性が直衣(なほし)や狩衣(かりぎぬ)などの下に、あるいは女性が唐衣(からぎぬ)や裳(も)の下に着た服。c「上達部」は、朝廷に仕えた摂政、関白、太政大臣、左右大臣、大納言、中納言、参議、および三位以上の称。ただし、四位でも参議ならば、この中に入る。(2) a「すなはち」は、「即座に。すぐに」の意の副詞。d「聞しめして」の「聞しめし」は、「聞く」の尊敬語「聞しめす」(他サ四)の連用形で、主語は亭子の帝。(3) ア「に」は、完了の助動詞「ぬ」の連用形。ウ「ね」は、打消の助動詞「ず」の已然形。(4) イ「たまふ」(ハ四)の連体形で、尊敬の補助動詞。エ「奏せよ」は「奏す」(他サ変)の命令形で、「言ふ」の謙譲語。(5) ①「声おもしろく、よしあるものは侍りや」の「おもしろく」は、「おもしろし」(形・ク)の連用形で、「きれいで、美しく」の意。「よしあるもの」の「よし」は、「風流、優雅」の意。「優雅なもの、奥ゆかしいもの」の意。「侍り」は丁寧語「侍り」(自ラ変)の終止形。「や」は、疑問の係助詞(終助詞用法)。④「上下みなかづけたれば」の「上下」(かみしも)は、「位の上の者と下の者」の意。「かづけ」は、「かづく」(他カ下二)の連用形で、「褒美として与える」意。「たれ」は、完了の助動詞「たり」の已然形。「ば」は接続助詞で、順接の確定条件。⑤「すべてかれにわびしきめな見せそ」の「すべて」は「万事」の意。「かれ」は、大江の玉淵の娘である遊女を指す。「わびしき」は、「わびし」(形・シク)の連体形で、「つらい、難儀な」の意。「な〜そ」は、動詞の連用形(カ変・サ変は未然形)が「な」(副詞)と「そ」(終助詞)の

間に入り、禁止を表す。ここでは、「見せないようにしてくれ」と訳す。（6）「鳥飼といふ題」で人々に歌を詠ませた帝の以下「おほせたまふやう」（おっしゃるには）の言葉から、理由を考える。「いとらうありて」（大変機智に富み）、「歌などよくよみき」（歌など大変上手に詠んだ）とあり、帝は大江の玉淵のことを身近に知っていたことが読み取れる。そこで、歌をよく詠めるかどうかで、この遊女が本当に大江の玉淵の娘であるかを確かめたかったのである。（7）「ののしりあはれがりたまひて」の「ののしり」は、「ののしる」（自ラ四）は、「大声をあげる」こと。「あはれがり」は、「あはれがる」（他ラ四）の連用形で、「深く感動する」意。「御しほたれたまふ」の「しほたれ」は、「しほたる」（潮垂る・自ラ下二）の連用形で、「涙を流す」こと。この帝の感涙は、遊女の和歌「浅緑色にかすむ、生き甲斐のある春にめぐりあいましたので、霞ならぬ私ですが、春霞が立ちのぼるように、この御殿にのぼることができたのでございます。」に心打たれたことによる。さらに、「あさみどりかひある」の中に、「とりかひ（鳥飼）」が隠されている隠し題の歌を詠んだことで、大江の玉淵の娘であることを確信したのである。

【三】（1）A　なんじ　B　ただ　C　たれ（カ）　D　にく（マバ）　（2）イ　（3）(1)　あにおよぶべけんや　(2)　イ　（4）君子ハ不レ可カラ不ルレ学バ　（5）どうして学ぶ必要がありましょうか、いやその必要はありません。　（6）オ　（7）子路は、天性の才覚があれば十分であり、学問は必要ないと考えていたが、孔子とのやり取りを通じて、学問によって、もとから持つ能力や素質をさらに高めることができ、素晴らしい徳を備えることができるのだという孔子の考えに深く感銘を受けたから。

〈解説〉（1）A「汝」のように「なんじ」と読む漢字として、「女」「若」「乃」などがある。B「徒」は、「いたずラニ」とも読み、その場合には「むなしく、むだに」の意となる。C「孰」は、「誰」と同義。D「悪」は、

「憎」と同義。(2)「吾ハ非ザル二此ヲ之レ問フ一也」の書き下し文。「私はそういうことを聞いたのではない」の意。(3)「豈ニ可ケンレ及ブ乎」の書き下し文。反語形である。「あなたの能力にどうして及ぶことができようか、いやできない」と訳す。(4) 返読文字「不」に注意し、一字の返り点「レ点」と送り仮名を書き下し文に従ってつける。送り仮名は、助詞と活用語の活用語尾である。(5) ④「何学之有」(何の学ぶことか之れ有らん)との反語形。(6)「礪」は、「みがカバ」と読み、「とぐ」の意。オの「研」にも同じ意味があり、「研磨」などの熟語がある。(7) 子路は孔子を師として教えを乞うために、再拝したのである。その孔子の子路への訓導は、子路の「学豈益也哉」(学ぶことが役に立つのか)に対して、まず学ぶことの大切さを様々な例を挙げて、「君子不可不学」(君子は学ばなければならない)と述べる。これに対し、子路は、南山の竹は、「不揉自直」(ひとりでに真っ直ぐ)で、矢にして使えば犀の皮をも貫くとして、天性の才能があれば学ぶことは必要ないと反論した。しかし、孔子は、矢はずをつけて矢羽をつけ、鏃(やじり)をつけてよく研げば、さらにより深く達するだろうと答え、学びによって人は本来の能力を一段と高め、自らの徳を積むことになると諭した。それを聞いて、子路は深い感銘を受け、孔子に心服したのである。

二〇二三年度　実施問題

【中学校】

【一】次の①～⑩の傍線部の漢字には読みがなを、カタカナには漢字を書け。

① 拙宅に招待する。
② 記念品を頒布する。
③ 恭しく礼をする。
④ 形式に拘泥する。
⑤ 前例に倣う。
⑥ 自然の恵みをキョウジュする。
⑦ 講演中はセイシュクにする。
⑧ ニョジツに物語る。
⑨ 万事イロウのないように進める。
⑩ イッシを報いる。

(☆☆☆◎◎◎)

【二】中学校学習指導要領(平成二十九年三月告示)「第二章　各教科　第一節　国語　第一　目標」について、次の①～⑥の空欄に当てはまる言葉を書け。

> 言葉による見方・考え方を働かせ、(①)を通して、国語で(②)理解し(③)表現する資質・能力を次のとおり育成することを目指す。
> (1) 社会生活に必要な国語について、その特質を理解し(③)使うことができるようにする。
> (2) 社会生活における人との関わりの中で(④)を高め、思考力や想像力を養う。

(3) 言葉がもつ価値を認識するとともに、（ ⑤ ）を豊かにし、我が国の（ ⑥ ）に関わり、国語を尊重してその能力の向上を図る態度を養う。

（☆☆☆◎◎◎）

【三】 次の文章を読んで、以下の問いに答えよ。

※句読点や記号も一字と数えること。

『万葉集』は「言葉」と「思い出」の文化財です。a私が、そういっている意味を具体的に説明したいと思います。

『万葉集』は、八世紀の中葉に出来た歌集です。この書物に集められた歌というのは、和歌すなわちヤマトウタです。ヤマトウタとは、日本語で作られた歌です。

数字から見てみると、その歌の数は、おおよそ四千五百首になります。和歌を数える時には、「首」という言葉を使いますので、「四千五百首」あまりということになります。この数々の歌を二十巻に分けて収めているのが『万葉集』です。

『万葉集』は、いったいどのような歌集ですか、と聞かれることがよくありますが、なかなか一言で言い表すことはできません。あえて答えると、歌のアルバムのようなものです。写真をたくさん撮ると、その写真を取捨選択して、自分が思うように並べ替えてアルバムを作りたいと思った経験はありませんか。この写真はいつどこで撮ったのか、記すこともあります。

歌も同じなのです。いつ、どこで作ったか、残しておきたいですよね。歌と写真には、共通しているところがあります。それは、たいせつな思い出になるものだということです。私のおばあさんやおじいさんは、私が小さい時に、私の写真を撮ってくれていました。そして、その思い出を、私にいつも語ってくれていました。いつも、アルバムの写真を見ながら、私に昔語りをしてくれていました。

写真のない時代、歌は過去に起きた出来事や事件を心に留める大切な手段でした。それぞれの家に、それぞれのアルバムがあり、そのアルバムの写真から、大切な思い出が語られるように、それぞれの家には、それぞれの歌集がありました。もちろん、そういう歌集は、後の天皇家に繫がってゆく大和朝廷の大王の家にもありました。

『万葉集』二十巻のうち、巻一と巻二は、天皇家と天皇家を支える大和朝廷に伝わっていた歌集をもとに編集したものとみてよいでしょう。七世紀後半の持統天皇の時代に、その中心的な部分が出来上がったといわれています。

天皇家にも、それぞれの家にも存在していた歌集を広く集め、さらには自分が記録していたり、集めた歌々をテーマや年代ごとに分類して並べ替えたり、題や注記で説明を加えたりして、歌集のかたちに整えたのが、大伴家持(七一八頃―七八五)という人です。このような作業を、難しい言葉ですが、「編集」「編纂」などといいます。

その作業を行なったのは、大伴家持ひとりではなく、大伴家持もそのひとりという程度に考えておけばよいでしょう。大伴家持は、梅花の歌を詠んだ大伴旅人の子供で、役人として一生を過ごした人ですが、c家持がいなかったら、『万葉集』は残らなかったでしょう。

ですから、『万葉集』が出来るまでには、いろんな人がいたことになります。

①歌を作った人
②作られた歌を書き記した人
③書き記された歌を集めて保存した人
④集められた歌を家ごとの歌集のかたちにした人
⑤家々に伝わっていた歌集の歌から歌を選んだ人
⑥『万葉集』のもとのかたちを作った人
⑦『万葉集』全体を統一して編集した人

そういうさまざまな人々の努力があって、『万葉集』という歌集が誕生したのです。『万葉集』は、八世紀の中ごろまでに、家々に伝わっていた歌集の中から、歌々を取捨選択して編集された書物ということができます。その歌々は、家の人にとっても、宝物だったはずです。なぜ、私が宝物といったかといえば、思い出や古い時代の歴史を辿るためには、大切なものだったからです。

歌は、声に出して歌うものです。しかし、声に出しただけでは、消えてしまいます。その声を書き留めなくては、歌は残りません。私たちは、文字によって書き残された歌を読んで、声に出すことができます。昔の人と今の人とでは発音は多少違いますが、そうすることで、昔の人の声を蘇らせることができます。

（上野誠　『入門　万葉集』による。）

1　傍線部ａに、付属語はいくつあるか、答えよ。

2　傍線部ｂとあるが、歌は何と同じなのか。文章中より抜き出せ。また、その理由を文章中の言葉を用いて説明せよ。

3　傍線部cと筆者が述べる理由を、「(　　)から。」の形で、文章中から百字程度で探し、はじめとおわりの六字を抜き出せ。

4　冒頭において、筆者が『万葉集』を「言葉」と「思い出」の文化財と評するのはなぜか。文章中の言葉を用いて、具体的に説明せよ。

5　『万葉集』の文学史上の大きな特徴として適切なものを、次のア～カからすべて選び、記号で答えよ。

ア　醍醐天皇の勅命で作られた。　　イ　短歌のみ収められている。

ウ　素朴で力強い歌が中心である。　　エ　優美で繊細な歌が中心である。

オ　仮名序がある。　　カ　方言による歌も収録されている。

(☆☆☆◎◎◎)

【四】次の文章を読んで、後の問いに答えよ。

※句読点や記号も一字と数えること。

日本と西洋との自然観のちがいがaよく表われているのが庭である。内と外との中間地点である庭に、どのように自然を取り入れるか。その方法に、両者の自然に対する意識のちがいがうかがえる。

自然を取り入れるといっても、庭に草木をたくさん植えたり、水を流したりして自然らしさを演出しようとするのは、むしろ西洋のほうである。日本はむしろ逆だ。日本でもっとも有名な庭といえば、室町時代につくられた京都の竜安寺の石庭を思い出す人は多いだろう。石庭の名のとおり、この庭を構成しているのは石と砂である。いわゆる枯山水とよばれるものだ。枯山水は、石と砂だけで、山のつらなる様や、滝や河の流れを表現する。そこでは植物はかえってじゃまであり、極力排除される。

それに対して、西洋の庭は花が中心だ。色とりどりの、なるべく珍しい花がたくさん咲いているほど美しい庭とされる。西洋の庭の楽しみは、花を見ることといってもいい。ガーデニングとは、基本的には季節によって木を植え替えたり、さまざまな花を咲かせたりすることである。

しかし、そうだとすると植物をたくさん植えている西洋の庭の方が、自然を豊かに取り入れているような気もする。だが、そこに西洋と日本の自然観の大きなちがいがある。西洋の庭に植えられている草花は枯れれば取り替えられる。つまり自然は交換可能な物として扱われている。いいかえれば、そこでは見えているものがすべてである。

dそれに対して、日本の枯山水は、見る者の想像力によって、目には見えない自然のいとなみと一つになるための人工的な装置だといえる。そこではたんに、砂が海を表していると理解するだけでは足りない。だいじなのは、そこに実際に水がたゆたっているのを積極的に想像し、そのイメージを押し広げていくことである。

枯山水には「主石」と呼ばれる水源となる岩がある。その岩を探しあて、そこから湧きだす水の流れを思い浮かべ、その水が庭を満たし、渦を巻き、奔流となって山に打ち寄せ、宇宙をも満たしていく。そんな様子を心の中にありありと想像しながら、庭を眺め、宇宙の中にいる自分を観想する。それが枯山水の味わい方である。

受動的に理解するのではなく、想像力によってはたらきかけて、そこに大海や宇宙を創造していく。枯山水という名がついてはいるが、それは、けっして枯れることのない水の流れや、無限の時間的広がりを感じるための庭なのである。

だが、どうして石なのか。前に述べたように、日本にはカミが降りてくる大石を磐座として信仰してきた伝統がある。石はカミの住まいであり、宇宙の縮図である。そのことを思い、大自然に包まれているような心持ちで、石に向き合うことが日本の庭の味わい方なのである。

（中略）

このように石や砂を、山や島、川や海のイメージでとらえることを「見立て」という。目の前にある前景の背後に、後景を透かして見る。この「見立て」は、日本人が長年かけて練り上げてきた、美しさを深く味わうための文化のエッセンスといってよい。

e盆栽も、小さな鉢植えの木を樹齢数千年の老木に見立てて味わうものである。茶室も、あの狭い空間を仙人の住む高峰の頂などに見立てるものだ。茶道で、一杯の茶の中に宇宙があるというのも「見立て」であるし、茶道具ではないひょうたんを花入れに使ってみるという遊び心も「見立て」である。落語も、特別な道具を使わず、一本の扇子を箸に見立ててそばをすすってみせたり、煙管《キセル》に見立てたりしてさまざまな場面を表わす「見立て」の芸である。

見立ては、もともとは漢詩や和歌など文芸の世界で用いられていた修辞法の一つだ。たとえば、古今和歌集のつぎの一首などもそうである。

f冬ながら空より花のちりくるは　雲のあなたは春にやあるらむ

（中略）

見立ては、目の前にある有限なものの奥に、より大きなものや、無限なものを見透かすことである。それは、見かけの閉塞した現実を突破して、新しい魅力や美しさを創造するための知恵でもある。見立てが自在にできるようになるには、するどい感性や深い教養がなくてはならない。日本の伝統的な美意識に「粋」という概念があるが、g「粋な人」とは、いわば「見立てができる人」といってもいいかもしれない。

（田中真知　『美しいをさがす旅にでよう』による。）

1　傍線部aの品詞と活用形を答えよ。

2　筆者は、植物を例にとって日本の代表的な庭である枯山水と西洋の庭をどのように比べているか。次の表の空欄b・cに当てはまるように、それぞれ文章中の言葉を用いて十字以内で書け。

日本の庭（枯山水）	西洋の庭
植物を（　b　）	植物を（　c　）

3　傍線部dの指す内容を、三十字以内で答えよ。

4　傍線部eの文から始まる形式段落は、文章中においてどのような役割をもつか、簡潔に説明せよ。

5　傍線部fの歌は、何を何に見立てているのか、簡潔に説明せよ。また、この歌における「見立て」を表現の技法の名称で答えよ。

6　傍線部gについて、筆者の考えを「見立て」という言葉を用いて五十字以上八十字以内で具体的に説明せよ。

（☆☆☆◎◎◎）

【五】次の文章（徒然草　第百五十段）を読んで、以下の問いに答えよ。

能《のう》をつかんとする人《ひと》、「よくせざらんほどは、なまじひに人《ひと》に知《し》られじ。うちうちよく習《なら》ひ得《え》てさし出《い》でたらん（　a　）、b「いと心《こころ》にくからめ」と、常《つね》に言《い》ふめれど、かく言《い》ふ人《ひと》、一芸《いちげい》も習《なら》ひ得《う》ることなし。いまだ堅固《けんご》かたほなるより、上手《じょうず》の中《なか》にまじりて、毀《そし》り笑《わら》はるるにも恥《は》ぢず、つれなく過《す》ぎてたしなむ人《ひと》、天性《てんせい》その骨《こつ》なけれども、道《みち》になづまず、みだりにせずして、年《とし》を送《おく》れば、堪能《かんのう》のたしなまざるよりは、つひに上手《じょうず》の位《くらい》に至《いた》り、徳《とく》たけ、人《ひと》に許《ゆる》されて、c双《ならび》なき名《な》を得《う》ることなり。

天下《てんか》のものの上手《じょうず》といへども、始《はじ》めは不堪《ふかん》の聞《きこ》えもあり、むげの瑕瑾《かきん》もありき。されども、dその人《ひと》、道《みち》の掟正《おきてただ》しく、これを重《おも》くして、放埓《ほうらつ》せざれば、世《よ》の博士《はかせ》にて、万人《ばんにん》の師《し》となること、e諸道変《しょどうかわ》るべからず。

1　『徒然草』と同じ時代に成立した作品を、次のア～クからすべて選び、記号で答えよ。
　ア　野ざらし紀行　イ　方丈記　ウ　太平記　エ　土佐日記　オ　平家物語　カ　大鏡
　キ　新古今和歌集　ク　風姿花伝

2　空欄aに当てはまる語を答えよ。

3　傍線部bの口語訳として適切なものを、次のア～エから選び、記号で答えよ。
　ア　とても心が通じ合っている　イ　とても警戒すべきことである
　ウ　たいへん憎らしい心もちがする　エ　たいへん奥ゆかしいことである

4　傍線部cについて、このようになるためには、どうするとよいと述べられているか。その部分を文章中より見つけ、はじめとおわりの五字を抜き出せ。

5　傍線部dはどのような人か。現代語で答えよ。

6　傍線部eとあるが、どのようなことが変わらないと述べられているか。現代語で説明せよ。

（☆☆☆◎◎◎）

【高等学校】

【一】次の文章を読んで、以下の問いに答えなさい。

何が人々を変革へと誘導するのであろうか。その要因として一番大きなものは、「飽きる」ということではないかと私は考えている。人間の行動は社会科学的な原理で成立するわけではない。むしろ感情に近い思惟とでも言うべきものが、行動への衝動をつくりだすことが多い。①社会の変革を求めて人々が動くときをみると、それまでの社会に飽きた、とか、それまでの生き方に飽きた、としか思えないかたちで、それは発生してきているのである。

だから社会変革の担い手は、必ずしも矛盾を集中的に受けている人とは限らない。矛盾をaマヌカれている人たちが、つまり何も困っていないはずの人たちが行動の前面に登場してくることは、決して珍しいことではないのである。社会科学的に考察できるような矛盾に巻き込まれていなくても、彼らはそのときの生き方に飽きている。

つまりこういうことである。社会を変えたいという衝動は、ある種のニヒリズムによって生みだされる。それは自分のそれまでの生き方、自分の存在自体に飽きてきたというニヒリズムである。とすると今日とは新しい変革の時代だと言うことができるだろう。実に多くの人たちが、自分の人生そのものに飽きてきているのだから「本物の私」を探したいという衝動も生まれるし、簡単に企業を辞める人たちも、農村に行って農業をはじめたりする人たちもでてくる。ふと気がつくと、自分の人生に以前ほどの情熱を失っていると感じる人たちは、どれほどたくさんいることだろうか。【ア】

この飽きるという思惟と社会の矛盾とがつながったとき、社会変革は起こる。

だがその結果は、必ずしもよい結果を生むとは限らない。変革への衝動の結果が、ファシズムの成立だったりナショナリズムの高揚だったりするかもしれないことを、歴史は証明している。戦争体制の構築もひとつの変革なのである。

とすると、②どのような変革は正しく、またどのような変革は間違っているのだろうか。残念ながらここには絶対的な基準は存在しない。しかし次のことだけは確実にいえる。

私たちが今日「変革」と呼んでいるもの、それは人間のことだけを考えた変革であった。たとえばどのような社会をつくるかと言うとき、私たちがイメージするものは、どのような人間社会をつくるのかである。そしてそこにこそ、近代以降世界に広がっていく伝統的なヨーロッパローカルの発想があった。それは人間がつくりだした文明を絶対視する思想である。

ところが現在私たちが飽きはじめているのは、この思想とともに生まれた文明自体である。人間の文明を絶対視する発想から、今日の経済社会が生まれ、科学の発達至上主義や人間の絶対化が生まれた。貨幣やさまざまなシステムが「権力」になり、人間はそれらにb跪いて暮らすようになった。人間だけを絶対視する文明は、人間をもまた、人間によって生みだされた貨幣やシステムの従属的存在に変えてしまったのである。このような状態を哲学は〔　A　〕という言葉で説明してきた。〔　A　〕とは自分たちがつくりだしたものに逆に支配される状態を説明する言葉であり、そのような状況のもとで存在の現実感が失われていくことをあらわす概念である。

それが、人間のつくりだした文明を絶対視した歴史のひとつのcキケツだとするなら、その問題点が自然の無視、あるいは自然を文明のための手段視してしまったところにあるのは明らかである。これまでの変革は人間社会だけの変革を考え、その結果、より強力な人工的世界を創り出そうとしてしまった。それがときにファシズムであり、ナショナリズムの高揚や市民的原理の絶対視だったのである。市民的原理の強化とファシズムは正反対の発想のように思えるかもしれないが、根底には人間のつくった文明の絶対化という共通性がある。だから第一次大戦後のドイツのように、ワイマール体制下の民主主義の時代の後にナチズムの時代が形成されたりもするし、日本でも大正デモクラシーの時代の後にファシズムの時代が生まれた。市民的原理とファシズムの間には、容易に移行しやすい親和性が存在していたのである。

私たちは明らかに、人間の文明を絶対視した近代の思想と決別する必要性に迫られている。自然を含めた社会観を創り出さなければならないのである。いま「正しい変革」として言えることがあるとすれば、このことであろう。

それは単に自然を壊してはいけないということを意味するわけではない。もちろん私は自然をdソンショウさせない社会を創りたいと考えているが、それだけを取り上げれば、再び、人間のための自然の維持という、人間中心主義的な自然保護理論に陥る可能性がある。ここにはもっと根源的な問題がある。生命のとらえ方の変更という根源的な問題が、である。

今日の私たちは生命とは個体に宿ると考えている。たとえば私は「私」という固有の生命体であり、それぞれの個体とともに生命は存在すると私たちは教えられてきた。だが本当にそうなのだろうか。③生命は他者との相互関係のなかに成立するものなのではないだろうか。【イ】

つまりこういうことである。たとえば私の「知性」について考えてみよう。私たちは自分の頭脳のなかに確固とした知性が固有のものとして形成されていると思っている。ところがよく考えてみるとそう簡単ではないのである。第一に私の知性が存在するためには他者の知性が必要になる。他者の知性が私の知性を見つめることによって、私の知性はその活動を実現することができる。仮にいかなる他者も存在しなかったとするなら、つまり他の人々も自然も、そればかりか閉じこめられた空間や真っ暗な闇という他者さえ存在しなかったら、私の知性は働かせようもない。つまり存在させることができないのである。

第二に私の知性は「私の知性」だけで自己完結してはいない。というのは「他者の知性」を借りることによって私の知性もまた成立しているからである。たとえば私が半分暮らしている群馬県の山村、上野村の多くの家族をみていると、夫と妻のふたつの知性が相互に補われることによって、それぞれの知性も成立していることがよくわかる。夫が記憶していることや彼の判断力と、妻が記憶していることや彼女の判断力が結びつくことによって、それぞれの知性もまた展開しているのである。私も村ではいろいろなことを聞きに行ったり教えてもらいながら暮らしている。村の知性は全体がネットワーク化され、結び合うひとつとしてそれぞれの知性が存在しているのである。しかもそのネットワークのなかに村では自然が入ってくる。村人たちはたえず自然の変化をみて、自然からも教わりながら自分の知性を展開させる。

近代的な個人の社会は、この知性のネットワークがやせ細り、あるいは切れた状態をつくりだした。その結果、知性は私だけのものという錯覚を生みだしやすくなった。

生命に対しても同じことが言えるのではないだろうか。お互いに提供し合い、受け取りながら活動しているのが生命なのではないだろうか。自然からも、他の人々からも生命を受け取り、同時に生命を提供する。その相互性があってこそ、私たちは生命体なのではないかと私は考えている。

逆に自然からも他の人々からも、関係が切れた生命を考えてみるとどうなるのだろう。それでも栄養が補給されれば生きていることはできるだろう。だがそれは生命体として生きていると言うことができるのかどうか。

このことは私たちにふたつの問いがあることを教える。ひとつは自然との生命の相互性を失ったとき、私たちの生命は衰弱していたのではないかという問い、もうひとつは人間同士の相互性を失ったとき、私たちの生命もまたか細いものになっていったのではないかという問いである。

ところで、このような問題意識をもつとき、私たちはあるひとつのことに気がつく。それはかつて私たちが「前近代」と呼んできた時代のなかに、私たちが学びなおしてもよいものがeヒソんでいるのではないかという気づきである。ただしその前に次のことだけは述べておいた方がよいのかもしれない。それは過去とは何かということである。【ウ】

私たちの前に存在している過去は「真実の過去」ではない。もちろん「真実の過去」は確かに存在した。だがそれは現在私たちの前に存在している過去とは違う。なぜなら私たちが知りうる過去とは、何らかの記録が残っている過去であり、しかもその記録を現在の人間が、現在の問題意識に従って読み込んだ過去だからである。その結果「過去から学ぶ」といってもそれは「真実の過去」から学ぶことではなく、現在の問題意識によって読み込まれた過去から学ぶことなのである。もちろん正確な過去を読み出そうとする努力は必要だし、そのための努力も常におこなわれている。だがそれでもなお、過去が読み取られた過去として現れてくるという事実を否定することはできないだろう。

たとえば次のようなことがある。奈良時代に編まれた「説話集」に『日本霊異記』がある。各地で語られていた説話を集めた本なのだけれど、この本のなかには、それまでの暮らしを捨てて山に人り修行した多くの人たちの話が書かれている。その事実だけならばこの本を読めばわかる。ところが読んでいてもわからないのは、なぜこれほど多くの人たちが、どんな気持ちでそれまでの暮らしを捨て、山に入っていったのかである。おそらく当時の人たちの自然観や人間観、神仏観などがわからないかぎり、この謎は解けないだろう。ところが私たちはすでに古代の人間ではなく、現代の人間なのである。だから現代の人間の視点からこの事実を解釈することになる。その結果何かが読み取られたとしても、それが「真実の過去」と違うことは確かであろう。

自然や他の人々との相互的な存在のあり方を過去から学ぶとは、このようなことを踏まえた上での「学び」である。いまの私たちの問題意識からは、そのように過去が読める、ということだと言ってもよい。

近代世界はすでに輝きを失っている。人間だけの文明をつくりつづけた歴史が、その文明自体を魅力のないものに変えてしまった。だからこの文明のなかで生きることへの飽きが徐々にひろがっている。【エ】

（内山節『清浄なる精神』）

（１）二重傍線部ａ～ｅについて、カタカナは漢字に直し、漢字は読みをひらがなで書きなさい。
（２）傍線部①について、筆者は社会の変革の起因をどのようなことであると考えているか。本文中の語句を用いて三十字以内で答えなさい。
（３）傍線部②について、筆者はどのような変革を正しいものだと考えているか。四十字以内で答えなさい。
（４）本文中の空欄〔　Ａ　〕に入る最も適当なものを次から一つ選び、記号で答えなさい。
ア　乖離　　イ　因果　　ウ　皮相　　エ　疎外　　オ　混沌
（５）傍線部③とはどういうことか。「他者」の示すものを明確にして、八十字以内で説明しなさい。
（６）次の一文を挿入する最も適当な箇所を、本文中の【ア】～【エ】から一つ選び、記号で答えなさい。
そんな問題意識が、私に過去から学ばせようとするのである。
（７）筆者の「過去」に対する考え方を踏まえると、「過去から学ぶ」ことにはどんな意義があるといえるか。最も適当なものを次から一つ選び、記号で答えなさい。
ア　「過去から学ぶ」とは、当時の人間の視点に基づいて「過去」のありようを知ることであり、そこから現代にも通じるような人間社会の普遍的な定理を学ぶことができる。

イ　現代人が学べる「過去」には現代の問題意識が投影されているということをふまえて過去のありようを見ることで、これからの社会のあるべき姿を捉え直すことができる。
ウ　現代の問題意識を持って「過去」を見つめ直すことで、過去の新たな事実が浮き彫りになり、近代から現代に至る社会の変化の原因を再発見することができるようになる。
エ　「過去」は現代の視点から解釈されがちだが、過去の人々の価値観などを踏まえて過去を学ぶ努力を通してこそ、現代の社会を捉え直すためのヒントを過去から得られる

（☆☆☆◎◎◎）

【二】次の文章は、都落ちする前に恋人の平資盛が筆者に語ったことと、資盛と別れ、その身を案じていた筆者のもとに、彼の死の知らせが伝わった時のことをつづったくだりである。この文章を読んで、以下の問いに答えなさい。

（注1）大方の世騒がしく、心細きやうに聞こえしころなどは、蔵人頭にて、ことに心のひまなげなりしうへ、あたりなりし人も、「a あいなきことなり。」など言ふこともありて、さらにまた、ありしより b けに忍びなどして、おのづから、とかくためらひてぞ物言ひなどせし折々も、ただ大方の（注2）ことぐさも、「かかる世の騒ぎになりぬれば、①はかなき数にただいまにてもならむことは、疑ひなきことなり。さらば、さすがに露ばかりのあはれは懸けてむや。たとひ何とも思はずとも、かやうに聞こえなれても、年月といふばかりになりぬるなさけに、（注3）道の光もかならず思ひやれ。また、もし命たとひ今しばしなどありとも、②すべて今は心を昔の身とは思はじと、思ひしたためてなむある。そのゆゑは、ものをあはれとも、何のなごり、その人のことな

ど思ひ立ちなば、思ふ限りも及ぶまじ。心弱さも、いかなるべしとも身ながら覚えねば、何事も思ひ捨てて、人のもとへ、『さても。』など言ひて文やることなども、いづくの浦よりもせじと思ひとりたる身と思ひとりたるを、『なほざりにて聞こえぬ。』などな思しそ。よろづただ今より、(注4)身を変へたる身と思ひなりぬるを、なほともすればもとの心になりアぬべきなむ、いとくちをしき。」と言ひしことの、げにｃさることと聞きしも、何とか言はれむ。ただ涙のほかは言の葉もなかりしを、つひに秋の初めつ方の、(注5)夢のうちの夢を聞きし心地、何にかはたとへむ。〈　中略　〉

(注6)またの年の春ぞ、まことにこの世の外に聞き果てにし。そのほどのことは、まして何とかは言はむ。みなかねて思ひしことなれど、ただほれぼれとのみ覚ゆ。あまりにせきやらイぬ涙も、③かつは見る人もつつましければ、何とか人も思ふらめど、「心地のわびしき。」とて、引きかづき寝くらしてのみぞ、心のままに泣き過ぐす。「いかで物をも忘れむ。」と思へど、あやにくに面影は身に添ひ、言の葉ごとに聞く心地して、身をせめて、悲しきこと言ひ尽くすべき方なし。ただ限りある命にて、はかなくなど④聞きしことをだにこそ、悲しきことに言ひ思へ、これは何をか例にせむと、かへすがへす覚えて、

Ⅰ　なべて世のはかなきことをかなしとはかかる夢見ウぬ人やいひけむ

ほど経て人のもとより、「さても、このあはれ、いかばかりか。」と言ひたれば、なべてのことのやうに覚えて、

Ⅱ　かなしともまたあはれとも世の常にいふべきことにあらばこそあらめ

さてもげに、ながらふる世のならひ心憂く、明けぬ暮れぬとしつつ、さすがに⑤うつし心もまじり、物をとかく思ひ続くるままに、悲しさもなほまさる心地す。はかなくあはれなりける契りのほどもわが身ひとつのことにはあらず。同じゆかりの夢見る人は、知るも知らぬもさすが多くこそなれど、さしあたりて、例なくのみ

覚ゆ。昔も今もただのどかなる限りある別れこそあれ、かく憂きことはいつかはありけるとのみ思ふもさることにて、ただとかく、さすが思ひなれにしことのみ忘れがたさ、「いかでいかで今は忘れむ。」とのみ思へど叶はぬ、悲しくて、

Ⅲ　ためしなきかかる別れになほとまる面影ばかり身に添ふぞ憂き
Ⅳ　いかで今はかひなきことを嘆かずて物忘れする心にもがな
Ⅴ　忘れむと思ひてもまた立ち返りなごりなからむことぞかなしき

（『建礼門院右京大夫集』）

（注）1　大方の世騒がしく＝平家一門が都落ちする前の動乱をさす。
2　ことぐさ＝話の種。
3　道の光＝冥土を照らす仏法の光。後世の供養のこと。
4　身を変へたる身＝死んだ身。
5　夢のうちの夢＝平家一門の都落ちをさす。
6　またの年＝翌年。寿永四年。この年の二月、平家は壇ノ浦で敗れ、平資盛もその時に戦死した。

（1）二重傍線部a～cの語句の本文中の意味を答えなさい。
（2）波線部ア～エの「ぬ」の中から他と用法が異なるものを一つ選び、記号で答えなさい。また、それを文法的に説明しなさい。
（3）傍線部①の解釈として最も適当なものを次から一つ選び、記号で答えなさい。

ア　資盛が今すぐに俗世間を離れて出家してしまうかもしれないこと。
イ　平家の軍勢が今この時にも討たれているかもしれないこと。
ウ　資盛が今この時にも命を落としてしまうかもしれないこと。
エ　資盛が今すぐにでもおちぶれてしまうかもしれないこと。

（４）傍線部②について、資盛はどのような覚悟を持っているか。理由も含めて七十字以内で説明しなさい。

（５）傍線部③・④を現代語訳しなさい。

（６）傍線部⑤「うつし心もまじり」と反対の心理状態を、本文から十一字で抜き出して書きなさい。

（７）Ⅰ～Ⅴの和歌の説明として適当でないものを次から一つ選び、記号で答えなさい。

ア　Ⅰの和歌では、愛しい人の非業の死を「夢」と表現し、世間一般の死と対比させながら、その悲しみの深さを詠んでいる。
イ　Ⅱの和歌は、「あらばこそあらめ」という表現を用いることで、資盛の死への悲しみが尋常ではないことを表現している。
ウ　Ⅲの和歌は、「面影ばかり身に添ふ」という表現を用いて、資盛の死を忘れられないつらさを実感を込めて表現している。
エ　Ⅳの和歌は、「いかで～もがな」という呼応表現を用いることで、資盛の死を忘れたいという、痛切な願いを示している。
オ　Ⅴの和歌は、資盛の面影を「なごり」と表現し、資盛の面影が思い出せなくなってしまったことを嘆く気持ちを詠んでいる。

（☆☆☆◎◎◎）

【三】次の文章を読んで、以下の問いに答えなさい。（設問の都合で、訓点の一部を省略した箇所がある。）

（注1）歴山之農者侵レス畔ヲ。（注2）舜往キテ耕シ焉、（注3）期年ニシテ（注4）甽《けん》畝《ぼ》正シ。河《か》浜《ひん》之漁者争レフ（注5）坻《ち》ヲ。舜往キテ漁シ焉、期年ニシテ而譲レル長ニ。（注6）東夷之陶者ノ器（注7）苦窳《こゆ》ナリ。舜往キテ陶シ焉、期年ニシテ而器牢《かた》シ。（注8）仲尼歎ジテ曰ク、「①耕漁ト与レハ陶、非ザル二舜ノ官一ニ也。而モ舜往キテ為レセル之ヲ者、a所二以（注9）救レフ敗ヲ也。舜ハ其レ信ニ仁ナル乎。b乃チ（注10）躬耕シ処レルモ苦シキニ、而モ民従レフ之ニ、故ニ曰ク、聖人之徳ハ化スト乎。」

或ヒト問ヒテ二儒者一ニ曰ク、「方リテ二此ノ時一ニ也、②（注11）堯安在。」其ノ人曰ク、「堯ハc為リト二天子一。」「然ラバ則チ仲尼之聖トセルハレ堯ヲd奈何。聖人明察ニシテ在ルハ二上位一ニ、

③将使天下無姦也。今耕漁不レ争《ハ》、陶器不《ンバ》レ窳《セ》、舜又何《ノ》徳《アリテ》而化《セン》。舜之救《ヘルハ》レ敗《ヲ》也、則《チ》是《レ》堯《ニ》有《レバ》レ失也。賢《トセバ》レ舜《ヲ》則《チ》去《ラン》二堯之明察《ヲ》一、聖《トセバ》レ堯《ヲ》則《チ》去《ラン》二舜之徳化《ヲ》一。④不《ル》レ可《カラ》二両《ツナガラ》得一也。楚人《ニ》有《リ》下鬻《グ》二盾《ト》与《ヲ》レ矛者上。誉《メテ》レ之《ヲ》曰《ク》、『吾《ガ》盾之堅《キコト》、莫《シト》二能《ク》陥《スモノ》一也。』又誉《メテ》二其《ノ》矛《ヲ》一曰《ク》、『吾《ガ》矛之利《キコト》、於《イテ》レ物《ニ》無《シト》レ不《ル》レ陥《サ》也。』或《ヒト》曰《ク》、『以《テ》二子之矛《ヲ》一、陥《サバ》二子之盾《ヲ》一何如《ト》。』⑤其人弗能応也。⑥夫《レ》不《ル》レ可《カラ》レ陥《ス》之盾《ト》、与《ハ》二無《キ》レ不《ル》レ陥《ラ》之矛一、不レ可《カラ》二同《ジクシテ》レ世《ヲ》而立《ツ》一。今堯・舜之不《ルハ》レ可《カラ》二両《ツナガラ》誉《ム》一、矛盾之説也。」

（『韓非子』難一第三十六）

（注）1 歴山＝山の名。　2 舜＝伝説上の天子。五帝の一人。
3 期年＝満一か年。　4 甽畝＝用水路と畑のあぜ。田畑の境界。
5 坻＝川の中にある小さな中州。　6 東夷＝東方の異民族。

7　苦窳＝できが悪くいびつ。　8　仲尼＝孔子のあざな。
9　救敗＝禍を防ぐ。　10　躬耕＝自ら耕作すること。
11　堯＝伝説上の天子。五帝の一人。舜に帝位を譲った。

（1）二重傍線部a～dの本文中での読みを現代仮名遣いで答えなさい。
（2）傍線部①の内容として最も適当なものを次から一つ選び、記号で答えなさい。
ア　耕すこと、漁をすること、陶器を作るなどの仕事は、舜の職務外のことである。
イ　耕すこと、漁をすること、陶器を作るなどの仕事こそ、舜の仕事の本務である。
ウ　耕すこと、漁をすること、陶器を作るなどの仕事は、舜の趣味程度にすぎない。
エ　耕すこと、漁をすること、陶器を作るなどの仕事こそ、舜の手腕にかかる。
（3）傍線部②を書き下し文に直しなさい。ただし、解答は現代仮名遣いで書くものとし、すべてひらがなで答えること。
（4）傍線部③は、「まさにてんかをしてかんなからしめんとするなり」と読む。これを参考にして、次の白文に訓点を付けなさい。
将使天下無姦也
（5）傍線部④について、このように言う理由をわかりやすく説明しなさい。
（6）傍線部⑤を書き下し文に直しなさい。
（7）傍線部⑥を口語訳しなさい。

（☆☆☆◎◎◎）

解答・解説

【中学校】

【一】①　せったく　②　はんぷ　③　うやうや(しく)　④　こうでい　⑤　なら(う)　⑥　享受　⑦　静粛　⑧　如実　⑨　遺漏　⑩　一矢

〈解説〉熟語などについては、その意味もおさえておくこと。②頒布は「広く配ること」、③恭しくは「礼儀正しく」、④拘泥は「必要以上に気にすること」、⑧如実は「事実の通りであること」、⑩一矢は一本の矢のことだが、一矢報いるで「攻撃や非難に対して少しでも反撃すること」を指す。

【二】①　言語活動　②　正確に　③　適切に　④　伝え合う力　⑤　言語感覚　⑥　言語文化

〈解説〉教科目標は学習指導要領関連の問題の中でも出題頻度が高いので、文言の暗記が望ましい。さらに、目標の意味内容について問われることもあるので、学習指導要領解説などで学習しておくこと。なお、今改訂から育成を目指す資質・能力を明確にするため、「何を理解しているか、何ができるか(生きて働く「知識・技能」の習得)」、「理解していること・できることをどう使うか(未知の状況にも対応できる「思考力・判断力・表現力等」の育成)」、「どのように社会・世界と関わり、よりよい人生を送るか(学びを人生や社会に生かそうとする「学びに向かう力・人間性等」の涵養)」の三つの柱に整理し、目標に(1)～(3)と示していることを踏まえて学習するとよい。

【三】1　六つ　2　何…写真　理由…たいせつな思い出になるから。　3　はじめ…天皇家にも、おわり…たちに整えた(から。)　4　『万葉集』は、歌によって過去に起きた出来事や事件が言葉で記されており、当時の人の思い出や古い時代の歴史を辿ることができるから。　5　ウ、カ

〈解説〉1　付属語とは「助詞、助動詞」のことである。　2　筆者は『万葉集』を「歌のアルバム」と比喩しており、以下「写真のアルバム」について説明している。そして傍線部のある文の次の文では、歌と写真には共通しているところがあると述べている。　3　cは、大伴家持の『万葉集』編集についての業績を述べている。ここでは巻一と巻二について述べられることを踏まえて考えること。　4　歌は、声に出すだけでは、その時の思いや出来事、事件を心に留めおくことはできない。心に留め思い出として残すため、その歌声を言葉で書き留める必要があった。そうしてできた『万葉集』は時空を超えて、過去の歴史や思い出を辿る文化財(文化遺産)だと述べている。　5　『万葉集』は勅撰和歌集ではなく、大伴家持を中心に他に編纂者がいる。歌体は、短歌、長歌、旋頭歌、仏足石歌、方言による東歌や防人(さきもり)歌がある。歌風は、素朴で力強い益荒男(ますらを)ぶりとされている。

【四】1　品詞…形容詞　活用形…連用形　2　b　極力排除する(六字)　c　たくさん植える(七字)　3　西洋の庭は、見えているものがすべてであるということ。(二十六字)　4　前の段落で述べたことについて具体例をあげ、詳しく説明する役割。　5　雪を花に見立てている　表現の技法…隠喩　6　見かけの閉塞した現実を突破して、新しい魅力や美しさを創造するための知恵でもある、「見立て」が自在にできる、するどい感性や深い教養をもつ人。(六十九字)

〈解説〉1　「よく」は、形容詞「良し(い)」の連用形だが、転じて「副詞」とするのが一般的である。　2　西洋のガーデニングは、季節ごとの木を植え、さまざまな花を咲かせることを基本としている。一方、日本の庭

を代表する枯山水は、植物ではなく、石と砂で構成され植物は一切排除されている。　3　Dの「それ」は、前にのべたことを再度くりかえす代名詞。西洋では自然は交替可能な物であり、筆者は「そこで見えているものがすべてである」と言い換えている。　4　枯山水は、見る者の想像力により自然に観入するための人工的装置であり、筆者は石や砂を山や島、川や海としてイメージすることを「見立て」としている。　eを含む形式段落では盆栽や茶道、落語でも、この「見立て」があることを論証している。　5　fの和歌は古今集にある清原深養父の作である。「今は冬でありながら空から花(雪)が降ってくるのは雲の向こうはもう春なのだろうか」と解釈する。「雪」を「花」に見たてた隠喩である。　6　gを含む形式段落の内容を中心にまとめればよい。「粋な人」は「見立てができる人」であり、「見立てができる人」には何が必要か等、さかのぼって考えていくとよいだろう。

【五】1　イ、オ、キ　2　こそ　3　エ　4　はじめ…いまだ堅固　おわり…てたしなむ　5　天下の名人　6　その道の掟を正しく守り、自分勝手なことはしないで、稽古を続けることが技術を身に付けるためには重要であるということ。

〈解説〉1　『徒然草』の成立は鎌倉時代であり、ア『野ざらし紀行』は江戸時代、イ『方丈記』は鎌倉時代、ウ『太平記』は室町時代、エ『土佐日記』は平安時代、オ『平家物語』は鎌倉時代、カ『大鏡』は平安時代、キ『新古今和歌集』は鎌倉時代、ク『風姿花伝』室町時代である。　2　b「いと心にくからめ」の「め」は、推量の助動詞「む」の已然形。係助詞「こそ」と呼応して、係むすびになっている。　3　b「いと心にくからめ」の「いと」は、「非常に、大変」という意味の副詞、「にくから」は「にくし」(形・ク)の未然形で「なんとなく心ひかれる、奥ゆかしい」、「め」は推量の助動詞で、全体で「まことに奥ゆかしいことであろう」と訳す。　4　c「双なき名を得ることなり」の「双なき名」とは、「比類ない名声」のこと。「いまだ堅固かたほなるより……」の「かたほ(片秀)は、「まほ(真秀、完全である)」に対する語で不完全・未熟なさまを指す。　5　dの「その人」は、その前文の「天下のものの上手」を指すことを踏まえて考えるとよい。　6　e「諸道変るべからず」の「諸道」とは、「もろもろの道、どの道」、「変るべからず」は「(万人の師となることは)変りのあるはずがない」という意味。「万人の師」となるための条件は「道の掟正しく、これを重くして、放埒せざれば」(芸道の規律を守り、これを重視して気ままにふるまうことがなければ)である。

【高等学校】

【一】(1)　a　免(れ)　b　ひざまず(ひざまづ)　c　帰結　d　損傷　e　潜(ん)　(2)　人々の飽きるという思惟と社会の矛盾とがつながること。(二十六字)　(3)　人間の文明を絶対視した近代の思想と決別し、自然を含めた社会観を作り出す変革。(三十八字)　(4)　エ　(5)　人間は、自然からも、他の人々からも生命を受け取り、同時に生命を提供するという相互性があってこそ、生命体として生きていると言うことができるのだということ。(七十六字)　(6)　エ　(7)　イ

〈解説〉(1)　aの「免れる」はもともと「まぬかれる」であり、辞書などでは「まぬがれる」も正しいとされていた。ただ近年、テレビ等では「まぬがれる」が多いことから、「まぬかれる」は少なくなってきたことは知っておくとよい。　(2)　社会変革の要因の一つとして筆者は、自分の生き方や存在自体に飽きてきたという感情に近い思惟と社会科学的に社会の矛盾に対して社会変革の衝動をあげており、形式段落第五段落にまとめのような形で「飽きるという思惟と社会の矛盾とがつながったとき、社会変革は起こる」と述べている。(3)　筆者は、これまでの「変革」は「人間がつくり出した文明を絶対視する思想」による「人間のことだけを考えた変革」であるとし、この自然を無視し、自然を文明のために手段視したことに問題がある、と述べて

いる。そして形式段落第十一段落で、人間の文明を絶対視した近代の思想と決別し、自然を含めた社会観を創出することを「正しい変革」と述べている。（４）空欄前の文では、文明を絶対視する発想から今日の貨幣経済社会が生まれたが、そのため人間は貨幣やシステムに従属する存在に陥ったこと、を述べている。このように、自らの創出したものに逆に支配される状態を哲学や経済では「疎外」と呼ぶ。専門用語なので一般的な意味から離れるが、最も近い意味の言葉を探すと考えればよいだろう。（５）傍線部③以降の内容をまとめればよい。問題文では「知性」を例に、自他の知性の相互作用により自分の知性が活動することを述べ、「自然からも、他の人々からも生命を受け取り、同時に生命を提供する。その相互性があってこそ、私たちは生命体なのではないか」と結論づけている。（６）欠文の「そんな問題が、私に過去から学ばせようとする」の「そんな」の内容に関して、「過去」との関係を論じているのはウとエの前文である。ウの前文は、次の段落で論証する「過去」についての問題提起であり、エの前文は、近代社会の生命力と魅力のない文明への飽きの状態に対しての問題意識の内容である。（７）筆者は、「前近代」と呼んだ時代に学びなおしてよいものが潜んでいること、また「過去から学ぶ」ことは、現在の問題意識によって読み込まれた過去から学ぶことであり、古典の「説話」なども「現代の人間の視点からこの事実を解釈する」と述べていることを踏まえて考えるとよい。

【二】（１）a　よくない　b　いっそう　c　もっともなこと　（２）記号…ア　説明…強意の助動詞「ぬ」の終止形　（３）ウ　（４）様々な未練を持ち始めると際限がなく、気も弱くなりかねないので、筆者への思いも何も全て捨てて、自身を死んだ身と思って生きていこうという覚悟。（六十九字）

（５）③　一方では傍らで見ている人にも遠慮されるので、④　聞いたことさえ、悲しいこととして言いもし、思いもするのに　（６）ただほれぼれとのみ覚ゆ　（７）オ

〈解説〉(1) a「あいなき」は「あいなし」(形・ク)の連体形で「よくない、感心できない」という意味である。b「けに」の「け」(異)は「まさる」ことで、「けに」は「まさって、いっそう」という意味になる。c「さること」は、「もっともなこと、しかるべきこと」という意味である。(2)「ぬ」には活用語の連用形につく強意(完了)の助動詞「ぬ」の終止形と活用語の未然形につく打消の助動詞「ず」の連体形がある。アの「ぬ」は活用語の連用形に接続している。(3)「はかなき数」とは「死者の数」、「ただいまにてもならむ」とは、「たった今にでも(私は)死者の数に入る」という意味で、資盛の心境を述べている。(4)「すべて今は心を昔の身とは思はじ」は「今は昔の自分とは思うまい」、「思ひしたためて」は「決心して」という意味。「もし命たとひ今しばしなどありとも」を踏まえての作者への心情告白である。その理由を「ものをあはれとも、何のなごり、その人のこと」(物事をあわれに感じ、名残を惜しみ、誰それのこと)を思いだしたら、「思ふ限りも及ぶまじ。心弱さも、いかなるべし」とこの世への未練の際限なさから、心弱くなる自分の決意(覚悟)を述べている。(5) ③「かつは見る人」とは、「一方では傍らで見ている人」のこと。「つつましければ」の「つつましけれ」は、「つつまし」(形・シク)の已然形で「遠慮される」という意味で、「ば」は順接の接続助詞である。④「聞きしことだにこそ」の「こそ」は、「悲しきことに言ひ思へ」の「思へ」に呼応し、強意の係むすびになっているが、文は完結せず中止して下に続くために逆接的文脈になる。「はかなくなど」(亡くなったなどと)を受けて「聞いたことさえ、(世間では)悲しいことと言ったり思ったりするのに」と訳す。(6)「うつし心」は「正気」であり、「正気の時も交じるようになって」と訳す。この反対の「狂気」(虚脱状態)は「ただほれぼれとのみ覚ゆ」である。(7) Vの歌は「忘れようと思っても、また折返して、あの人(資盛)に関する思い出が跡形なくなってしまうとしたら、それも悲しい」と解釈する。資盛を忘れようとしても忘れることのできない作者の悲嘆である。

【三】(1) a　ゆえん　b　すなわ(ち)　c　た(り)　d　いかん　(2) ア　(3) ぎょうはいずくにかある　(4) 将《ニ》ルレ使《メント》二天下《ヲシテ》無《カラ》レ姦也　(5) 舜が民衆を徳化したというのならば、堯が天下に不徳を残したこととなって、堯が聖人であったとは言えなくなるし、堯が聖人であったというのならば、舜の時代に不徳が残るはずはなく、舜が民衆を徳化したとは言えなくなってしまうから。(6) 其の人応ふる能はざるなり(其の人応ふる能はず)　(7) そもそも何ものも突き通すことができない盾と突き通せないものはない矛とは、この世で同時に存在することはできない。

〈解説〉(1) a「所以」は「いわれ、理由」、b「乃」は「そこで」という意味、c「為」は指定・断定、d「奈何」は対処・処置などの手段・方法を問う疑問詞である。(2) ①は「耕漁と陶とは、舜の官にあらざるなり」の解釈。「官」は宮職(公の職務)のことで、これを「非ざる」と否定している。(3) ここでの「安」は、「いずくにか」と読む、場所を問う疑問詞。「在」は「在り」の連体形で「いずくにか」と呼応して、結辞を活用語の連体形にする係むすびである。(4)「将」は「まさニ……(ント)す」の再読文字、「使天下無姦也」は「使《ム》二A《ヲシテ》B《セ》一」の応用であるを踏まえるとよい。(5) ④は「両(ふたつ)ながら得べからざるなり」(両立できない)であり、その理由を説明する。「賢舜則去堯之明察」(舜を賢人だと言うのなら堯の明察力を否認しなければならない)と述べる一方、「聖堯則去舜之徳化」(堯が徳化の聖人であったならば、舜の徳化は否認される)と述べている。韓非は、儒家のあいまいな論理を批判するために、この故事を寓話として記し、両者を共に聖人として認めるわけにはいかない、というのである。(6) 訓点等をつけると「其《ノ》人弗《ル》レ能《ハ》レ応《アルコト》也」となる。(7)「夫」(それ)は発語、「不可同世而立」は「同じ世(この世)で両立することは不可能である」と訳すことを踏まえて考えるとよい。

二〇二二年度　実施問題

【中学校】

【一】次の①～⑩の傍線部の漢字には読みがなを、カタカナには漢字を書け。

①　辛辣な言葉。
②　明瞭な説明を行う。
③　羞恥で顔を赤くする。
④　口元が綻びる。
⑤　過去に遡って考える。
⑥　試合のキンコウが破られる。
⑦　オクソクで書かれた記事。
⑧　棚のセイトンを心がける。
⑨　運命にホンロウされる。
⑩　マタタく間の出来事。

（☆☆☆◎◎◎）

【二】中学校学習指導要領（平成二十九年三月告示）「第二章　各教科　第一節　国語　第二　各学年の目標及び内容」の第三学年における目標の一部について、次の①～⑤の空欄に当てはまる言葉を書け。

〔第三学年〕
一　目標
（2）（　①　）に考える力や深く共感したり豊かに想像したりする力を養い、（　②　）における人との関わりの中で（　③　）を高め、自分の思いや考えを広げたり深めたりすることができるようにする。
（3）言葉がもつ価値を（　④　）とともに、読書を通して（　⑤　）を向上させ、我が国の言語文化に関わり、思いや考えを伝え合おうとする態度を養う。

（☆☆☆◎◎◎）

【三】次の文章を読んで、以下の問いに答えよ。
※句読点や記号も一字と数えること。

a人は、普段は口から出る声でコミュニケーションを取っている。手紙などを書くときも、メールを書くときも、せいぜいその（　b　）が文字にそのまま変換されているにすぎない。簡単なことはこれで通じる。「学校？」「おう」「行けた？」「大丈夫」「マジで？」「またな」みたいな会話をしているのである。

お互いが状況を知っていて、お互いが使う言葉もだいたいわかっているから、これで通じてしまう。文章にもなっていないし、文法などが入り込む隙もない。

しかしこれが、c実験データを考察し、実験要因に関する結果への影響を指摘する、といった場合では簡単にはいかない。これまで、さんざん慣れ親しんできた母国語であってもだ。何がどうして、何のためにどのように、といった説明に言葉をつなぎ合わせるのだが、普段の会話では、今の日本人の多くは「てにをは」を使わないから、そのまま書くと意味が思いどおりには通じない。

重要になってくるのは、相手に理解してもらう、という通信の機能である。ここでは、読む相手を想定することが基本である。

自分だけで終始していた段階から、文章はここで飛躍しなければならない。それが文章の本来の役目なのだ。たとえば、「相手はこれをどう読むだろう?」という視点がなければ、わかりやすい文章は書けない。相手の知識や理解力をある程度知っている必要があるし、自分が書いた文章が誤解される可能性をできるだけ排除する必要もある。

自分の書いた文章は、書いたそのときには、もの凄くわかりやすい。これは当然で、わかっている頭から出てきた言葉だからだ。順序が違うのだ。それを読む側は、言葉からわかろうとするわけで、変換を逆に辿ることになる。

d 自分の文章をいくら読み直しても、わかりやすいか、誤解が生じないか、を確かめることはけっこう難しいものだ。最も簡単なのは、一週間くらいあとで読み直すことだろう。これは、書いたときの気持ちをすっかり忘れて、自分がもうそのときの自分ではなくなっているためである。

文章に限ったことではない。漫画の絵も同じだった。描いた直後には、なかなか上手く描けたと思っていても、何日か経ってから見てみると、デッサンが狂っているし、奇妙な顔になっていたりする。初心者ほどこれがある。変だということがわかる客観的な目を持っていないためだ。

最初は何日もあとにならないとわからないが、そのうち翌日にはわかるようになり、ついには、描いてすぐに判別できる目になる。これが、つまり絵の上達というものだ。漫画を描く人は、自分が書いた絵を鏡に映して見ることをおすすめする。裏返しになるだけで、客観的に見る自分になれる。上手い絵は、鏡で反転しても、まったく崩れない。

文章が上手いというのは、つまりは、自分の書いた文章を客観的に読み直せるかどうか、であり、それは結局「視点」のシフト能力なのだ。自分以外の誰かになったつもりでそれが読める、架空の人物の視点で文章を読める、ということである。

最初のうちは、この読み手が、ある特定の人物になる。学生であれば、先生がその人だ。先生にわかってもらえる文章を書く、という訓練をすることになる。ところが、先生は、自分の視点だけで見るのではない。不特定多数が読んでもわかる文章になっているかどうかをチェックする。それが、文章の最終的な目標だからだ。


（森　博嗣『読書の価値』による。）

1　傍線部 a は、いくつの文節からできているか、答えよ。
2　空欄（　b　）に当てはまる言葉を、文章中から一字で抜き出せ。
3　傍線部 c とあるが、どうすれば通じるのか。文章の内容と一致するものを、次のア～エの中から一つ選び、記号で答えよ。
ア　もっと母国語に慣れ親しむ　　イ　伝えたいことを論理的に説明する
ウ　言うべきことを全て言葉にする　　エ　実験の分析や考察を繰り返し行う
4　傍線部 d とあるが、なぜ難しいのか。その理由が分かる一文を「漫画」の事例の中から見つけ、はじめの五字を答えよ。
5　筆者は、上手い文章を書くために、どのような能力が必要だと述べているか。「シフト」という言葉を用いて、三十字以内でまとめよ。

（☆☆☆◎◎◎）

【四】次の文章を読んで、以下の問いに答えよ。

庭でコケが大切に扱われているのも、その美しさが和の文化の美意識、「わび・さび」を見事に体現しているためだ。コケほどわび・さびの風情にぴったりの植物はほかにはない、といってもいい。ではなぜ、コケがわび・さびの風情を醸し出すのだろう？

「わび」「さび」は、本来は別の意味の二つの言葉である。わびは「侘びしさ」からきており、転じて「十分でないもの・不足しているもののなかに見出す美しさ」を表す。その一方、さびは「寂しさ」に由来し、「ひっそりと寂しいもののなかに見出す美しさ」につながっている。この二つが組み合わさった「わび・さび」は、静寂さや質素なもののなかに美しさを見出す美意識、とされる。静かで質素なものがもつ美しさ……これは小さくて花もないために目立たず、しかし透き通るような美しさをもつコケの印象そのものではないだろうか。

さらに、コケは庭園にわび・さびの風情を添えるだけではない。コケのしっとりとした色合いには、間接的に庭園の美しさをひきたてる効果もある。コケの上に、春には桜が、夏には白い沙羅双樹《さらそうじゅ》(夏椿)が、秋には深紅の紅葉が舞い落ち、冬には真っ白な雪が覆う。コケの緑が季節の移ろいを鮮やかに引き立て、庭園の四季をより美しくみせてくれる。

わび・さびの美を考えるとき、視覚だけでなく、聴覚も重要だ。静寂に支配されてこその風情あふれる庭園である。いかに景観がすぐれていようが、雑音がたえず聞こえてくるような庭園では興ざめだろう。この点においても、コケ庭は、まさにわび・さびの美を表現するのにぴったりなのだ。

コケ庭のイメージを音で表すと、どうなるだろう。森ならば木の葉が風に吹かれてたてる「カサカサ」という葉擦れ音、小川ならば「サラサラ」という水のせせらぎが思い浮かぶだろう。（　b　）、コケ庭には音のイメージがない。あえていうならば、「シーン」という、静寂を音で表したものだろうか。

そう、c コケ庭は無音なのだ。これは小さなコケが音をたてる姿が想像しづらいこともあるだろうが、それだけではない。コケが音を吸収しているのである。ある研究によれば、塗料でコーティングされている平坦な建材と比べて、コケ地のように表面に小さな凹凸《おうとつ》があるものは、吸音効果が極めて高く、雑音を吸収することが報告されている。周囲が樹木で囲まれ、ただでさえ街の喧騒から隔離されているコケ庭。さらにコケが音を吸収することで、どこまでも静寂が支配していくのだ。わび・さびの風情だけでなく、静寂までつくりだしてしまうコケは、やはり庭との相性が抜群にいい。

（大石善隆『コケはなぜに美しい』による。）

1　二重傍線部A「大切に」の品詞名を答えよ。

2　二重傍線部Bの動詞の「き」の行と活用の種類を答えよ。

3　傍線部aの意味が説明されている部分を、二十五字以内で抜き出せ。

4　空欄（　b　）に当てはまる適切な接続詞を、次のア～エから一つ選び、記号で答えよ。

ア　だから　　イ　つまり　　ウ　そして　　エ　しかし

5　傍線部ｃと筆者が考える理由を、「小さなコケが音をたてる姿が想像しづらいだけでなく、」を書き出しとして、文章中の言葉を用いて四十五字以内でまとめよ。なお、字数に書き出しの部分は含めない。

6　この文章を通して筆者が最も伝えたいことは何か。十五字以内でまとめよ。

（☆☆☆◎◎◎）

【五】次の文章（十訓抄）を読んで、以下の問いに答えよ。

二条《にでう》よりは南、京極《きやうごく》よりは東は、菅三位《くわんさんみ》の亭《てい》なり。三位失《う》せて後《のち》、年《とし》ごろ経て、月の明《あか》き夜、さるべき人々、旧《ふる》き跡をＡしのびて、かしこに集まりて、月を見て遊ぶことありけり。終りがたに、ある人、「月はのぼる百尺《ひやくせき》の楼《ろう》」と誦《ず》しけるに、人々、音《こゑ》を加へて、度々《たびたび》になるに、あばれたる中門《ちゆうもん》の、隠れなる蓬《よもぎ》の中に、老いたる尼の、よにあやしげなるが、露にそぼちつつ、夜《よ》もすがら居《を》りけるが、「今夜の御遊び、いといとめでたくて、涙もとまり侍《はべ》らぬに、この詩こそ、及ばぬ耳にも僻事《ひがこと》を詠じおはしますかな、と聞き侍れ」といふ。ａ人々笑ひて、「興《きよう》ある尼かな。いづくの悪《わろ》きぞ」といへば、「さらなり。さぞおぼすらむ。されど思ひ給《たま》ふるは、月はなじかは楼にはのぼるべき。『ｂ月にはのぼる』とぞ故三位殿《さんみどの》は詠じ給ひし。おのれは御物《もの》張《は》りにて、おのづから承りしなり」とＢいひければ、恥ぢて、みな立ちにけり。

これは、すすみて人を侮《あなづ》るにはあらねども、思はぬほかのことなり。これらまでも心すべきにや。「ｃ藪《やぶ》に剛《かう》の者」といへる児、女子がたとへ、旨《むね》を違《たが》へざりけり。

＊菅三位…菅原《すがわらの》文時《ふみとき》（菅原道真《みちざね》の孫）

1　二重傍線部A「しのびて」の現代語訳として適切なものを、次のア～エの中から一つ選び、記号で答えよ。
ア　思い慕って　イ　ほめたたえて　ウ　我慢して　エ　避けて
2　二重傍線部B「いひければ」の主語を、次のア～エの中から一つ選び、記号で答えよ。
ア　菅三位　イ　さるべき人々　ウ　ある人　エ　老いたる尼
3　傍線部aとあるが、何に対して笑ったのか。三十五字以内で説明せよ。
4　傍線部bの説明として、次の空欄①～②に当てはまる漢字一字を、文章中から見つけ、それぞれ答えよ。
（　①　）に誘われて、（　②　）に登る。
5　どうして尼は、詩の内容を正しく覚えていたのか。その理由がわかる部分を、文章中から抜き出せ。
6　傍線部cの言葉の意味として適切なものを、次のア～エの中から一つ選び、記号で答えよ。
ア　知識のある者でも、欲を出すと失敗すること。
イ　前触れもなく、楽しいことが起こること。
ウ　つまらない者の中にも、立派な人物がいること。
エ　余計なことをして、状況がさらに悪化すること。

（☆☆☆◎◎◎）

【高等学校】

【一】 次の文章を読んで、以下の問いに答えなさい。

無限の直線としての時間は、分割して構造化することができない。すべての事件は、神話の神々と同じように、時間直線上で、「次々に」生れる。それぞれの事件の現在＝「今」の a ケイキが時間に他ならない。すでに過ぎ去った事件の全体が当面の「今」の意味を決定するのではなく、また来るべき事件の全体が「今」の目標になるのではない。時間の無限の流れは捉え難く、捉え得るのは「今」だけであるから、それぞれの「今」が、時間の軸における現実の中心になるだろう。そこでは人が「今」に生きる。

しかし「今」は瞬間ではない。時間直線上の一点ではなく、状況に応じて、ある場合には短く、ある場合に長い持続が、「今」として意識される。「ながらへば又此のごろやしのばれんうしとみしよぞ今は恋しき」の「今」は「此のごろ」と b トウカであり、おそらく数年を意味するだろう。「松(待つ)としきかば今かへりこむ」の「今」(今すぐ)は、それよりも短い。どれほどの長さの持続を「今」とするか、一般的な定義を考えることはできない。①「今」はゴムのひものように伸縮する。さしあたりは、近い過去と近い未来を含み、その中では考察の対象の大枠が変らず、したがって外挿法(extrapolation)の適用が可能と考えられる範囲、と定義しておくことにしよう。一時代の世の中は、憂しとみえたり、恋しく思われたりする。そういう変化のおこらぬ範囲が一時代であり、「今」の時代である。「今」が収縮すれば、「今かへりこむ」となり、「いまはかうとおもはれければ」(『平家物語』、巻第十一、「能登殿最期」)となり、遂には俳句の一瞬となる。

始めなく終りない歴史的時間は、方向性をもつ直線である。この直線上の事件には先後関係があるが、直線全体の分節化はできない。円周上を循環する自然的時間の場合には、事件の先後関係ばかりでなく、分節をあきらかにすることができる。冬来りなば春遠からじ。日本列島の本島西部と九州――すなわち古代文化の中心であった地域では、四季の区別が明瞭で、規則的であり、その自然の循環する変化が、農耕社会の日常的な時間意識を決定したであろうことは、想像にc難くない。日本文化の時間の表象の第二の型は、始めなく終りなく循環する時間である。循環するのは、ヘレニズムの場合のように天体の位置ではなく、季節であり、時間の円周は四季に分節化される。農耕は四季の循環に応じた種まきや草とりや収穫の労働なしには成り立たない。日本の農業の自然的条件は、四季の交替が明瞭でなく一年を通じて高温高湿の東南アジアの条件とは異なるのである。

九世紀以後平安朝の宮廷文化は、季節に敏感な、というよりも敏感であらざるをえなかった②生産者＝農民の感受性を、全く非生産的な美的領域に移して、洗錬した。『枕草子』は有名な「春はあけぼの」、「夏はよる」、「秋は夕暮」、「冬はつとめて」で始まる。同様に『古今和歌集』の最初の六巻は四季の歌である。他に恋歌五巻があり、春夏秋冬と恋を併せて全二〇巻の半分を超える。抒情詩の主題が恋に集中するのは、なにも平安朝の日本に限ったことではない。しかし四季に集中するのは、全く例外的であり、中国においてさえもこれほどではなかった。その傾向はすでに『万葉集』にもあらわれていて、それが『古今和歌集』において徹底したのである。しかも四季の変化に対する関心は、平安朝以後さらに強まり、俳諧師たちにとってはほとんど強迫観念となって、周知のように、制度化された〔　A　〕を生むに到った。〔　A　〕は唐天竺になく、おそらく欧州諸国にもない。

四季を中心として循環する時間の概念は、平安朝が洗錬した美的領域を超えて、より抽象的で一般的な時間の意識にも影響したか。それは断定することの困難な問題である。『平家物語』はそのdボウトウ（「祇園精舎」)に、③「諸行無常」とならべて「盛者必衰」を言う。これはもちろん仏教的修辞である。しかし鎌倉時代に『平家物語』を聴いた人々は、仏教の影響があろうとなかろうと、「盛者必衰」の事例を思い出すのに苦労はしなかったろう。仏教のおかげでその程度の「ことわり」を悟ったのではなく、「盛者必衰」の現実を熟知していたから、仏教的修辞を理解したのにちがいない。春夏秋冬のように、歴史の流れは循環していた。しかも『平家物語』の本文は、その後に続けて、中国古代史のいくつかの事例を引用している。作者は、誰だかわからぬが、先に述べた中国の循環史観をおそらく知っていたかもしれない。

循環する時間という考えは、『平家物語』の後にも、たとえば蕪村の鮮やかな比喩にあらわれていた。「夫俳諧の活達なるや、実に流行有て実に流行なし、たとはば一円廓に添て、人追ふて走るがごとし。先ンずるもの却て後れたるものを追ふに似たり。流行の先後何を以てわかつべけむや」。ここでは円周上を走る人が、時間である。

しかし「諸行無常」の方は、歴史的時間の循環ではなくて、始めあり終りある人生の話である。命短し。これは人間の条件であって、文化によって異なるものではない。文化によって異なるのは、その事実に対する対応の仕方である。たとえば道教は人生を延長して「不老不死」をもとめる。仏教やキリスト教には、死後の魂が「第二の生」に入るとする考え方があり、絶対者と合一する体験を通して生死を超越する神秘主義もある。宗教的立場をとらぬ場合には、人生夢の如しという哀感への没入があり、また人生は短いから現在を愉しめという快楽主義的な態度もある。いずれも古今東西の抒情詩にあらわれていて、日本の場合も例外ではない。

人生は一定方向へ進む有限の直線であるから、分節化される。故に青年といい、中年といい、老年という。一度過ぎ去った一分節は、戻らない。「失われし時」はもとめても、再び生きることはできない。人生の時間は非可逆的な流れであり、同じ事件は二度起こらず、事件相互の関係はしばしば密接で、因果論的であり得る。

すなわち無限の歴史的時間とは異なり、④人生の経験された有限の時間は構造化される。たとえば、「月やあらぬ春やむかしの春ならぬ我身ひとつはもとの身にして」(在原業平朝臣)は、詩人が今はそこに居ない恋人の旧居を訪ねたときの歌である。主人公の不在は、同じ場所の月も春も別のものに変えてしまう、我身は我身であるが、環境は、すなわち世界は、変り、その変化は非可逆的である。これは、生きられた時間の非可逆性と一回性の、eカンケツで正確な表現である、といってよいだろう。

かくして日本文化のなかには、三つの異なる型の時間が共存していた。すなわち始めなく終りない直線=歴史的時間、始めなく終りない円周上の循環=日常的時間、始めがあり終りがある人生の〔　B　〕的時間である。そしてその三つの時間のどれもが、「今」に生きることの強調へ向うのである。

(加藤周一『日本文化における時間と空間』)

(1) 二重傍線部a～eについて、カタカナは漢字に直し、漢字は読みをひらがなで書きなさい。

(2) 傍線部①とは、どういうことか。説明している箇所を本文中から一文で抜き出し、最初の五字を書きなさい。

(3) 傍線部②とは、どういうことか。わかりやすく説明しなさい。

(4) 文中の空欄〔　A　〕に当てはまる語を漢字二字で答えなさい。

(5) 傍線部③の「諸行無常」と「盛者必衰」において、根底にある考え方の違いを次のように説明した。□に入る言葉を、Ⅰは二字、Ⅱは九字で本文中から抜き出して答えなさい。

「盛者必衰」においては時間を［Ⅰ］するものと考えているが、「諸行無常」においては時間を［Ⅱ］のものと考えている。

（6）傍線部④とは、どういうことか。六十字以内で説明しなさい。
（7）文中の空欄〔　B　〕に入る最も適当なものを次から一つ選び、記号で答えなさい。
ア　典型　イ　宗教　ウ　普遍　エ　刹那
（8）本文中における多くの古典作品の引用は、表現上どのような効果があるか。最も適当なものを次から一つ選び、記号で答えなさい。
ア　筆者の時間と文化のかかわりについての考察が時空を超えて通用するものであることを、具体的な引用を多用することでより鮮明にするとともに、論を強力に裏付ける効果。
イ　筆者の考えている時間概念に基づいた新しい古典解釈を示すために、『万葉集』から俳諧に至る作品を多数取り上げて具体的に説明することで、読者の理解を助ける効果。
ウ　筆者の述べている日本文化における伝統的な時間のとらえ方は、古来からの時間論の研究によって導かれたものであるので、その典拠となる作品を引用することで根拠を明確に示す効果。
エ　筆者の述べている日本文化における時間のとらえ方が、古来からの日本人の感覚であることの証拠として多くの引用があげられており、論に一層の説得力をもたせる効果。

（☆☆☆◎◎◎）

【二】次の文章を読んで、以下の問いに答えなさい。

落窪の姫君は、継母である北の方によって物置のような部屋に閉じ込められて、裁縫をさせられている。姫君に忠実に仕える侍女のあこぎは、姫君を恋い慕う右近の少将から託された手紙を姫君に渡そうと思案している。

あこぎ、いかでこの御文奉らむと握り持ちて思ひありくに、さらに部屋の戸あかず、わびしと思ふ。(注1)少将と(注2)帯刀とは、ただ盗み出でむ①たばかりをしたまふ。われゆゑにかかる目を見るぞと思ふに、いとどあはれにて、いかでこれ盗み出でて後に、北の方に、心惑はするばかりに、ねたき目見せむと思ひ言ふほど、しふねく、心深くなむおはしける。

かの語らひせし(注3)少納言、(注4)交野の少将の文持て来たるに、かくもa籠りたれば、あさましく、口惜しう、あはれにて、あこぎと、「いかに思すらむ。などかかる世ならむ」とうち語らひて、忍びて泣く。日の暮るるままに、いかで奉らむと思ふ。(注5)少将の笛の袋縫はするに、取りふれむかたのおぼえぬままに、とみに手もふれぬほどに、北の方、部屋のb遣戸をあけて入りアおはして、「これただ今の縫ひたまへ」と言へば、「心地なむいとあしき」とて臥したれば、「これ縫ひたまはずは、(注6)下部屋にやりて籠めたてまつらむ。かやうのことを申さむとて、ここには置きたてまつりたるにこそあれ」と言へば、まことにさもしてむとわびしくて、あれにもあらず苦しけれど、起き上がりて縫ふ。

あこぎ、部屋の戸あきたりと見て、例の(注7)三郎君呼びて、「いとうれしくのたまひしかばなむ。これ北の方の見たまはざらむ間に奉りたまへ。②ゆめゆめけしき見えたてまつりたまふな」と言へば、「よかなり」とて取りつ。行きて、かたはらにゐて、笛取りて見など遊びゐて、衣の下にさし入れつ。いかで見むと思ふに、袋縫ひはてて、見せに持て行きたるほどに、からうじて見て、あはれと思ふこと限りなし。硯、筆もなかりければ、あるままに、針の先して、ただかく書きたり。

「③人知れず思ふ心もいはでさは露とはかなく消えぬべきかな

と思ひたまふるこそ」

とて持たり。北の方いまして、「ありつる袋はいとよく縫ひたり。遣戸あけたりとて、(注8)おとどさいなむ」とて、引きたてて、錠ささむとすれば、「いかで『あなたに侍りし箱とりて』とあこぎに告げはべらむ」と言へば、たてさして、「あの櫛の箱得むとあめり」とのたまへば、まどひ持て来て、④さし入るる手に入れたれば、引き隠して立ちぬ。

「からうじて。御笛の袋縫はせたてまつりたまふとて、あけたまへる間になむ」と言ふ。⑤少将、いとあはれと思へること限りなし。

(『落窪物語』)

(注) 1 少将＝右近の少将。この物語の男主人公。
2 帯刀＝あこぎの夫。
3 少納言＝北の方付きの女房。
4 交野の少将＝弁の少将。
5 少将＝蔵人の少将。北の方の三女の夫。
6 下部屋＝下層の召使いの部屋。
7 三郎君＝北の方の三男。姫君と親しい。
8 おとど＝大殿。姫君の父親で北の方の夫。

(1) 波線部a・bの読みを現代仮名遣いで答えなさい。
(2) 二重傍線部ア・イの動詞について、活用の行と種類、活用形をそれぞれ答えなさい。

（3）二重傍線部ウ「たてまつり」とエ「たまふ」は、それぞれ誰にする敬意を表しているか。次の中から一つずつ選び、記号で答えなさい。

ア　姫君　イ　あこぎ　ウ　右近の少将　エ　北の方　オ　おとど　カ　三郎の君

（4）傍線部①の語の本文中の意味を答えなさい。

（5）傍線部②を現代語に訳しなさい。

（6）傍線部③に込められた姫君の思いとして最も適当なものを次から一つ選び、記号で答えなさい。

ア　私の心の中をあなたにお話することもできずに、露が消えるようにはかなく死んでしまうと思うことが何ともつらいのです。

イ　誰にも知られずにこのような場所へ据え置かれ、露のようにはかなく消えていくことがとても心残りで恨めしいのです。

ウ　あなたを慕う思いも告げることができないうちに、あなたが露のように私の前からいなくなってしまうことが悲しいのです。

エ　誰にも知られずにあなたの思いを知ることができたのに、はかなく消える露のように何もお答えできない私がやるせないのです。

（7）傍線部④は、誰が、誰の手に、何を入れたのか、現代語で答えなさい。

（8）傍線部⑤で、少将が「あはれ」と感じた姫君の具体的な行為は何か。「姫君が幽閉され、縫物をさせられているうえに、～こと。」の「～」に当てはまるように十字以内で答えなさい。

（☆☆☆◎◎◎）

【三】次の文章を読んで、以下の問いに答えなさい。（設問の都合で、訓点の一部と会話文の「　」を省略した箇所がある。）

貞観十一年、(注1)太宗幸《みゆきシ》洛陽宮、泛舟于積翠池、顧謂侍臣①曰、此(注2)宮観台沼、並(注3)煬帝所A為。駆役(注4)生人、窮此(注5)雕麗《てうれいヲ》。復②不能守此一都、以万人為慮。好行幸不息、人所不堪。昔詩人云、③何年不行、何草不黄。大東小東、(注6)杼軸《ちょじく》其空。正謂此也。B遂使天下怨叛、身死国滅。今其宮苑、④尽為我有。隋氏傾覆者、⑤豈惟其君無道、亦由(注7)股肱無良臣。如(注8)宇文述・虞世基・裴蘊《はいうん》之徒、居高官、食厚禄、受人之委任、惟行諂佞《てんねい》、蔽塞聡明。欲C令其君無危、理不可得也。(注9)司空(注10)長孫無忌奏言、隋氏之亡、其君則杜塞(注11)忠讜《ちゅうとう》之言、臣則D苟欲自全。左右有過、初不(注12)糾挙。寇《こう》盗《とう》滋蔓、亦不(注13)実陳。拠此、即不惟天道、実由君臣不相(注14)匡弼《きょうひつ》。太宗曰、朕与卿等、承其余弊。⑥惟須弘道移風、使万代永頼矣。

(『貞観政要』〈巻一〇　論行幸〉の一節による)

(注)　1　太宗＝唐の天子。在位六二六～六四九年。

2　宮観台＝離宮とその物見台。
3　煬帝＝隋の第二代皇帝。在位六〇四〜六一八年。
4　生人＝人民。
5　雕麗＝飾りたてて華麗なさま。
6　杼軸＝機(はた)の横糸と縦糸を通す道具。
7　股肱＝最も頼みとなる臣。
8　宇文述・虞世基・裴蘊＝隋に仕えた人物たち。
9　司空＝唐の三公(重要な大臣)の一つ。
10　長孫無忌＝唐の太宗に仕えた人物。
11　忠讜＝忠誠で正直。
12　糾挙＝糾弾し検挙する。
13　実陳＝事実をありのままに述べる。
14　匡弼＝補佐する。

(1)　二重傍線部A〜Dの本文中での読みを現代仮名遣いで答えなさい。
(2)　傍線部①「曰」とあるが、この太宗の会話の終わりはどこか。終わりの漢字三字を本文中より抜き出して答えなさい。(訓点は不要。)
(3)　傍線部②のここでの意味として最も適当なものを次から一つ選び、記号で答えなさい。
ア　この一都を守ることも満足にできず、民衆たちにつらい思いをさせた。

イ　この一都を守れず、そのことで民衆たちに余計な思いをさせた。
ウ　この一都を守り、民衆たちを思いやることができなかった。
エ　この一都を守ることができなければ、民衆たちの信用を失うと思った。

（4）傍線部③は『詩経』の一句であるが、どのような様子を言ったものか。三十字以内で答えなさい。

（5）傍線部④を口語訳しなさい。

（6）傍線部⑤の書き下し文として最も適当なものを次から一つ選び、記号で答えなさい。
ア　豈に惟だに其の君の無道なるのみならんや、亦股肱に良臣無きに由る。
イ　豈に惟だに其の君の無道なるは、亦股肱に良臣無きに由るのみにあらん。
ウ　豈に惟はん、其の君無道なれば、亦股肱の良臣無きは由ありと。
エ　豈に惟ふ、其の君無道にして、亦股肱の良臣無きは由なりと。

（7）傍線部⑥は、「惟だ須く道を弘め風を移し、万代をして永く頼らしむべし。」と訓読する。これを参考にして、白文に返り点を付けなさい。（送り仮名は不要。）

惟　須　弘　道　移　風、　使　万　代　永　頼　矣。

（8）本文より、「太宗」が考える隋が滅亡した理由を二つあげ、それぞれわかりやすく説明しなさい。

（☆☆☆◎◎◎）

解答・解説

【中学校】

【一】① しんらつ ② めいりょう ③ しゅうち ④ ほころ ⑤ さかのぼ ⑥ 均衡 ⑦ 臆測 ⑧ 整頓 ⑨ 翻弄 ⑩ 瞬

〈解説〉① 音読みの熟語には「辛勝」などがある。訓読みで「辛い(カラい、ツラい)」。② 「瞭」には「一目瞭然」などがある。③ 「羞」には「含羞」などの熟語がある。④ 「綻」には「破綻」などの熟語がある。⑤ 「遡」には「遡及」(過去にさかのぼって言及すること)などの熟語がある。⑥ 「衡」には「平衡」(釣り合うこと)などの熟語がある。⑦ 「臆」には「記臆」「追臆」などの熟語がある。⑧ 「頓」には「頓着」(気に掛けること)などの熟語がある。⑨ 「弄」の訓読みは「もてあそぶ」。⑩ 「瞬」は瞼を閉じるという意味。

【二】① 論理的 ② 社会生活 ③ 伝え合う力 ④ 認識する ⑤ 自己

〈解説〉目標の(2)は、「思考力、判断力、表現力等」に関してである。設問の①と②の部分は、第一学年では「筋道立てて考える力」と「日常生活」だが、第二、第三学年は「論理的に考える力」と「社会生活」となっている。③については、三学年ともに「伝え合う力」である。目標の(3)は、「学びに向かう力、人間性等」に関してである。言葉がもつ価値に気付くこと、読書をすること、我が国の言語文化を大切にして思いや考えを伝え合おうとする態度を養うことを示している。

【三】１　８　２　声　３　イ　４　変だという　５　自分の書いた文章を客観的に読み直せる「視点」のシフト能力。（二十九字）

〈解説〉１　補助動詞も一文節となる（「取って／いる」）。　２　空欄の直前の「その」は前の文の「口から出る声」を指している。　３　傍線部ｃの「実験」「要因」「結果」などの語彙に注意すれば、科学的に因果関係を記す場合のことを指していることがわかる。これに合致するのはイのみ。エの「繰り返し行う」は話題と不一致。　４　傍線部ｄは、自分以外の目をもっていないためという趣旨なので、前々段落の冒頭でもよいが、「漫画」の事例を説明している中からという指示があることから、「客観的な目」という語句に注目する。　５「文章」が「上手い」ということについて、最終段落の前で「客観的に読み直せる」かどうかであり、それを「結局『視点』のシフト能力」と言い換えている。自分だけの視点ではなく他人の視点で文章を読むことである。

【四】１　形容動詞　２　カ行変格活用　３　静寂さや質素なもののなかに美しさを見出す美意識（二十三字）　４　エ　５　（小さなコケが音をたてる姿が想像しづらいだけでなく、）周囲が樹木で囲まれ、ただでさえ街の喧騒から隔離されているうえ、コケが音を吸収するから。（四十三字）　６　コケと庭との相性のよさ。（十二字）

〈解説〉１　形容動詞「大切だ」の連用形。　２　由来する意味の「来る」である。「する」と同様、変格活用である。　３　傍線部ａの次の段落で「わび」「さび」について具体的に説明していることに注目する。「わび」の美しさと「さび」の美しさがそれぞれあり、それが「組み合わさった『わび・さび』」について述べている箇所をとらえる。　４　空欄の前では、「カサカサ」という「葉擦れ音」、「サラサラ」という水のせせらぎについて述べ、空欄の後では「音のイメージがない。～静寂を音で表した」と矛盾した文意を続けていることから逆接が入る。　5　傍線部cの後に「庭」の中の「コケ」について説明し、庭は「周囲が樹木で囲まれ」「街の喧騒から隔離され」、「さらにコケが音を吸収」し「静寂が支配していく」と述べている。記述のポイントは、「周囲が~囲まれ」「街の喧騒から隔離され」という状況の理解に加えて、「音を吸収」するコケ自身のあり様をまとめることである。　6　文章全体は複雑ではなく、冒頭からコケと庭が「わび・さび」を体現していると述べ、「わび・さび」の語について説明したうえで、文章末尾で「コケは、やはり庭との相性が抜群にいい」と結んでいる。設問で「最も伝えたいこと」とあるので、筆者の結論を字数内でまとめればよい。

【五】1　ア　2　エ　3　みすぼらしい老いた尼が、自分たちの唱えた詩を間違っていると言ったこと。(三十五字)　4　①　月　②　楼　5　おのれは御物張りにて、おのづから承りしなり　6　ウ

〈解説〉1　菅三位が亡くなって数年後、旧跡に知人たちが集まって歌などを詠んで故人を追慕している。現代語でも「故人をしのんで」という。　2　「興ある尼かな~」という会話部分の始まりをとらえる。まず、集まって歌を詠んでいる人々が笑って面白いことをいう尼だな、歌のどこが悪いのだ、と言ったとある。そして、傍線部Bは、この問いに答えたものだとわかる。　3　故人をしのんで優雅に歌を詠んでいるところに「隠れなる蓬の中に」いた年老いた尼で、とても貧相な老女が、身分の高い者たちが詠んだ和歌について「僻事を詠じおはします」と言った。その意外性に、人々が笑ったのである。　4　「月はなじかは楼にはのぼるべき(月がどうして高楼に上るはずがあろうか、ありはしない)」と尼は言い、「月にはのぼる」つまり、月に誘われて(自分が)高楼に登った、と故人は詠じたと言っている。　5　自分は故人の近くに仕え、自然に耳に入ってきたというのである。　6　設問の3の内容と重なる。みすぼらしい老いた尼が、立派なことを言ったという文章である。みすぼらしい姿だからと侮ってはいけない、そこに傑物がいるかもしれないと諫める内容である。

【高等学校】

【一】(1) a 継起　b 等価　c かた(くない)　d 冒頭　e 簡潔　(2) 時間直線上　(3) 平安貴族は、農民たちの労働とともにあった季節感を農耕から切り離し、宮廷生活内で芸術の域にまで高めたということ。　(4) 季語　(5) Ⅰ 循環　Ⅱ 一定方向へ進む有限　(6) 非可逆的で一回性をもつ人生の時間は分節化でき、そこで経験される事件相互の関係は因果論的に密接に結びついているということ。(六十字)　(7) ウ　(8) エ

〈解説〉(1) a 「景気・契機」などと区別する。 b 「透過」と区別する。 c 「かたし」で形容詞である。「想像にかたくない」は「容易に想像できる」の意。 e 「潔」の訓読みは「いさぎよい」。 (2) 傍線部①は「今」についての直喩を用いた説明である。傍線部①を含む段落の冒頭から、「今」は「瞬間ではないこと、「一点ではなく」「ある場合には短く、ある場合に長い持続」と、伸縮できることを比喩なしで説明していることをとらえる。 (3) 季節に敏感であらざるをえなかった「農民」と「非生産的な美的領域」の対比を押さえる。労働する農民の感覚としての「季節感」を、労働から切り離された宮廷の芸術へと洗練した、という文脈をまとめる。 (4) 空欄Aの前の文脈を整理する。抒情詩の主題が「恋」に集中する平安朝の日本に限ったことではないが、「四季」に集中したことは中国とも違うと述べ、「しかも」以後で、それだけではなく「四季」への関心は「強迫観念」となって「制度化」され、それが日本独自だと言うのである。「俳諧師」という語彙をヒントとする。 (5) 「盛者必衰」については傍線部③を含む第五段落で「歴史の流れは循環していた」「中国の循環史観をおそらく知っていた」などの説明があり、次の第六段落の冒頭に「循環する時間」とある。「諸行無常」については、「しかし」で始まる第六段落以降に説明されている。「循環」ではなく、「始めあり終りある人生」と有限性が指摘されており、次の第七段落冒頭で「人生は一定方向へ進む有限の直

線」とあることをとらえる。（6）傍線部④が「人生」について述べていることを押さえる。前の問い（5）に重なるが、「人生」は「始めあり終りある」もので、「青年」「中年」「老年」などと「分節化」でき、また「非可逆的」（戻ることができない）という趣旨を押さえる。次に「人生」の中での出来事が「二度起こらず」「事件相互の関係は」「密接で、因果論的」であり得るという説明をとらえる。「因果論的」とは、何かの事件が原因となって、別の事件を結果として生み出すようにできているということ。「人生の時間は一定方向へ一回限りのものとして進み、そこでの事件は相互に原因結果となるように密接に結びついているということ。」などと解答してもよいであろう。（7）空欄Bを含む文では「歴史的時間……日常的時間……人生の（ B ）的時間」と三つが対等に並んでいる。歴史の大きな時間と対極の日常があり、それらを結ぶ人生は、だれもがそれぞれ持っている普通かつ一般的な時間だ、と推論して選択肢を見る。イとエは論外で、「典型」は趣旨に合わない。（8）筆者の日本文化における時間についての独自の論であることから、アとイが脱落する。ウが少し紛らわしいが、「日本文化における伝統的な時間のとらえ方」が「古来からの時間論の研究」による、という文意は本文にない。

【二】（1）a こも b やりど （2）ア 活用の行・種類…サ行変格活用 活用形…連用形
イ 活用の行・種類…ア行下二段活用 活用形…未然形 （3）ウ たてまつり…ア エ たまふ…エ
（4）計画(はかりごと、工夫、思案等) （5）決して(少将からの手紙を姫君に渡す)気配を(北の方に)悟られ申し上げなさるな。 （6）ア （7）姫君が、あこぎの手に、少将への手紙(返事)を入れた。
（8）(姫君が幽閉され、縫物をさせられているうえに、)針で返事を書いた(こと。)(八字)
〈解説〉（1）「籠る」には「入る。囲まれている。包まれている。」「閉じこもる。引きこもる。」などの意味がある。（2）ア サ行変格活用は「す」と「おはす」の二語のみ。 イ ワ行ではないことを確認しておく。

ワ行下二段は「植う」「飢う」「据う」の三語のみ。助動詞「む」は未然形接続。　(3) ウ　謙譲は動作「袋縫はせ」の対象・相手に対する敬意を表す。ここでは姫君。　エ　尊敬は動作「袋縫はせ」の動作主に対する敬意。ここは北の方。　(4)「たばかり」は「謀り」と書く。「思案、計画」のほかに「計略、謀略」など、はかりごとの意がある。　(5)「ゆめゆめ」は禁止の「な」と呼応して「決して～するな」となる。「見え」は見えるではなく、「見られる」意の「見ゆ」(ヤ行下二段活用)の連用形。「たてまつり」は動作の相手北の方への謙譲、「たまふ」は動作主である三郎君への尊敬。「けしき」とは、少将からの手紙を姫君に渡す様子のこと。　(6)「いはで」の「で」は打消の接続助詞。自分の思いをあなた(歌の相手)に言わないで、ということ。ここでアとウが残る。「消えぬべきかな」は、自分は露のようにはかなく消えてしまうに違いないな、ということ。よってウの後半が合致しない。　(7) 姫君は少将からの手紙への返事を針で書いて櫛箱に入れ、あこぎの手に渡したのである。　(8) 少将が姫君からの返事を受け取ったところ。設問で「姫君の具体的な行為」と指定されているので、返事がどうやって書かれたかを答える。

【三】(1) A　つく(る)　B　つい(に)　C　し(めんと)　D　いやし(くも)　(2) 可得也
(3) ウ　(4) うち続く兵役によって、国の至る所で民衆が困窮している様子。(二十九字)　(5) すべて私のものとなった。　(6) ア
(7)

惟須三弘レ道移レ風、使二万代永頼一矣。

(8)・隋の君主は行幸を好み、民衆に賦役を課して生活を苦しめるばかりで、民衆を思いやれなかったから。

・隋の主要な臣下たちは、自己保身を考えるばかりで、君主に真実を隠して、適切な助言をしなかったから。

〈解説〉(1) A 「ル」と送り仮名があるので、「為」は動詞として読むとわかる。 C 「令」は使役を表す。 (2) 太宗が隋の煬帝の悪政について臣たちに語っているところ。 (3) 「守り」そして「慮る」ことが「不能」、つまりできなかった、という意味である。 (4) 「好行幸不息、人所不堪」を詩の形で言い換えている。隋の煬帝が行幸を好み、どこにいっても人々が疲弊していることを歌っている。 (5) 「ことごとくわがゆうとなる」と読む。「我有」は自分が所有するものということ。 (6) 「豈～」で「あに～のみならんや」と抑揚で読む。「どうして～だけであろうか、そんなことはない…」という意味。 (7) 「須」は再読文字(須ク～ベシ)で、後の述語「弘～移～、使～」にかかるので、「使」から返ることを押さえる。「使」は「頼」にかかって「頼らしむる」となる。 (8) 民衆を思いやらなかったこと、また加えて、煬帝に仕えた高官が事実を報告しなかったことを述べている。

二〇二一年度　実施問題

【中学校】

【一】次の①～⑩の傍線部の漢字には読みがなを、カタカナには漢字を書け。

① 丁寧に窓枠を拭く。
② 緩衝地帯を設ける。
③ 二人の仲裁に入る。
④ 栄養が偏る。
⑤ 昔の記憶を手繰る。
⑥ カジョウな反応をする。
⑦ 物語のサシエを描く。
⑧ 山頂からの景色をナガめる。
⑨ 大きな喜びにヒタる。
⑩ 客をムカえる。

（☆☆☆◎◎◎）

【二】中学校学習指導要領（平成二十九年三月告示）「第二章　各教科　第一節　国語　第二　各学年の目標及び内容」について、①～⑤の空欄に当てはまる言葉を書け。

〔第一学年〕
一　目標
（1）（　①　）に必要な国語の知識や技能を身に付けるとともに、我が国の言語文化に親しんだり理解したりすることができるようにする。
(2)(　②　)考える力や豊かに感じたり想像したりする力を養い、日常生活における人との関わりの中で伝え合う力を高め、自分の思いや考えを(　③　)にすることができるようにする。
(3)言葉がもつ価値に(　④　)とともに、進んで(　⑤　)をし、我が国の言語文化を大切にして、思いや考えを伝え合おうとする態度を養う。

(☆☆☆◎◎◎)

【三】次の文章を読んで、後の問いに答えよ。　※句読点や記号も一字と数えること。

「楽(ラク)」も、「楽しい」も、漢字は同じですよね。

この二つの意味するところは、一致する場合もあるけれど、でも必ずしもまったく重なるというわけではありません。

ラクして得られる楽しさは[a]タカが知れていて、むしろ[b]苦しいことを通して初めて得られる楽しさのほうが大きいことがよくあるのです。

[c]苦しさといっても、別に大げさなことである必要はありません。

私は青森県の弘前市に住んでいたことがあるのですが、弘前公園は桜で有名で、どうせなら一番きれいな桜を見たいなと思ったことがありました。でも夜は花見の宴会をやってゴタゴタしていて、昼は昼で人が多い。桜そのものの美しさと静かに向き合いたいのにそれができない。いっそ思い切って早朝五時ごろに見に行こうと思い立ちました。じつは私は夜型人間で早起きは大の苦手なのですが、その日だけはなんとか頑張って早起きをすることができました。眠い目をこすりながら公園に行ってみると、きれいな澄んだ空気と静寂の中に、ソメイヨシノが d ふわっと咲いて浮かび上がる姿が、なんとも荘厳で美しいものでした。静かな雰囲気で本当に美しい桜を見てみようと思い立ち、ラクをせずに早起きするという e ちょっとだけ苦しい思い(じつは私としては相当頑張ったのですが！)をしてみると、「なるほどこういうすばらしい体験が待っているんだなあ」と、そのときつくづく思ったものです。

「ちょっと苦しい思いをしてみる」ことを通して、本当の楽しさ、生のあじわいを得るという経験はとても大切なんじゃないかと思うんです。ラクばかりして得られる楽しさにはどうも早く限界(飽き)が来るような気がします。けれどちょっと無理して頑張ってみることで得られた楽しさは、その思いがとても長続きして、次に頑張る力を支えるエネルギーにもなります。かといって、ものすごく大変な苦しみばかりでは、疲れて嫌になってしまいますよね。どの程度の努力、どの程度の頑張りが、本当の楽しさをあじわうきっかけや力になるのかということを若い人たちにアドバイスしたり、自分で手本となって示せることも、「大人」といわれる人びとのとても大切な社会的役割だと思うのです。

f こうしたことは、人間関係にだってあてはまると考えられます。他者への恐れの感覚や自分を表現することの恐れを多少乗り越えて、少々苦労して人とゴツゴツぶつかりあいながらも理解を深めていくことによって、「この人と付き合えて本当によかったな」という思いを込めて、人とつながることができるようになると思うのです。

(菅野　仁『友だち幻想　人と人の〈つながり〉を考える』による。)

1 傍線部aの「タカが知れる」と同じ意味で用いられている「タカ」を使った慣用句を答えよ。

2 傍線部b・cの違いを文法的に説明せよ。

3 傍線部dの語句が使われていると、どのような様子が読み手に伝わりやすくなるか。簡潔に説明せよ。

4 傍線部eは筆者にとってどういうことを指すか。十字以内で答えよ。

5 傍線部fとは、どのようなことか。四十字以上、五十字以内でまとめよ。

（☆☆☆◎◎◎）

【四】次の文章を読んで、後の問いに答えよ。

① 現在の学校教育は、教え込むというインプットにあまりにも重心がかかり、それを引き出すというアウトプットへの訓練にかける時間が少なすぎるように思えてならない。タンパク質はアミノ酸の並んだもので、これをポリペプチドという言葉で呼ぶと教えるとき、ちょっと寄り道をして、食事におけるタンパク質の摂り方、それがどのように利用されるかなどについての日常生活に密着した雑談があれば、その知識は必要なときに顔を出すものなのである。仕舞われたままで、アウトプットの方法を持たない情報は、決して知識としての価値を持たないという以外はないだろう。

（中略）

② 先に私は、現実の場で応用できない知識は、知識としての価値がないと言った。その考えは変わらない。しかし、知識というものは、それが役に立つことだけを前提として、学ばれるものではないだろうと思う。役に立つから学ぶというものではなく、一年に一度どころか、一生に一度使えれば上等、ひょっとしたら

一生使えない情報もあるかもしれない。しかし、そんな一生に一度あるか、なしかの可能性を前提としたうえで、情報を溜め込むことは、自分の自信となるはずである。

③　いざというとき、世界に対峙する語彙あるいは情報を持っているかどうかは、自らへの c信頼感に直結し、世界への対応の d仕方を決める。積極的に立ち向かえるか、消極的にしり込みするかを決める要素になるはずである。

④　学ぼうとする知識を役に立つか立たないかという軸でのみ見ようとすると、あらかじめ想定した場面においてしか、その知識は威力を発揮しないものである。大切なことは、何か現実世界で問題が起きたときに、自分が持っている知識、情報の総体を動員して、その局面にどうしたら対処できるのかを、常に考えること以外ではないだろう。そういう場に直面したとき、どのように自分の知の片々を動員して乗り切れるか、e「知の体力」とはまさにそのような、知の活用の仕方、動員の仕方を言うのである。

f そのときに、あらかじめ自分の持っている知のスペクトルが広ければ広いほど、動員できる矢数《やかず》が多くなるのは言うまでもないだろう。

（永田　和宏『知の体力』による。）

1　傍線部aと同じことを表している言葉を、同じ段落から漢字二字で答えよ。
2　傍線部bの「利」の意味を答えよ。
3　傍線部cの「感」のように用いられる語を何というか、漢字で答えよ。
4　傍線部dのような熟語の読み方を何というか、答えよ。また、そのような読み方をする熟語を二つ漢字で答えよ。

5　傍線部eとは、どのようなことを言うのか。「知識」「情報」という言葉を用いて、五十字以上、七十字以内でまとめよ。

6　傍線部fと同じ内容の一文を第②段落から探し、そのはじめの五字を答えよ。

（☆☆☆◎◎◎）

【五】次の文章（平家物語）を読んで、後の問いに答えよ。

薩摩守忠度《さつまのかみただのり》は、いづくよりやかへられたりけん、侍《さぶらひ》五騎、童《わらは》一人、わが身《み》共に七騎取ッて返し、五条の三位俊成卿《さんみしゅんぜいのきやう》の宿所におはして見給へば、門戸《もんこ》を閉ぢて開《ひら》かず。「忠度」と名のり給へば、「落人《おちうど》帰りきたり」とて、その内さわぎあへり。薩摩守馬よりおり、身づからたからかに宣《のたま》ひけるは、「別《べち》の子細《しさい》候《さうら》はず。三位《さんみ》殿《どの》に申すべき事あッて、忠度がかへり参ッて候。門《かど》をひらかれずとも、此《この》きはまで立寄らせ給へ」と宣へば、俊成卿、「さる事あるらん。其人《そのひと》ならば苦しかるまじ。いれ申せ」とて、門をあけて対面あり。事《こと》の体何《ていなに》となう哀れなり。薩摩守宣ひけるは、「年来《としごろ》申し承ッて後、おろかならぬ御事に思ひ参らせ候へども、この二三年は京都のさわぎ、国々の乱《みだれ》、併《しか》しながら当家の身の上の事に候間、疎略《そらく》を存ぜずといへども、常に参り寄る事も候はず。君既に都を出でさせ給ひぬ。一門の運命はやつき候ひぬ。撰集《せんじふ》のあるべき由承り候ひしかば、生涯《しやうがい》の面目《めんぼく》に一首なりとも、御恩《ごおん》をかうぶらうど存じて候ひしに、やがて世の乱《みだれ》いできて、其沙汰《そのさた》なく候条、ただ一身の歎《なげき》と存ずる候《ざうらふ》。世しづまり候ひなば、勅撰《ちよくせん》の御沙汰《ごさた》候はんずらむ。是《これ》に候巻物《まきもの》のうちにさりぬべきもの候はば、一首なりとも御恩を蒙《かうぶ》ッて、草の陰にてもうれしと存じ候はば、遠き御まもりでこそ候はんずれ」とて、日比《ひごろ》読みおかれたる歌共のなかに、秀歌《しうか》とおぼしきを百余首、書きあつめられたる巻物を、今はとてうッたたれける時、是《これ》をとッてもたれたりしが、鎧《よろひ》のひきあはせより取りいでて、俊成卿《しゆんぜいのきやう》に奉る。三位是をあけてみて、「かかる忘れがたみを給はりおき候ひぬる上は、ゆめ〳〵疎略《そらく》を存ずまじう候。御疑《うたがひ》あるべからず。さても唯今《ただいま》の御《おん》わたりこそ、情《なさけ》もすぐれてふかう、哀れもことに思ひ知られて、感涙おさへがたう候へ」と宣《のたま》へば、薩摩守悦《よろこ》ンで、「今は西海《さいかい》の浪の底に a沈まば沈め、山野《さんや》にかばねをさらさばさらせ、浮世《うきよ》に思ひおく事候はず。さらば暇《いとま》申して」とて、馬にうち乗り、甲《かぶと》の緒をしめ、西をさいてぞあゆませ給ふ。三位うしろを遥《はる》かに見おくッてたたれたれば、忠度の声とおぼしくて、「前途程遠《せんどほどとほ》し、思《おもひ》を雁山《がんさん》の夕《ゆふべ》の雲に馳《は》す」と、たからかに口ずさみ給へば、俊成卿いとど名残《なごり》惜しうおぼえて、涙をおさへてぞ入り給ふ。

其後《そののち》世しづまッて、千載集《せんざいしふ》を撰ぜられけるに、忠度のありし有様、いひおきしことの葉、今更《いまさら》思ひ出でて哀れなりければ、彼《かの》巻物のうちに、さりぬべき歌いくらもありけれども、勅勘《ちよくかん》の人なれば、名字《みやうじ》をばあらはされず、「故郷花《こきやうのはな》」といふ題にて、よまれたりける歌一首ぞ、「読人《よみびと》知らず」と入れられける。

b さざなみや志賀の都はあれにしをむかしながらの山ざくらかな

其身朝敵《てうてき》となりにし上は、子細《しさい》におよばずといひながら、c うらめしかりし事どもなり。

1　平家物語は物語の中で、どのような物語に分類されるか。漢字四字で答えよ。

2　問題の文章の前段は、三つの場面に分かれる。二つ目の場面の始まりの五字を書き抜け。また、その二つ目の場面は、どのような場面か、六十字以内で説明せよ。

3　傍線部aを口語訳せよ。

4　傍線部bの和歌の枕詞と掛詞をそれぞれ抜き出せ。

5　傍線部cは何がうらめしいのか。現代語で答えよ。

（☆☆☆◎◎◎）

【高等学校】

【一】次の文章を読んで、後の問いに答えなさい。

海外にしばらく住んだことがある。飛行機で海をよこぎり、目当ての町に着いて、引っ越し荷物の整理や住民aトウロクなどの手続きも済んで、ほっと一息ついたとき、とてつもない自由を感じた。さあ、あしたは何をするか？　だれからも何も強制されない。命じられない。ぜんぶじぶんが決めればよいことなのである。おなじような自由は、入学試験や期末試験が終わってふと空白の時間ができたときにも、たぶんだれもが感じてきたはずだ。けれども、それはそう長くは続かない。じぶんを締めつけてきたものがもうなんの拘束力ももたなくなってしまうと、まるで気が抜けたように、こんどは①自由のほうが色褪せてくる。自由か不自由かわからないような、半端な、虚ろな気分になって、こんどは退屈しはじめる。自由とはなんともやっかいなものだ。

自由とは、それがもっともb忌避するもの、つまりはなんらかの強制や拘束が同時にないと、実感も想像もできないものなのだろうか。それとも、この虚ろさこそ、人びとが自由を満喫していると思い込んでいる、あるいは思い込まされている社会が孕む「虚偽意識」のようなものだろうか。

さきほど、「だれから何も強制されない。命じられない。ぜんぶじぶんが決めればよいことなのである」と書いた。ここに、②「自由」という概念の二つの面がすでに現われでている。

自由とは、まず、他からなんの強制も干渉も受けていない状態、なんの拘束も圧力もかけられていない状態のことである。自由とは、さらに、何かをじぶんの意志でおこなうことである。自由のこの二つの面は、しばしば、「〜からの自由」と「〜への自由」として対比される。「消極的自由」と「積極的自由」として対比されることもある。

　強制や干渉、統制や拘束、命令や圧力の不在。そういう意味での「自由」は、たとえば規定演技と自由演技、［　A　］詩と自由詩、管理貿易と自由貿易という言い方のなかにも見られる。表現や行動を制限する定まった枠がないこと、あるいは管理や監視の不在という意味である。

　しかし、このような意味での「自由」を最後まで c カンテツするのはむずかしい。わたしには他からのなんの干渉や拘束もなく思うままに行動する自由がある、つまり他者によるわたしの自由の侵害を許さないということをわたしが主張するとき、それが他者たちに承認されるためには、他者もまたおなじ主張をすることを認めなければならないからだ。その主張はそのままこんどはわたしにも降りかかってきて、わたしは他者の自由を侵害しないように自己抑制する必要が生じるからだ。そう、自由の自己抑制である。

　ディヴィッド・D・ラファエルがその著『道徳哲学』(野田又夫・伊藤邦武訳)のなかであげているたわいもない例を借りれば、深夜にじぶんの部屋でエレクトリック・ギターを弾くことはわたしの自由である。が、それは隣人の安眠を妨げる。このとき、わたしの自由の発現は他者の自由を阻害する。だからわたしはわたしの自由を制限しなければならない……。つまり、とラファエルは言う。「完全なる社会的自由は、人々が互いに全く関係をもつことがないのでない限り、自己矛盾である」。そこでわたしは音量を下げるか、耳にレシーバーをつけるなりして、他者の自由を侵害しないようにみずからの行為を制限しなければならない。ふたたびラファエルを引けば、「すべての者にとっての完全な自由は、誰にとっても自由の効果がほとんどないことを意味する」のであって、その自由が効果を発揮するためには、それはあるていど制限されたものであるほかない。③不自由のないまったき自由とは虚構である。人びとが「自由のはきちがえ」を口にするときも、言われているのはこの虚構のことだろう。古今の政治理論は、こうしたなかで、「他人にとっても同量の自由が両立できるような、可能な限り最大の自由」を擁護する道をdモサクしてきた。自由に制限はなくてはならないが、その制限はできるかぎり少ないものでなくてはならない、と。

もう一つの「自由」についてはどうだろうか。強制や拘束、干渉や圧力の不在という以上の意味を「自由」に込めるこの考え方は、「思いどおりに」「好きなように」するのが自由であるという考え方をまずは否定する。「思いどおりに」「好きなように」というのがほんとうの自由を意味するのかと、問いを投げかけるのだ。

「思いどおりに」「好きなように」というのは自由の見かけをもっているが、じつは自由の反対物、つまりは「欲望」への隷属ではないかと問う。おのれのなかの制御不能な「欲望」に動機づけられて行動が決定されるとき、行動はまさにこの制御不能な「欲望」という【　B　】に縛られている。「思いどおりに」「好きなように」というのは、それじたいが束縛の一つの形態である。『エチカ』の、英語でいえば「ヒューマン・ボンデージ」にふれた四部で、スピノザは【　C　】を縛るものとしての「感情」についてこう書いている――

> 私は、感情を導いたり、また感情を抑えつけたりすることについての人間の無力を隷従と呼ぶ。というのは、感情に支配される人間は、自分自身を支配する力をもちあわせず、むしろ運命の力に自分をゆだねてしまっているからである。そのため自分にとってより価値あるものを見ながら、外からの強制によって、より劣るものに追従してゆくことがしばしばある。
>
> ――『エティカ』工藤喜作・斎藤博訳

みずからは制御不能な「感情」が、価値のより劣るものであること、そしてそれが人間の内部ではなく外部から一定の行為を強制してくることが、ここで説かれている。④感情は、欲望とともに、人間の「内なる外」として表象されている。そうすると、人間において価値のより高いものとは何か、人間にとっての真の「内」とは何か、ということが次に問題となる。

欲望や感情にがんじがらめに「縛られている」というのは、それらにe抗いがたいかたちで隷属している(強制されている)ことであって、それは「自由」の反対物である。主体が「外からの強制」によって被決定の状態に置かれていることである。そこで、何がそれらより価値が高いか、それを見てとるような「理性」としての主体のはたらきこそが、人間の真に「内」なるものであることになる。つまり、行為を「思いどおりに」「好きなように」選択するのではなく、道徳的な観点から選択すること、ここに⑤人間の自由が成り立つということになる。人間が、あらゆる外的要因(欲望や感情こそが人間にとっては「外からの強制」なのであった)を排し、みずから「かくなすべき」という意識をもって自己を統御しながら行為をなすときに、人間は自由であるということになる。

(鷲田　清一「〈ひと〉の現象学」)

(1) 二重傍線部a～eについて、カタカナは漢字に直し、漢字は読みをひらがなで書きなさい。

(2) 空欄【　A　】にあてはまる言葉を漢字で書きなさい。

(3) 空欄【　B　】・【　C　】にあてはまる最も適当な言葉の組み合わせを、次のア～カより選び、記号で答えなさい。

ア　B：偶然　C：意思　　イ　B：偶然　C：発想　　ウ　B：偶然　C：行為

エ　B：必然　C：意思　　オ　B：必然　C：発想　　カ　B：必然　C：行為

（4）傍線部①とはどのような状態のことか、次の空欄にあてはまる言葉を本文中より十字で抜き出し答えなさい。

自由について【　空欄　】状態

（5）傍線部②のうち、「積極的自由」と表現されるのはどのようなことか。本文中より十五字以上二十字以内で抜き出し答えなさい。

（6）傍線部③の理由をわかりやすく答えなさい。

（7）傍線部④の理由として最もふさわしいのはスピノザの言葉のどの部分か。その部分の最初と最後の五字を抜き出し答えなさい。

（8）傍線部⑤はどのようなときにこうなると作者は結論づけているのか。「内」「外」「感情」「理性」の四つの言葉を必ず用いて答えなさい。

（☆☆☆☆◎◎◎）

【二】次の文章を読んで、後の問いに答えなさい。

かくて、のちもなほ間遠なり。月の明かき夜、うち臥して、「うらやましくも」などながめらるれば、宮に聞こゆ。

月を見て荒れたる宿にながむとは見にア来ぬまでもたれに告げよと

（注1）樋洗童して、「（注2）右近の尉にさし取らせてイ来」とてやる。御前に人々して、御物語しておはしますほどなりけり。人まかでなどして、右近の尉さしいでたれば、「例の車にa装束ウせさせよ」とて、おはします。

女は、まだ(注3)端に月ながめてゐたるほどに、人の入り来れば、b簾うちおろしてゐたれば、例のたびごとに目慣れてもあらぬ御姿にて、御c直衣などのいたうなへたるしも、Aをかしう見ゆ。ものものたまはで、ただ御扇に文を置きて、「御使の取らでまゐりにければ」とて、さしいでさせたまへり。女、Bもの聞こえむにもほど遠くてびんなければ、扇をさしいでて取りつ。宮も上りなむとおぼしたり。d前栽のをかしき中に歩かエせたまひて、「人は草葉の露なれや」などのたまふ。いとなまめかし。近う寄らせたまひて、「今宵はまかりなむよ。たれに忍びつるぞと、見あらはさむとてなむ。明日は(注4)物忌と言ひつれば、なからむもあやしと思ひてなむ」とて帰らせたまへば、

①こころみに雨も降らなむ宿すぎて空行く月の影やとまると

人の言ふほどよりもこめきて、あはれにおぼさる。「あが君や」とて、しばし上らせたまひて、いでさせたまふとて、

②あぢきなく雲居の月にさそはれて影こそいづれ心やは行く

とて、帰らせたまひぬるのち、ありつる御文見れば、

われゆゑに月をながむと告げつればまことかと見にいでてオ来にけり

とぞある。「なほいとをかしうもおはしけるかな。カいかで、いとあやしきものに聞こしめしたるを、聞こしめしなほされにしがな」と思ふ。

（「和泉式部日記」）

（注）1　樋洗童＝便器の掃除など、下々の用事にあたる女の子。

2　右近の尉＝右近衛府の三等官。近衛府は宮中を守護し、行幸に供奉するのが任務で、左右があ

る。ここでは、その官にある者で、式部との手紙のやりとりの使いをしている人物。
3　端＝家の外側に近い所。縁側。
4　物忌＝陰陽道の信仰から、家にこもり身を慎むこと。

（1）波線部a～dの読みを、現代仮名遣いで答えなさい。
（2）二重傍線部ア・イ・オについて、それぞれの読みと、活用形を答えなさい。
（3）二重傍線部ウ・エについて、【例】にならって「せ」を文法的に説明しなさい。

【例】

「女もしてみむとてするなり。」　断定の助動詞「なり」の終止形

（4）二重傍線部カについて、意味を答えなさい。
（5）傍線部Aについて、この場合の「をかし」はどのようなことに対して感じたことなのか。内容を説明しなさい。
（6）傍線部Bを現代語訳しなさい。
（7）①の和歌の「月」は何をたとえているか。本文中の語句で答えなさい。
（8）②の歌の傍線部には詠み手のどのような気持ちが込められているか。わかりやすく説明しなさい。

（☆☆☆◎◎◎）

【三】次の漢文を読んで、後の問いに答えなさい。（設問の都合で訓点を省略した箇所がある。）

晋(注1)阮《げん》瞻《せん》字千里、(注2)始平《へい》太守(注3)咸《かん》之子。性清虚寡欲自得。［Ⅰ］懐。読書不甚研求。［Ⅱ］黙識其要。遇理而弁、辞不足而旨有余。A見(注4)司徒(注5)王戎《わうじゆう》。戎問曰、「聖人貴名教、老荘明自然。其旨同異。」瞻曰、「将《はた》無同。」戎咨嗟良久。即命(注6)辟《めす》之。時謂之①三語(注7)掾《えん》。永嘉《えいか》中《ちゆう》為太子舎《しや》人《じん》。瞻B素執(注8)無鬼論、自C謂、此理②可以(注9)弁正幽明。D忽有客通名謁瞻。瞻与之言、良久。及《び》鬼神之事、反覆甚苦《つとむ》。客遂屈。乃③作色曰、「鬼神古今聖賢所共伝、④君何得独言無。即僕便是鬼。」於是変

為リ二異形ト一、須《しゅ》臾《ゆ》ニシテ消滅ス。瞻大イニ悪ミ、⑤<u>歳余ニシテ病ミテ卒ス</u>。

（「蒙求」）

（注）1　阮瞻＝人名。陳留郡尉氏県(河岸省)の人。
2　始平＝地名。
3　咸＝人名。阮咸。竹林の七賢の一人。
4　司徒＝中国の官名。丞相。
5　王戎＝人名。竹林の七賢の一人。
6　辟＝召し出す。
7　掾＝司徒の属官のこと。
8　無鬼論＝幽鬼の存在を否定すること。この頃は、鬼神に関して有無の論が盛んであった。
9　弁正幽明＝現世と死後の世界について正しく説明できるということ。

（1）二重傍線部A～Dの本文中での読みを現代仮名遣いで答えなさい。

（2）空欄［Ⅰ］・［Ⅱ］に入る漢字をそれぞれ答えなさい。

（3）阮瞻の才能を説明した文として最も適当なものを次の中から選び、記号で答えなさい。

ア　説明の言葉は不十分だが、その要旨を的確に伝えることができ、人々を納得させた。

イ　弁舌が巧みで、多くの人々と議論を交わしたが、誰も論駁することができなかった。

ウ　性格は清らかで、さっぱりとしており、多くの人から頼られ、客としてもてなされた。

エ　書を読む時は、徹底して読み込むことでその理を究めつくし、多くの理を会得した。

(4) 傍線部①の指す内容を本文中の語句で答えなさい。(送り仮名、返り点は不要。)

(5) 傍線部②は、「もつてゆうめいをべんせいすべし。」と訓読する。これを参考にして、白文に返り点を付けなさい。(送り仮名は不要。)

可 以 弁—正 幽 明 。

(6) 傍線部③は、誰の、どのような様子のことか、簡潔に説明しなさい。

(7) 傍線部④は、「無」の後に一語が省略されている。その言葉を補って口語訳しなさい。

(8) 傍線部⑤について、その理由を日頃の阮瞻の主張と関連させて、わかりやすく説明しなさい。

(☆☆☆☆◎◎◎)

解答・解説

【中学校】

【一】① まどわく　② かんしょう　③ ちゅうさい　④ かたよ　⑤ たぐ　⑥ 過剰　⑦ 挿絵　⑧ 眺　⑨ 浸　⑩ 迎

〈解説〉② 「緩衝」は「対立しているものの間にあって、不和や衝撃を和らげること。」の意。「緩」を使った熟語には「緩和」「緩急」などがある。　④ 「偏」の訓読みは「かたよる」。　⑨ 「浸」を使った熟語には「浸水」「浸食」などがある。⑩「迎」の音読みは「ゲイ」「ゴウ」。「送迎」「来迎」などがある。

【二】① 社会生活 ② 筋道立てて ③ 確かなもの ④ 気付く ⑤ 読書

〈解説〉各学年の目標は、教科の目標と同様に三つの柱で整理された。(1)の「知識及び技能」に関する目標は、全学年同じで、中学校を通して社会生活に必要な国語の知識や技能を身に付けること、我が国の言語文化に親しんだり理解したりすることができるようにすることを示している。(2)の「思考力、判断力、表現力等」に関する目標には、考える力や感じたり想像したりする力を養うこと、社会生活における人との関わりの中で伝え合う力を高め、自分の思いや考えを広げたり深めたりすることなどができるようにすることが系統的に示されている。(3)の「学びに向かう力、人間性等」に関する目標には、言葉がもつ価値に気付くこと、読書をすること、我が国の言語文化を大切にして思いや考えを伝え合おうとする態度を養うことが系統的に示されている。言葉がもつ価値については、第一学年では「気付く」こと、読書については、「進んで読書をすること」に重点がおかれている。

【三】1 高をくくる 2 bは、形容詞「苦しい」の連体形であり、cは、形容詞「苦しい」が名詞化したものである。 3 ふわっとが使われていると、小さな桜の花が集まり、桜の木全体が柔らかく大きくふくらんでいる様子が伝わりやすくなる。 4 早起きをすること(八字) 5 少し無理をして頑張ってみることで得られた楽しさは長続きして、次に頑張るエネルギーになること(四十五字)

〈解説〉1 「高が知れる」の高は、「程度。限界。」の意。この慣用句は「たいしたことではないこと。」という意味になる。「高をくく(括)る」は、「たいしたことはないと見くびる。あなどる。」こと。 2 bの「苦しい」は、シク活用の形容詞の連体形で、「こと」を修飾している。cは「苦しい」の語幹「苦し」に接続語「さ」がついて名詞化した名詞である。　3　「ふわっと」とは、擬態語で、ここでは桜の咲いた様子を表す技法として使われている。桜の花の柔らかく咲いた様子を効果的に描写し、臨場感を与えるために用いている。桜の色彩感までイメージできる効果もある。　4　作者に苦しい思いをわずかにさせる対象は何か、を考える。eを修飾している語句が、作者の心情に関わっている。　5　少しの苦しい経験が、生きる力を支えるエネルギーになることを若者に伝えたり、手本を示したりすることを筆者は人間関係を構築する基盤だと考えている。

【四】1　雑談　2　役に立つこと　3　接尾語　4　読み方…重箱読み　熟語…歩合、額縁
5　現実世界で問題が起きたときに、自分が持っている知識や情報をどのように活用するのか、どのように動員すると対処できるのかについて考えること(六十七字)　6　しかし、そ

〈解説〉1　a　「寄り道」は、一般に「目的地に行くついでに立ち寄ること」をいう。このことは本来の目的(目標)から外れた言動をする意につながり、「雑談」がこれにあたる。　2　「利用」の「利」は、「役に立つ。益する。」の意である。　3　接尾語は、接頭語と同じく語構成要素の一つである。単語の後について意味を添える。接尾語がついた語の品詞は、その接尾語の文法上の性質で決まる。この「信頼」は、接尾語の「感」がつくことで名詞になる。名詞＋動詞で「信頼する」という形もある。　4　「仕方」の読みは、「シ(音)＋かた(訓)」である。音＋訓の熟語の読みを「重箱読み」という。「本屋」「毎年」などがある。他に、訓＋音(湯桶読み)、熟字訓(土産、五月雨)などがある。　5　自分にとって役に立つ知識とは、特定の目的を前提にして習得する知識であると考えられがちで、それはあらかじめ想定した場面では活用できるが想定外の場面では役に立

たない。現実の世界で想定外の場面に遭遇し、それを乗り切るために必要なのは、知識と情報の「知の体力」である。つまり知識と情報の総体を動員して主体的に対応し直面した場面(課題)を解決する力である。そのため、知識の習得や情報の収集は、単に役に立つことだけを想定するのではなく、変動する世界に対峙するための多くの知識や情報を持ち、それを活用することを考えることが大切だ、というのである。 6 fは、現実世界で問題が起きたときに、自分の持っている知識、情報の量が多ければ、それだけ問題の解決が容易になるということを述べている。矢数という熟語を使って動員できる知識、情報を比喩的に表現している。

【五】 1 軍記物語 2 始まりの五字…薩摩守宣ひ 二つ目の場面…忠度が俊成に、自分がつくった歌が勅撰集に入ることは歌人として生涯の名誉なことであるから、是非とも選んでほしいと頼む場面(五十八字) 3 沈むのなら沈んでもよい 4 枕詞…さざなみや 掛詞…むかしながらの 5 千載集に入った歌が、平忠度という名前ではなく、「読人知らず」になったことと、百余りの歌のうち、一首しか選ばれなかったこと。

〈解説〉 1 「軍記物語」は、戦乱の史実に素材を取り、それに多少の脚色を加えたものである。「平家物語」は、琵琶法師により「平曲」として語られ、仏教的無常観に基づく描写が和漢混交文を基調とした叙情的な七五調のリズムでつづられている。 2 第一の場面は、薩摩守忠度が五条の三位俊成卿の宿所を訪ね、両者が対面するところまで。対面の初めは、「薩摩守宜ひけるは」である。ここで忠度は、「撰集のあるべき由承り候ひしかば～是に候巻物のうちにさりぬべきもの候はば、一首なりとも御恩を蒙ッて、草の陰にてもうれしと存じ候はば～」と懇願しているのである。 3 「沈まば沈め」の「沈まば」の「ば」は「沈む」(マ行四段活用)の未然形についた仮定条件の接続助詞。「もし沈むのなら」と訳す。 4 「さざなみや」は、「志賀」の枕詞。「ながら」は、「～のままの状態」を表す接続助詞で「長良(山)」の掛詞である。「枕詞」は五音。「掛詞」は、同音で異義のことばを掛ける和歌の修辞法である。　5　薩摩守忠度は、「勅勘」(朝敵)の人間だから、「名字をばあらはされず～歌一首ぞ、『読人知らず』と入れられける」とある。平家の隆盛に翳りが見え、忠度も都をおわれた後、後白河法皇の勅命で藤原俊成が撰者となり「千載和歌集」を作ったのは文治四(一一八八)年である。

【高等学校】

【二】(1)　a　登録　b　きひ　c　貫徹　d　模索　e　あらが(い)　(2)　定型　(3)　カ
(4)　実感も想像もできない　(5)　何かをじぶんの意志でおこなうこと(十六字)　(6)　互いに関係をもつ社会的な存在である我々が、自身の自由を発現するときには、かならず他者の自由を侵害しないようにみずからの行為を制限しなければならないから。　(7)　最初…感情に支配　最後…ているから
(8)「内なる外」として「外」から強制する「感情」を排し、真に「内」なる「理性」のはたらきにより、みずからかくなすべきという意識をもって自己を統御しながら行為をなすとき。

〈解説〉(1)　bの「忌避」は「きらって避けること。」の意。eの「あらが(う)」は「従わずあらそうこと。」の意。　(2)　空欄補充は、空欄前後の文や語句と整合することが必要である。空欄Aの前後は対語の関係の語句である。自由詩の対義語を考える。　(3)　空欄Bには、「制御不能な欲望」に関わる語句が当てはまる。空欄Cには、後の文にある「(制御不能な)『感情』が～人間の内部ではなく外部から一定の行為を強制してくる」をヒントにする。　(4)　①について、「自由か不自由かわからないような、半端な、虚ろな気分」と述べ、次の段落で、この「虚ろな気分」を「実感も想像もできないもの」と説明している。　(5)　自由の二つの面とは、他からの拘束も圧力もかけられていない「～からの自由」と「何かをじぶんの意志でおこなうこと」

をいう。前者は「消極的自由」、後者は「積極的自由」である。（6）「虚構」の辞書的な意味は、「事実でないことをいかにも事実のようにしくむこと。つくりごと。」である。自分の自由には他者から侵害されない権利があるが、同時に他者の自由を侵害しない義務がある（自由の自己抑制）。このことを踏まえ、自分の権利だけを主張する不自由のない完全な自由など存在しないつくりごとだ、というのである。（7）④の「内なる外」の「内」とは、「理性としての主体のはたらき」である。スピノザの「自分自身を支配する力」である。「内なる外」とは、理性のはたらきのない外（運命の力・感情）をいう。このことを述べている部分を抜き出す。（8）「人間の自由が成り立つ」の前の「ここに」の指す内容は、「行為を『思いどおりに』『好きなように』選択するのではなく、道徳的な観点から選択すること」である。これは、感情や欲望の「内なる外」に縛られ（強制される）のではなく、理性の内なる主体的なはたらきにより自己を抑制し、人倫に反しない道徳的な観点に立つ行為をいう。この行為が「人間の（真の）自由が成り立つ」条件である。

【二】（1） a　しょうぞく（そうぞく）　b　すだれ　c　なおし（のうし）　d　せんざい（せざい）
（2）ア　読み…こ　活用形…未然形　イ　読み…こ　活用形…命令形　ウ　読み…き　活用形…連用形　（3）ウ　サ行変格活用動詞「装束す」の未然形の活用語尾　エ　尊敬の助動詞「す」の連用形
（4）なんとかして（どうにかして）　（5）直衣がたいそう着慣れて柔らかくなっていること。（6）何かものを申し上げようにも間が離れていて具合が悪いので　（7）宮　（8）私の心が離れていくことはありませんよという気持ち。
〈解説〉（1） a　装束は、支度。「装束す」で、支度するの意。　b　簾は、細くけずった竹や葦などを編んだもので、日光をさえぎるのに用いる。　c　直衣は、正服・礼服でない普通の服。平安時代以後、天皇・摂家・大臣など高貴な人々の平服のこと。　d　前裁は、庭先に植えた草木のこと。（2）アは「こ」と読む。イは下に打消の助動詞「ず」の連体形「ぬ」が接続しているため「来(く)」(カ行変格活用)の未然形である。イは「こ」と読む。「来」の命令形である。オは「き」と読む。下に完了の助動詞「ぬ」の連用形「に」が接続しているため「来」の連用形である。　（3）「装束せ」はサ行変格動詞「装束す」の未然形。下に使役の助動詞「さす」の命令形が接続している。　（4）「いかで」は、願望の意「なんとかして。どうにかして」を表す副詞で、後の文「聞こしめしなほされにしがな」にかかる。　（5）「をかしう」は、「をかし」(形容詞・シク活用)の連用形「をかしく」のウ音便で、「すばらしく」の意。「御直衣などのいたうなへたるしも」に対しての筆者の心情である。「御直衣など(着慣れて)大変柔らかになっているのが(とても)」の意を踏まえて説明する。（6）「もの聞こえむにも」の「もの聞えむ」の「聞え」は、「聞ゆ(ヤ行下二段)」の未然形で、「言ふ」の謙譲語＋意志の助動詞「む」の形。「もの(お話)を申しあげようにも」と訳す。「ほど遠くて便なければ」は、「ほど(間)が離れていて、便なければ(具合が悪いので)」と訳す。「便なけれ」は、「便なし」(形容詞・ク活用)の已然形。　（7）①の歌意は、「ためしに雨でも降ってみてほしい。わが家を通り過ぎて、空を行く月のような宮様がおとどまり下さるかどうかと」と、空を渡る月に宮をたとえている。　（8）②の歌意は、「不本意にも私は空行く月にさそわれて帰っていかねばなりませんが、わが身こそ出ていくものの、どうして心は出ていきましょうか」。歌中の「影」は、作者の歌の「影」を受けて、「わが身」をたとえている。自分の女(作者)への愛は不変である、という宮の心情告白である。②の歌の「影こそいづれ」は、係り結びで、強意の係助詞「こそ」は、「い(出)づ」(ダ行下二段活用)の已然形「い(出)づれ」と呼応している。「心やは行く」の「やは」は、反語の係助詞。以上を踏まえて解釈する。

【三】(1) A まみ(ゆ) B もと(より) C おも(へらく) D たちま(ち) (2) Ⅰ 於 Ⅱ 而 (3) ア (4) 将無同 (5) 可㆔以弁㆓‐正幽明㆒。 (6) 客(鬼)の顔色が変わって(紅潮して)怒った様子。 (7) 君(あなた)だけ一人どうして鬼がいないということができようか。いやできるはずがない。 (8) 阮瞻は、日ごろから無鬼論を主張していたが、客として訪れた本物の鬼と議論をして、理屈では言い負かしたものの、実際に鬼が存在していることを目の当たりにし、そのことが気がかりで、病気になったため。(そのことで気を病んだため。)

〈解説〉(1) Aの見は、お目にかかる。謁見。の意。Bの素は、まえから。元来。の意。Cの請は、思うことにはの意。Dの忽は、にわかに。突然。の意。 (2) Ⅰには、「懐」の上にあって位置を表す置き字「於」、Ⅱには、「レドモ」の送り仮名から、逆接の接続詞「而」が入る。 (3) 冒頭から五文目の「遇理而弁、辞不足而旨有余」からアは適切だが、イは不適切。また、二文目に「性清虚寡欲、自得於懐」とだけ述べているので、ウも不適切。エは、三文目に「読書不甚研求」とあり、適当な説明ではない。 (4) 阮瞻が司徒王戎に謁見し、王戎に「聖人」(孔子)と老子・荘子の主旨は同じか異なるか」と問われ、「将無同」(はた同じきことなからんや)と答えた三語を指す。 (5) ②の「可」は返読文字。「弁正」(述語)+「幽明」(目的語)。以上を踏まえ、一・二・三点をつける。 (6) 「作色」は、怒りの表情で顔が紅潮することをいう。客の表情が変わったのである。 (7) ④の前に「鬼神古今聖賢所共伝」とある。客は「鬼神」が存在することを阮瞻に言っている。④の「無」の後に「鬼神」が省略されている。「君何ぞ独り(鬼神)無しと言ふを得んや」(反語文)の解釈である。「あなたはどうして~ということができるのか、いやできるはずはない」の表現で解釈する。
(8) 阮瞻は、「瞻素執無鬼論」とあるように「無鬼論者」である。晋の時代は、仏教の影響で鬼神に関し有無の論が盛んだったらしい。この無鬼論で阮瞻は、「可以弁正幽明」(現世と死後の世界について正しく説明できるということ)とのべている。「幽明」については、「鬼神と人」の意もある。こちらの意味の方が分かりやすいと思われる。客(鬼神)は、このことを聞きつけて阮瞻と面談したのである。しかし無鬼論者である彼が目のあたりに鬼神を見たことにより、心情の変化が起こり、ノイローゼになったのであろう。その気の病が彼を死に導いたのである。

二〇二〇年度　実施問題

【中学校】

【一】次の①～⑩の傍線部の漢字には読みがなを、カタカナには漢字を書け。

① 同僚と親睦を深める
② 懇々と諭された
③ 安穏な日を送る
④ ようやく秋涼の候となった
⑤ 年中行事が廃れる
⑥ 工場がカドウし始めた
⑦ ソボクな疑問に答える
⑧ 問題のカクシンに触れる
⑨ ゲンソウ的な世界を描く
⑩ 後進に道をユズる

（☆☆◎◎◎）

【二】中学校学習指導要領(平成二十九年三月告示)「第二章　各教科　第一節　国語　第一　目標」について、①～⑤の空欄に当てはまる言葉を書け。

言葉による見方・考え方を働かせ、（　①　）を通して、国語で正確に理解し適切に表現する資質・能力を次のとおり育成することを目指す。

(1)（　②　）に必要な国語について、その特質を理解し適切に使うことができるようにする。

(2)（　②　）における人との関わりの中で（　③　）を高め、思考力や（　④　）を養う。

（3）言葉がもつ（　⑤　）を認識するとともに、言語感覚を豊かにし、我が国の言語文化に関わり、国語を尊重してその能力の向上を図る態度を養う。

（☆☆◎◎◎）

【三】次の文章を読んで、後の問いに答えよ。
※句読点や記号も一字と数えること。

私が社説を四〇〇字に縮約して下さいというとき、それは次の事柄を指しました。
①縮約とは、要約することや要点を取ることではなく、地図で縮尺というように、文章全体を縮尺して、まとめること。
②一行二〇字詰二〇行の原稿用紙を使い、最後の一行あるいは二行の空白を作ってもいけない。つまり、ぴったり二〇行にわたる文章にまとめる。
③四〇〇字から一字はみだしてもいけない。
④句点（。）、読点（、）は一字分取る。
⑤全文を段落なしに書き続けてはいけない。途中に段落をつけ、改行すること。
⑥題目は字数外とする。

（　中略　）

縮約のためには、原文の語句の中に、未知の単語、はっきりは分からない単語があれば、それはいちいち辞書を引いて確かめる作業をしなくてはいけない。

理解が不正確では、正確な縮約はできません。ａそのために机辺に中型の現代語の辞書を用意するくせをつけるといい。小さい辞典《ことばてん》だけでなく、少し大きい事典《ことてん》も必要です。事典とは百科事典のこと。ｂ辞典と事典とを兼ねた辞書も出版されています。

私は学生に一年間で二〇回くらい、ｃこの作業をさせました。それには、いくつかのねらいがあったのです。新聞の社説はさまざまの時事問題を扱います。政治的な問題が多いのですが、扱う範囲が広い。その文章を毎週一つは精読し、限られた時間で縮約をする。おのずと真剣になります。そして扱う範囲の広さが、読み手の目をどうしても社会の広い問題に向けさせる。つまり、自分たちの生きていく人生・社会を見る目の幅を広くする。また、文章に出てくる抽象語、術語を（　d　）に理解する必要から読み手の語彙が増える、等々。

ある学生は、会社に勤めて「あの縮約の授業が一番役に立った」といいました。また、ある学生は出版社に勤めたのですが、「君はオビを書くのがうまいねといわれた」といいました。オビとは書物の下の部分に紙を巻いて、短い文でその本の特徴、見どころをうたうもの。

社説の文章の縮約を三〇回すると有効だと思います。ええっ？　三〇回も？　と思うでしょう。ところが、続けていくと途中から目が鋭くなって、肝腎のところが読みとりやすくなり、かなり書けるようになります。

これは誰かと組みになってするといい。交換して相手のを読むと、お互いのよいところ、まずいところ、見解の分かれるところがはっきりするでしょう。一人でやってももちろんいい。

文章としてまとめる上では、近隣に同じ表現を繰り返さないこと。似ている単語の中から適切な言い換えを選ぶこと。例えば、区別と識別、ｅ認識と認知、（　d　）と正確、哀れさと悲しさ、などの違いをはっきり意識すること。読み直していって、句読点を明確に使うこと。文章としてリズムを整えていくこと。文章をよくするためには、自分の書いた文章を何度も何度も読み返す、そして一つの助詞の使い方にも心をくばることが必要だということ、その他いろいろのことが、この作業を繰り返すうちに体得されます。

（大野　晋『日本語練習帳』による。）

1　傍線部aの品詞を答えよ。
2　傍線部bを単語に分けるといくつになるか。漢数字で答えよ。
3　傍線部cとは、どのようなことか。十五字以内で答えよ。
4　空欄（　d　）には同じ熟語が入る。文章中で使われている「明確」以外の熟語で、漢字二字で答えよ。
5　傍線部eのそれぞれの意味の違いを説明せよ。
6　傍線部fとあるが、縮約することの効果について、この文章中に書かれていることの中から三つ取り上げ、箇条書きで答えよ。

（☆☆◎◎◎）

【四】次の文章を読んで、後の問いに答えよ。

世阿弥は20ほど芸能論を書いていますが、もっとも重要なキーワードは「花」です。人から見られる芸能者にとって「花」は何にもまして肝要です。

世阿弥は「花と面白きと珍しきと、これ三つは同じ心なり」と書いています。

ここでの「面白き」とは目の前がパッと明るくなることをいいます。『伊勢物語』で都を追われた在原業平がうつむいてとぼとぼと歩きながら三河の国まで来た。そこに杜若《かきつばた》の花が「いと面白く」咲いていた。美しい紫色の杜若の明るさに業平は顔を上げます。今までの暗い気持ちも吹き飛ぶような明るさ、美しさ、それが「面白き」です。見終わったあとに心が晴れ晴れとするような芸、それが「面白き芸」です。

　また、「珍しき」も私たちが日常で使う「珍しい」とは違います。「珍しき」というのは「愛《め》ず」、すなわち愛らしいことであり、そして「目連らし」、目が自然にそちらに c連られていくことです。いわゆる珍しいものや珍しいことは、二回目には当たり前になり、珍しくなくなります。そのような珍しさは「花」ではない。世阿弥のいう「珍しき」とは、まったくふつうのことの中に「あはれ(ああ、という感嘆)」を感じさせる工夫だといいます。

　誰でもが見慣れているはずのものなのに、そこにまったく斬新な切り口、新しい視点を導入して「あはれ」を感じさせる。それが世阿弥の「珍しき」なのです。

　そこで大切になるのが、「秘すれば花」です。世阿弥は「秘することによって、それは偉大な働きとなる」と言っています。現代でも新製品の発表前などは、その秘密が外に漏れないように（　d　）の注意を払います。「こんな製品が出る」ということが先に知れてしまうと「なーんだ」となってしまいます。

　芸能は「裸の王様」の衣服に似ています。見えないものを見る、それが芸能です。演じる側からいえば見えないものを見せる。そのためにいろいろな仕掛けをするのですが、しかし観客はすぐにその仕掛けに飽きて、さらなる仕掛けを要求します。たとえば映画でいえば、無声映画がトーキーになり、モノクロ映画がカラーになり、さらに面面が大きくなり、３Ｄになり、近ごろは４Ｄ、ＶＲとなっています。「これでもか、これでもか」とより積極的に、より激しく観客に訴えていく。終わりなき発展です。しかし、観客の欲望には限りがなく、やがてその欲望に対応できなくなり、どこかで行き詰まってしまうでしょう。

能では、まったく違う発想をします。演者は、あまり観客に働きかけません。リアリティという観点からいえば、全然リアルではない。動きだって控えめですし、話している内容（　e　）よくわからない。知りたかったら、そっちが来い、といわんばかりのわかりづらさです。まさに「秘して」います。

しかし、それによって観る人が能動的になり、ふだんは眠っている、脳に内蔵されているはずの、見えないものを見せる脳内ARを活性化させます。そうすると、とてもシンプルな舞台なのに、山にかかる月が見えたり、波の音が聞こえたりと、見えないものが見え、聞こえない音が聞こえてしまうのです。秘することによってのみ咲く花があることを能は教えます。

そういったつかみどころのないものだということを踏まえて、「花」とは何かと言えば、それは私たちがふだん考える「花」とはまったく違った、幻の花なのかもしれません。

また、ちょっと禅問答のようになってしまうのですが、「秘すれば花」では、秘する「もの」ではなく、秘する「こと」が大切だと書かれていることも忘れてはいけません。

（安田　登『能　650年続いた仕掛けとは』による。）

注　VR：仮想現実　AR：拡張現実

1　傍線部aで、世阿弥の著書を漢字で一つ答えよ。

2　傍線部bについて、「花」と「面白き」と「珍しき」の三つは本来同じ心から発する三つの側面にすぎないということだが、同じ心とは、人がどのように思うことか。文章中の言葉を使いながら説明せよ。

3　傍線部cの二つの文節の関係を答えよ。

4　空欄（　d　）にあてはまる漢字二字を答えよ。
5　空欄（　e　）にあてはまる平仮名二字を答えよ。
6　傍線部ｆについて、「秘すること」は観る人にどのような働きがあるのか。文章中の言葉を使いながら説明せよ。
（☆☆◎◎◎）

【五】次の文章（古今和歌集　仮名序）を読んで、後の問いに答えよ。

やまとうたは、人の心を種として、万《よろづ》の言の葉とぞなれり（　a　）。世の中にある人、ことわざ繁きものなれば、心に思ふことを、見るもの聞くものにつけて、言ひ出せるなり。b花に鳴く鶯、水に住む蛙の声を聞けば、生きとし生けるもの、いづれか歌をよまざりける。力をも入れずして天地《あめつち》を動かし、目に見えぬ鬼神をもあはれと思はせ、男女の中をも和らげ、猛き武士《もののふ》の心をも慰むるは歌なり。

（中略）

今の世の中、色につき、人の心、花になりにけるより、あだなる歌、はかなき言のみいでくれば、色好みの家に埋《うも》れ木の、人知れぬこととなりて、まめなる所には、花薄《はなすすき》穂に出すべきことにもあらずなりにたり。
その初めを思へば、かかるべくなむあらぬ。古の世々の帝、春の花の朝、秋の月の夜ごとに、さぶらふ人々を召して、事につけつつ歌を奉らしめ給ふ。

（　中略　）

また、春の朝に花の散るを見、秋の夕暮に木の葉の落つるを聞き、あるは、年ごとに鏡の影に見ゆる c雪と波とを歎き、草の露、水の泡を見てわが身を驚き、あるは、昨日は栄えおごりて、時を失ひ、世にわび、親しかりしも疎くなり、あるは、松山の波をかけ、野中の水を汲み、秋萩の下葉をながめ、暁の鴫《しぎ》の羽掻《はねが》きを数へ、あるは、

（　中略　）

かかるに、今すべらぎの天の下しろしめすこと、四つのとき、九のかへりになむなりぬる。あまねき御《おほん》慈しみの波、八洲のほかまで流れ、ひろき御《おほん》恵みの蔭、筑波山の麓よりも繁くおはしまして、万の政をきこしめすいとま、もろもろのことを捨てたまはぬ余りに、d古のことをも忘れじ、旧りにしことをも興したまふとて、今もみそなはし、後の世にも伝はれとて、延喜五年四月十八日に、大内記紀友則、御書所預（　e　）、前甲斐少目凡河内躬恒、右衛門府生壬生忠岑らに仰せられて、『万葉集』に入らぬ古き歌、みづからのをも奉らしめ給ひてなむ。

それがなかに、梅を挿頭《かざ》すよりはじめて、郭公《ほととぎす》を聞き、紅葉を折り、雪を見るにいたるまで、また、鶴亀につけて君を思ひ、人をも祝ひ、秋萩・夏草を見てつまを恋ひ、逢坂山にいたりて手向《たむけ》を祈り、あるは、春夏秋冬にも入らぬくさぐさの歌をなむ撰ばせ給ひける。すべて千歌二十巻、名づけて『古今和歌集』といふ。

かくこのたび集め撰ばれて、山下水の絶えず、浜の真砂の数多く積もりぬれば、今は、明日香河の瀬になる恨みも聞こえず、さざれ石の巌となる喜びのみぞあるべき。

（中略）

人麿亡くなりにたれど、歌のこととどまれるかな。たとひ時移り事去り、楽しび悲しびゆきかふとも、この歌の文字あるをや。青柳の糸絶えず、松の葉の散り失せずして、真拆《まさき》の葛《かづら》長く伝はり、鳥の跡久しくとどまれらば、歌のさまを知り、ことの心を得たらむ人は、大空の月を見るがごとくに、古を仰ぎて今を恋ひざらめかも。

1　空欄（　a　）にあてはまる語句を答えよ。
2　傍線部bを口語訳せよ。
3　傍線部cは何と何の比喩か。現代語で答えよ。
4　傍線部dから、『古今和歌集』が我が国最初の何であると分かるか。漢字で答えよ。
5　空欄（　e　）にあてはまる人物名とその人物が活躍した時代を、それぞれ漢字で答えよ。
6　この文章では、和歌の本質や古今和歌集の編集・価値について、どのようなことを述べているか。心・ことば・歌の三語を必ず用いて、百字以上百二十字以内にまとめよ。

（☆☆◎◎◎）

解答・解説

【中学校】

【一】①　しんぼく　②　さと　③　あんのん　④　しゅうりょう　⑤　すた　⑥　稼働　⑦　素朴　⑧　核心　⑨　幻想　⑩　譲

〈解説〉①　「睦」の訓読みは「むつ(まじい)・むつ(む)」など。③　「安穏」の「穏」は本来的には「ノン」と読まないが、連声という、前の字に影響されて、後の字の読みが変わる現象によって、例外的な読み方をしている。「穏当」「平穏」「穏健」などの「穏」は「オン」と読む。訓読みは「おだ(やか)」。⑤　「廃」で「すたれる」という意味を持つ熟語には「荒廃」「退廃」「廃墟」などがある。「すてる」、「やめる」などの意味を持つ熟語には「廃棄」、「廃業」などがある。⑥　「稼」は「かせぐ」などの意味を持つ。同音異義語の「可動」との意味の違いに注意する。⑧　「確信」などの同音異義語に注意する。

【二】①　言語活動　②　社会生活　③　伝え合う力　④　想像力　⑤　価値

〈解説〉国語の目標の柱の部分では、言語能力を育成する中心的な役割を担う国語科において、言語活動を通して資質・能力を育成するという考えが示されている。本目標の(1)は、「知識及び技能」に関する目標、(2)は、「思考力、判断力、表現力等」に関する目標、(3)は、「学びに向かう力、人間性等」に関する目標を示している。

【三】1　連体詞　2　十四　3　社説を四〇〇字に縮約すること(十四字)　4　的確　5　認識…物

事をはっきりと知り、その意義を正しく理解したり区別したりすること　認知…ある事柄を、はっきりと認めること　6　・自分たちが生きていく人生・社会を見る目の幅が広くなること　・文章に出てくる抽象語や術語を的確に理解する必要から、語彙が増えること　・文章としてまとめる上で、近隣に同じ表現を繰り返さないこと

〈解説〉1　連体詞は、体言のみを修飾し、活用しない。　2　「辞典／と／事典／と／を／兼ね／た／辞書／も／出版／され／て／い／ます」となる。　3　ここでは指示語の指示対象を直前の、辞書の話題と考えると文脈に合わない。ここまでの話題の中心を指すと見なし、それを端的にまとめればよい。　4　「明確」「正確」の類語を考えればよい。　5　二つの語句は、それを構成する漢字の上では「識」と「知」の違いをもつ。「知」と比較した際の、「識」のある方面への深さを説明する必要がある。　6　第四段落では「いくつかのねらいがあった」と述べられ、それらは「つまり」以下でまとめられている。また、第八段落では「文章としてまとめる上では」という形で話題が転換され、別のねらいも説明されている。

【四】1　風姿花伝　2　まったくふつうのことの中に、今までとは異なる明るさや美しさ、「あはれ」を感じること。　3　補助の関係　4　細心　5　すら　6　観る人が能動的になり、観る人の脳に内蔵されている脳内拡張現実を活性化させ、見えないものや聞こえない音を想像させる働き

〈解説〉1　『風姿花伝』が最も代表的な著作とされ、その他「花鏡」「至花道」などがある。　2　傍線部bの後の第三・第四段落で、「面白き」「珍しき」の内容について説明されている。　3　「連れられていく」の「いく」は補助動詞であり、空間上の移動を表すのではなく、動作の方向性を表す。　4　定型句であるかのように、「注意」は「細心の」という言葉で強調する。　5　「すら」は、極端な事柄を例として取り上げ、他

を類推させる表現である。　6　傍線部fの前の段落の「秘して」以下で、その効果が説明されている。

【五】 1　ける　2　花の間でさえずるうぐいすや、水の中にいる蛙の声を聞いていると、自然に生きているものすべてが、どうして歌を詠まないといえるでしょうか。(必ず詠みます。)　3　白髪としわ　4　勅撰和歌集　5　人物名…紀貫之　時代…平安時代　6　和歌は、人の心の動きがことばになって表れたものである。古今和歌集は、天皇の勅命を受け、古い歌から今に至る歌の中から優れたものを四季折々の自然の風物や人の長寿、恋、旅の安全を祈る歌などに分類したものである。後世に末長く伝わっていくことだろう。(百二十字)

〈解説〉1　直前にある係助詞「ぞ」に呼応して、文末は連体形(過去の助動詞「けり」の連体形「ける」)になる。　2　疑問であるか反語であるかは、文脈から判断する。ここでは直前に「言ひ出せるなり」とあることから、傍線部bを、歌を詠む、という意味で解する必要がある。　3　直前に「鏡の影に見ゆる」とある。映っているのは自分の姿である。　4　尊敬語「仰せられて」の行動主体を考える。『古今和歌集』は醍醐天皇の勅命で、紀友則、紀貫之、凡河内躬恒、壬生忠岑が撰集にあたった。　5　紀貫之は『古今和歌集』の四人の撰者の中でも編纂の中心的役割を担っており、仮名序の執筆も貫之である。　6　問いの中心である「編集・価値」については、第四・第五段落で説明されている。

二〇一九年度 実施問題

【中学校】

【一】次の①～⑩の傍線部の漢字には読みがなを、カタカナには漢字を書け。

① 甚だしい損害　② 目的を完遂する　③ 森閑とした境内
④ 旋風を巻き起こす　⑤ 制服を貸与する　⑥ お褒めの言葉をタマワる
⑦ 商品をチンレツする　⑧ ケイヤク書に署名する　⑨ 難問とカクトウする
⑩ 清々しいケイコクの風景

（☆☆☆◎◎◎）

【二】中学校学習指導要領(平成二十年三月告示)について次の問いに答えよ。

1 「第二章　各教科　第一節　国語　第一　目標」について、①～④の空欄に当てはまる言葉を書け。

国語を適切に表現し（　①　）理解する能力を育成し、（　②　）を高めるとともに、（　③　）や想像力を養い（　④　）を豊かにし、国語に対する認識を深め国語を尊重する態度を育てる。

2 「第二章　各教科　第一節　国語　第二　各学年の目標及び内容」の〔第二学年〕の目標について、①～⑥の空欄に当てはまる言葉を書け。

（1）目的や（　①　）に応じ、社会生活にかかわることなどについて立場や考えの（　②　）を踏まえて話す能力、考えを比べながら聞く能力、相手の立場を尊重して（　③　）能力を身に付けさせるとともに、話したり聞いたりして考えを広げようとする態度を育てる。

（2）目的や意図に応じ、社会生活にかかわることなどについて、（　④　）を工夫して分かりやすく書く能力を身に付けさせるとともに、文章を書いて考えを広げようとする態度を育てる。

（3）目的や意図に応じ、文章の内容や（　⑤　）に注意して読む能力、広い範囲から情報を集め（　⑥　）に活用する能力を身に付けさせるとともに、読書を生活に役立てようとする態度を育てる。

（☆☆☆◎◎◎）

【三】次の文章を読んで、後の問いに答えよ。

※　句読点や記号も一字と数えること。

a理想的なコミュニケーションとはどういうものか。私は、bクリエイティブな関係性だと思う。クリエイティブとは、新しい意味がお互いの間に生まれるということである。たとえば、ある知識を持つ人が、もう一人にその知識を伝えたとする。そこで質問が行われ、対話的に情報が伝えられたとする。その場合、聞き手にとっては、新しい意味が獲得されることになる。一方通行ではなく、聞き手側が質問やコメントといった形でアクションを起こすことによって、話される意味が少し変わってくる。コミュニケーション力を生かして、情報伝達の質を高めるということはある。

しかし、ここで私の言うクリエイティブな関係性は、話をすることでお互いにとって新しい意味がその場で生まれるという関係を指している。先ほどのケースでは、話し手の方には新しい意味は基本的には生まれていない。そうではなく、聞き手が発した言葉によって自分が刺激され、新しい意味を見つけ出すことがある。二人で「ああ、そうだったのか、気づかなかったね」と喜び合うような瞬間がある。それがクリエイティブな対話の関係だ。

自分の経験を振り返ってみてほしい。対話する前には決して思いつくことのできなかったことを思いついた瞬間があるのではないだろうか。謎が解け、霧が晴れたような快感。脳が活性化し、ワクワクするような気持ち。こうした軽い興奮が c クリエイティブな対話にはある。どちらの頭が優秀であるかということを競い合うのが対話の目的ではない。どちらから新しい意味が生まれたのかさえも重要ではない。大切なのは、今ここでこのメンバーで対話をしているからこそ生まれた意味がある、ということだ。意味に日付と場所を書き添えることさえできる。あのとき、あそこで、あの「意味」が生まれたんだ、と思い返すことができる対話経験があれば、それをコミュニケーションの理想型と設定できる。

クリエイティブな関係というと、一見、実現への距離が遠そうに思われるかもしれない。しかし、実際にはさほど難しいことではない。私が主宰するビジネスセミナーや授業では、必ずこの関係が生まれる。ある具体的な課題を与え、アイディアを出し合ってもらう。あれこれ言葉を交わしながら、意味が生まれるのを待つ。途中、二人で黙り込んでしまうこともある。調子よくぺらぺら喋ることには価値はない。目的は、一つでもいいから、具体的なアイディアを出すことだ。

d サッカーで言えば、それがゴールに当たる。ぺらぺら無駄なことを喋っている時間は、バックパスをしているのと同じで得点にはつながらない。単なるおしゃべりがコミュニケーションというわけではない。

相手の言葉で久しぶりに思い出した事柄があれば、それもまた（ e ）だ。現在の話の文脈に、まったく関係づけることのなかった（ f ）が結びついてくる。そこで（ g ）が新たに展開する。自分一人では思いつくことのできなかったことを思いつく。それが「触発」されるということである。

（齋藤孝『コミュニケーション力』による。）

1　傍線部aの対義語を漢字で書け。
2　傍線部bとあるが、どんな関係か。文章中から三十五字以内で抜き出せ。
3　傍線部cで大切なことを、文章中の言葉を使って、四十字以内で説明せよ。
4　傍線部dとは、どういうことをたとえたものか。文章中から十四字で抜き出せ。
5　空欄eにあてはまる語句を文章中から七字で抜き出せ。
6　空欄f・gにあてはまる語句を同じ段落の中から抜き出せ。

（☆☆☆◎◎◎）

【四】次の文章を読んで、後の問いに答えよ。
※　句読点や記号も一字と数えること。

私は、ベドウィン族とよばれる遊牧民の男と二人で旅をしていたのですが、彼はその辺でどこからともなく枯れ枝を集めてきて火をおこし、お湯を沸かしてお茶を淹れてくれました。

彼はそこに使い古した絨毯を敷き、ひびの入ったような何気ないティーカップに紅茶を入れ、たっぷりと砂糖を入れてくれたのです。見わたす限りの一面の砂漠でした。その広大な、ただ惑星の風景のような虚無の中で、ここは宇宙だ、と私は感じたのです。その古いティーカップも、真っ黒にこげたポットも見るほどに味わいの深いものでした。なるほど、こういうふうに作為なく古みを帯びてゆくものが、一番使いやすい器なのだな、と a しげしげと眺めて、私は美味しくその茶を頂いて心からの礼を伝えたのでした。ほどなくそれが、遊牧民の男が亭主となり私が客となった、まぎれもない「茶会」であることに気づきました。

これが千利休(一五二二～九一)の考えた茶なのではないか、と私は感じたのです。ひびだらけのティーカップやポット、利休の考えていた茶道具とは元来 b こういうものだったのでしょう。大陸からの高価なものを有難がって用いるのではなく、すぐここにある何気ないものにその価値を認める。このサハラ砂漠で、何でもないティーカップを通して私は教えられた気がしたのでした。

そして見わたす c と、まるで火星や月面から電送写真で送られてきた宇宙のような光景が広がっている……。この非日常感、これこそ、茶人たちが思い描くコンセプトなのではないか、d と思うと、まさにこの砂漠の(　e　)のティーブレイクが、何かぴたっと千利休の問い掛けを見せてくれる大切な茶会のような感じになったのでした。

利休の時代、町中にあって「f 深山幽谷の趣き」を伝えることを旨とした茶の空間のコンセプトが、現代の文明社会において、砂漠という象徴的な光景に姿形を変えて、その g 真意をシロウト同様の私に伝えてあまりあるものがあったようです。カップやポットという道具の教えてくれる日常と、砂漠の語る非日常、この絶妙のバランスの美しさの意味がとてもよくわかったような気がしました。

禅文化の色濃い影響を受け、ここが宇宙である、という禅のコンセプトの究極をも視野に収める茶室、言葉にすると難しくなるのかもしれません。しかしたとえばそれは、この砂漠で飲む一服の茶なのだよ、とやさしく語りかけてくれる声を聞くような思いがありました。

(千住博『美は時を超える　千住博の美術の授業Ⅱ』による。)

1　傍線部aの品詞を答えよ。

2　傍線部bとはどういうことか。文章中の言葉を用いて五十字以内でまとめよ。
3　傍線部c・dの助詞の用い方をそれぞれ説明せよ。
4　空欄（　e　）にあてはまる茶道に由来をもつ四字熟語を漢字で書け。
5　傍線部fの意味を書け。
6　傍線部gとはどのようなことか。文章中の言葉を用いて五十字以内でまとめよ。

（☆☆☆◎◎◎）

【五】次の二つの文章を読んで、後の問いに答えよ。
※【B】の文章は、【A】の文章について述べたものである。
※句読点や記号も一字と数えること。

【A】

花はさかりに、月はくまなきをのみ見るものかは。雨にむかひて月を恋ひ、たれこめて春のゆくへ知らぬも、なほあはれに情け深し。咲きぬべきほどの梢、散りしをれたる庭などこそ見所多けれ。歌の詞書にも、「花見にまかれりけるに、はやく散り過ぎにければ」とも、「さはる事ありてまからで」なども書けるは、「花を見て」といへるに劣れる事かは。花の散り、月の傾くを慕ふならひはさる事なれど、ことにかたくなる人ぞ、「この枝かの枝散りにけり。今は見所なし」などはいふめる。

（徒然草　第百三十七段　花はさかりに、月はくまなき）

【B】

けんかうほうしがつれぐ草に、花はさかりに、月はくまなきをのみ見る物かはとかいへるは、いかにぞや、いにしへの歌どもに、花はさかりなる、月はくまなきを見たるよりも、花のもとには、風をかこち、月の夜は、雲をいとひ、あるはまちをしむ心づくしをよめるぞ多くて、こゝろ深きも、ことにさる歌におほかるは、みな花はさかりをのどかに見まほしく、月はくまなからむことをおもふ心のせちなるからこそ、さもえあらぬを歎きたるなれ、いづこの歌にかは、花に風をまち、月に雲をねがひたるはあらん、さるをかのほうしがいへるごとくなるは、人の心にさかひたる、後の世のさかしら心の、つくり風情にして、まことのみやびごゝろにはあらず、（後略）

（玉勝間　七七　兼好法師が詞のあげつらひ）

1　【B】の文章の作者と作品が書かれた時代をそれぞれ漢字で答えよ。

2　傍線部a・bを現代語訳せよ。

3　【B】の文章で、【A】の文章の内容と同様の内容を述べている部分はどこか。その部分のはじめと終わりの六字を抜き出せ。

4　【B】の文章の作者はどういうことを「まことのみやびごゝろ」と述べているか。その内容を現代語で簡潔に説明せよ。

（☆☆☆◎◎◎）

【高等学校】

【一】次の文章を読んで、後の問いに答えなさい。

千利休の朝顔をめぐるエピソードは、比較的よく知られた話であろう。利休は珍しい種類の朝顔をaサイバイして評判を呼んでいた。その評判を聞いた秀吉が実際に朝顔を見てみたいと望んだので、利休は秀吉を自分の邸に招く。ところがその当日の朝、利休は庭に咲いていた朝顔の花を全部摘み取らせてしまった。やって来た秀吉は、期待を裏切られて、当然bフキゲンになる。しかしかたわらの茶室に招じ入れられると、その床の間に一輪、見事な朝顔が活けられていた。それを見て秀吉は大いに満足したという。

このエピソードに、美に対する利休の考えがよく示されている。庭一面に咲いた朝顔の花も、むろんそれなりに魅力的な光景であろう。しかし利休は、その美しさを敢えてcギセイにして、床の間のただ一点にすべてをdギョウシュクさせた。一輪の花の美しさを際立たせるためには、それ以外の花の存在は不要である。いやそれどころか邪魔になるとさえ言えるかもしれない。①邪魔なもの、余計なものを切り捨てるところに利休の美は成立する。

だが庭の花を摘み取らせたことの意味は、余計なものの排除という点にだけ尽きるものではない。②花のない庭というのは、それ自体美の世界を構成する重要な役割を持っている。期待に満ちてやって来た秀吉は、一輪の花もない庭を見て失望し、不満を覚えたであろう。茶室に入ったときも、その不満は続いていたはずである。そのような状態で床の間の花と対面したとすれば、何もなしに直接花と向き合ったときと較べて、不満があった分だけ驚きは大きく、印象もそれだけ強烈なものとなったであろう。利休はそこまで計算していたのではなかったろうか。

つまり床の間の花は、庭の花の不在によっていっそう引き立てられる。このような美の世界を仮りにe一幅の絵画に仕立てるとすれば、画面の中央に花を置くだけでは不充分であり、一方に花が、そして他方に何もない空間が広がるという構図になるであろう。③日本の水墨画における余白と呼ばれるものが、まさしくそのような空間である。

この「余白」という言葉は、英語やフランス語には訳しにくい。西洋の油絵では、風景画でも静物画でも、画面は隅々まで塗られるのが本来であり、何も描かれていない部分があるとすれば、それは単に未完成に過ぎないからである。だが例えば長谷川等伯の《松林図》においては、強い筆づかいの濃墨の松や靄のなかに消えて行くような薄墨の松がつくり出す樹木の群のあいだに、何もない空間が置かれることによって画面に神秘的な奥行きが生じ、空間自体にも幽遠な雰囲気が漂う。また、大徳寺の方丈に探幽が描いた《山水図》では、何もない広々とした余白の空間が、あたかも画面の主役であるかのように見る者に迫って来る。

もともと余計なもの、二義的なものを一切排除するというのは、日本の美意識の一つの大きな特色である。京都御所の紫宸殿の庭は、西欧の宮殿庭園に見られるような花壇や彫像や噴水はまったくなく、ただ一面に白い砂礫を敷きつめただけの清浄な空間であり、あらゆる装飾や彩色を拒否した簡素な白木造りの伊勢神宮は、今日に至るまでもとのままのかたちで受け継がれ、生き続けている。伊勢神宮の式年造替(遷宮)が始まったのは紀元七世紀後半のこととされており、建物の原型もほぼその頃に成立したと考えられているが、当時日本にはすでに、大陸からもたらされた仏教が一世紀以上の歴史を経て定着しており、それにともなって「青丹よし奈良の都」と言われる通り、多彩な仏教寺院建築も、奈良をはじめ日本の各地に建てられていた。仏教寺院の場合、建築工法も、柱を礎石の上に置き、屋根は瓦葺きという進んだやり方で、掘立柱、萱葺きの伊勢神宮より、保存性もはるかに高い(それゆえに、伊勢神宮は二十年ごとの建て替えが必要となる)。伊勢神宮でも、周囲にめぐらされた高欄の部分などに仏教建築の影響が認められるから、その造営にあたった工匠たちが大陸渡来の新技術を知らなかったわけではない。だがそれにもかかわらず、④日本人は敢えて古い、簡素な様式を選び取り、しかもそれを千三百年以上にわたって保ち続けた。そこには、余計なものを拒否するという美意識―信仰と深く結びついた美意識―が一貫して流れていると言ってよいであろう。

もちろん、その一方で、仏教美術の隆盛に見られるように、【　A　】なものを求める美意識も、日本人の大きな特色である。絵画の分野においても、水墨画と並んで、金地濃彩の大和絵や華麗な近世風俗画などに見られる装飾性が、日本美術の際立った特質であることは、たびたび指摘されて来た。実際、水墨画の本場である中国から見れば、日本美術はもっぱら華やかな飾りもののように見えたらしい。日本絵画について書かれた最も早い外国の文献である一二世紀初めの『宣和画譜』は、宋の徽宗皇帝のコレクションが所蔵する日本の絵画作品について、「設色甚だ重く、多く金碧を用う」と評している。美術愛好家のこの皇帝の手に渡った日本の作品が実際にどのようなものであったかはわからないが、⑤禁欲的な水墨画とは対照的に、華麗な装飾性に富んだものであったことは確かと言ってよいであろう。

だがその金色燦然たる作品においても、日本の場合、⑥中心のモティーフ以外の余計なものはすべて拒否しようという意識が強く認められる。例えば、代表的な作例として、光琳のよく知られた《燕子花図屏風》がある。西欧の画家なら、水辺に咲き誇る花を描き出そうとするとき、池の面、岸辺、土堤、野原、おそらくは空の雲など、周囲の状況を残らず再現しようとするであろう。現に私は、ある外国人から、このかきつばたの花はいったいどこに咲いているのかと尋ねられたことがある。だが光琳は、利休が庭の花を切り捨てたように、そのような周囲の要素はすべて排除してしまった。そのために用いられたのが、あの華やかな金地である。つまり金地の背景は、同時に不要なものを覆い隠す役割を与えられているのである。

（高階　秀爾「日本人にとって美しさとは何か」）

（1）二重傍線部a～eについて、カタカナは漢字に直し、漢字は読みをひらがなで書きなさい。
（2）傍線部①とはこの場合、具体的に何を指しているのか、本文中より十一字で抜き出し答えなさい。
（3）傍線部②とはどういうことか、本文中の言葉を用いて具体的に説明しなさい。
（4）傍線部③が絵画にもたらすものとして筆者があげているものを二つ、それぞれ十字以内で抜き出し答えなさい。
（5）傍線部④について、「様式」の具体的内容を明らかにして、このようにした理由を本文中の言葉を用いてわかりやすく説明しなさい。
（6）傍線部⑤について、「余白」という水墨画の特徴以外に、この状態を具体的に表現した対となる言葉を本文中よりそれぞれ二文字で抜き出し答えなさい。
（7）傍線部⑥は光琳の《燕子花図屏風》では何に相当するのか、答えなさい。
（8）空欄【　A　】に最もよくあてはまる四字熟語を次より選び記号で答えなさい。

ア　花紅柳緑　　イ　才色兼備　　ウ　壮麗多彩　　エ　幽趣佳境　　オ　威風凜々

（☆☆☆☆◎◎◎）

【二】次の文章は、藤原道長の政変により、藤原伊周(帥殿)・隆家(中納言)の兄弟が左遷の宣旨を受けて、都から追い出される場面である。文章を読んで、後の問いに答えなさい。

「むげに夜に入りぬれば、今宵はよくまぼりて、明日の卯の時に」とある宣旨あれば、夜一夜いも寝で立ちあかしたり。(注1)宮の御前、(注2)母北の方、帥殿《そちどの》、一つに手をとり交して惑はせたまふ。はかなくて夜も明けぬれば、今日こそはかぎりと、誰々も思すに、たちのかんとも思さず、御声も惜しませたまはず。「いかにいかに、時なりぬ」とせめののしるに、宮の御前、母北の方、つととらへて、さらにゆるしたてまつらせたまはず。かかるよしを奏せさすれば、「几帳ごしに宮の御前を引きはなちたてまつれ」と、宣旨頻れど、検非違使どもも人なれば、おはします屋にはえもいはぬ者ども上りたちて、塗籠をわりののしるだにいみじきを、またいかでか宮の御前の御手を引きはなつことはあらむと、いと恐ろしく思ひまはして、「身のいたづらにまかりなりて後は、いと便なかるべし。疾く疾く」とせめ申せば、ずちなくて出でさせたまふに、(注3)松君いみじう慕ひきこえたまへば、かしこくかまへて率てかくしたてまつりて、御車に柑子、橘、(注4)かきほをゐる御御器《ごき》一つばかり御餌袋《あぶくろ》に入れて、中納言は筵張《むしろばり》の車に乗りたまふ。宮のおはしますをいとかたじけなく思せど、宮の御前、母北の方も続きたちたまへれば、近う御車寄せて乗らせたまふに、母北の方やがて御腰を抱きて続きて乗らせたまへば、「母北の方、帥の袖をつととらへて乗らむとはべる」と奏せさすれば、「いと便なきことなり。引きはなちて」とあれど、離れたまふべきかた見えず。ただ山崎まで行かむ行かむと、ただ乗りに乗りたまへば、いかがはせん、ずちなくて御車引き出しつ。長徳二年四月二十四日なりけり。

帥殿は筑紫の方なれば、未申の方におはします。中納言は出雲の方なれば、丹波の方の道よりとて、戌亥ざまにおはする、御車ども引き出づるままに、宮は御鋏《はさみ》して御手づから尼にならせたまひぬ。内には、「この人々まかりぬ。宮は尼にならせたまひぬ」と奏すれば、あはれ、宮はただにもおはしまさざらむに、ものをかく思はせたてまつることと、思しつづけて、涙こぼれさせたまへば、忍びさせたまふ。昔の(注5)長恨歌の物語もかやうなることにやと、悲しう思しめさるることかぎりなし。この殿ばらのおはするを世の人々の見るさま、少々の物見には勝りたり。見る人涙を流したり。あはれに悲しきことは、よろしきことなりけり。

中納言殿は京出ではてたまひて、丹波境にて御馬に乗らせたまひぬ。御車は返し遣はす。年ごろ使はせたまひける牛飼童に、「この牛はわが形見に見よ」とて賜へば、童伏しまろびて泣くさま、ことわりにいみじ。御車は都に来、わが御身は知らぬ山路に入らせたまふほどぞいみじき。大江山といふ所にて、中納言、宮に御文書かせたまふ。「ここまでは平らかに参で来着きてはべり。かひなき身なりとも①今一度参りて御覧ぜられでや止みはべりなんと思ひたまふるになむ、いみじう苦しうはべる。御有様のゆかしき」など、あはれに書きつづけたまひて、

「②憂きことを大江の山と知りながらいとど深くも入るわが身かな

となむ思ひ（オ）たまへられはべる」など書きたまへり。宮には、あはれに悲しうよろづを思しまどはせたまひて、ものもおぼえさせたまはず。③ただならぬ御有様に、かくさへならせたまひぬることと、かへすがへす内にも（注6）女院にもいみじう聞しめしおぼす。

（「栄花物語」）

（注）1　宮の御前＝中宮定子。　2　母北の方＝貴子。
3　松君＝道雅。（伊周の子。）　4　かきほをゐる＝意味不詳。
5　長恨歌＝白楽天作の長詩。　6　女院＝詮子。

（1）波線部a～cの読みを、現代仮名遣いで答えなさい。
（2）二重傍線部ア・イの敬語は、それぞれ作者から誰に対する敬意を表したものか、本文中の語句で答えなさい。また二重傍線部オの敬語「たまへ」について、敬語の種類を漢字で答えなさい。
（3）二重傍線部ウ・エについて、【例】にならってそれぞれの意味と活用形を答えなさい。

【例】

「もとの水にあらず。」	
意味	打消
活用形	終止形

（4）傍線部A～Cの語句の本文中の意味を答えなさい。

（5）傍線部①を現代語に訳しなさい。

（6）傍線部②の和歌に込められた心情の説明として、最も適当なものを次から選び記号で答えなさい。

ア　中納言の配所へ向かわざるを得ない我が身のふがいなさと中宮を慕う切々たる思い。

イ　中納言の大江山に深く分け入って命の保証もない不安感と母である北の方を案ずる思い。

ウ　帥殿の母や中宮を守ることができず、宣旨にしたがって大江山まで来てしまった絶望感。

エ　帥殿のつらく情けないことを想起させられる大江山と知りながらも、いよいよ深く分け入って行かざるを得ない状況に対する後悔の念。

（7）傍線部③は、誰のどのような様子のことか、本文に即して具体的に説明しなさい。

（☆☆☆☆◎◎◎）

【三】次の漢文を読んで、後の問いに答えなさい。（設問の都合で訓点を省略した箇所がある。）

(注1)周《しう》処《しよ》、年A少時、(注2)兇《きよう》強《きやう》(注3)侠《けふ》気《き》為郷里所患《うれ》。又(注4)義興水中有(注5)蛟《みづち》、山中有(注6)邅《てん》跡《せき》虎。並皆暴犯百姓。義興人謂為①三横、B而②処尤劇。

或説処殺虎斬蛟。実《まこと》冀三横唯余《のこ》其一。処 Ⅰ 刺殺虎、又入水撃蛟。蛟或浮或没、行数十里、処C与之倶、経三日三夜。郷里皆謂《おも》已死、

(注7)更《こもごも》相慶《よろこ》。竟殺蛟而出、聞里人相慶、始知為人情所患、有③自改意。

Ⅱ 入(注8)呉尋(注9)二陸。(注10)平《へい》原《げん》不在、正D見(注11)清《せい》河《か》、具《つぶさ》以情告、并《なら》云、「欲自修改、而年已(注12)蹉《さ》跎《た》、④終無所成。」清河曰、「古人貴朝聞夕死、況君前途尚可。且人患志之不立、亦⑤何憂(注13)令名不彰邪。」処遂自改励、終為忠臣孝子。

（「世説新語」）

（注）1 周処＝西晋の政治家。字は子隠。　2 兇強＝強暴。
3 侠気＝自分の力を頼みにして、勝手なふるまいをする。
4 義興＝地名。現在の江蘇省宜興市。
5 蛟＝水中にすみ、四つの足を持つとされる動物。洪水を引き起こすとされる。
6 邅跡虎＝あちこちをうろつきまわる虎。
7 更＝たがいに。　8 呉＝地名。現在の江蘇省蘇州市。
9 二陸＝西晋の文人、陸機と陸雲の兄弟。　10 平原＝陸機のこと。
11 清河＝陸雲のこと。　12 蹉跎＝時機を逸する。
13 令名＝よい評判。

（1）二重傍線部Ａ～Ｄの本文中での読みを現代仮名遣いで答えなさい。
（2）①について、「三横」とは具体的に何か。本文中の漢字一字で、それぞれ答えなさい。
（3）空欄 Ⅰ ・ Ⅱ には、「すなはち」と訓読する助字が入る。それぞれどの助字を入れるのが適当か。記号で答えなさい。
　ア　乃　　イ　即　　ウ　則
（4）傍線部②・④を口語訳しなさい。
（5）傍線部③について、周処になぜこのような気持ちが生まれたのか。簡潔に答えなさい。
（6）傍線部⑤は、「なんぞれいめいのあらはれざるをうれへんや」と訓読する。これを参考にして、白文に返り点を付けなさい。（送り仮名は不要。）さらに口語訳しなさい。

何憂令名不彰邪

（7）陸雲は周処にどのような助言をしたのか。二点に分けてわかりやすく説明しなさい。

（☆☆☆☆◎◎◎）

解答・解説

【中学校】

【一】①　はなは　②　かんすい　③　けいだい　④　せんぷう　⑤　たいよ　⑥　賜　⑦　陳列　⑧　契約　⑨　格闘　⑩　渓谷

〈解説〉漢字の読みでは、音では呉音・漢音・唐音があり、訓読みがある。二字熟語では音＋音が多いが、訓＋訓、湯桶読み、重箱読みもある。また、書き取りでは、同音(訓)異義語や類似の字形に注意して楷書で書くこと。

【二】1　①　正確に　②　伝え合う力　③　思考力　④　言語感覚　2　①　場面　②　違い　③　話し合う　④　構成　⑤　表現の仕方　⑥　効果的

〈解説〉1　中学校の国語の目標は、小学校、高校と系統的な教育目標で、「ともに、」を境に、二つの内容で構成されている。　2　学年目標は、各領域に対応して三項目が示されている。第二学年の(1)は「A　話すこと・聞くこと」に関する目標、(2)は「B　書くこと」に関する目標、(3)は「C　読むこと」に関する目標である。(1)の「目的や場面に応じる」ことは、第一学年と同じである。

【三】1　現実　2　話をすることでお互いにとって新しい意味がその場で生まれるという関係(三十三字)　3　今ここでこのメンバーで対話をしているからこそ生まれた意味があるということ(三十六字)　4　具体的なアイディアを出すこと　5　クリエイティブ　6　f　事柄　g　文脈

〈解説〉1　「理想」の対義語は、「現実」である。　2　「クリエイティブ」の「クリエイティブ」は「創造的」という意味である。第二段落冒頭の一文で筆者の考える「クリエイティブな関係」を述べている。　3　傍線部cの後で筆者は「クリエイティブな対話」について「大切なのは、今ここでこのメンバーで対話をしているからこそ生まれた意味がある、ということだ」と述べている。　4　dの比喩する「それが」の指示する内容は、その前の文「具体的なアイディアを出すこと」である。　5　空欄補充は、その前後の語句や文と整合する必要がある。eの前の「それもまた」の「それ」は、「相手の言葉で久しぶりに思い出した事柄」を指す。これについて、第二段落に「聞き手が発した言葉によって自分が刺激され、新しい意味を見つけ出すことがある」と同様のことを述べている部分がある。そして、「それがクリエイティブな対話の関係だ」と筆者は述べている。　6　相手との対話で思い出した事柄は、現在の話の文脈に関係のない事柄である。それが文脈に関係づけられて新たな文脈の展開になる。いわゆるクリエイティブな対話になるというのである。

【四】1　副詞　2　大陸から伝わった高価な茶道具ではなく、身近にあるものを用いることで、作為なく古みを帯びてゆくもの(四十八字)　3　c　あることをして、同時にまたはそれに続いて別のことを知る状態を表す　d　引用を表す(言ったり考えたり感じたりしたことを表す)　4　一期一会　5　ほとんど人の入っていない奥深く静かな大自然　6　古みを帯びて味わい深い器を用いながら、絶妙のバランスの美しさをもって非日常的な空間を表出すること(四十八字)

〈解説〉1　「しげしげと」は、「眺めて」を修飾する副詞。　2　「こういうものだ」の「こういうもの」は、「利休の考えていた茶道具」である。これは、大陸からの高価な器ではなく、ひびだらけのティーカップやポットのことを言っている。作為なく古みを帯びてゆく味わい深いもので、一番使いやすい器のことである。3　cの「と」は、接続助詞で、同時に(または直後に)起こる物事の時間的関連を示す。dの「と」は発話・認識などを表す動詞を伴い、内容を引用し、それを示す格助詞。　4　茶道の心構えとして、一生に一度だけの機会として、それに心を傾注することを「一期一会」という。　5　「深山幽谷」の「深山」は、「人里離れた山の奥」の意。「幽谷」は、「奥深い谷」の意。　6　「真意」は、「物事の真実の意味」のこと。「その真意」の「その」は、「深山幽谷の趣きを伝えることを旨とした茶の空間のコンセプト(全体をつらぬく根本の考え)をさす。味わい深い日常の茶器(カップやポット)を用いて、砂漠という大自然の非日常の空間での茶会は、絶妙なバランス(調和)の美しさを表出している、というのである。以上の内容を五十字以内にまとめる。

【五】1　作者…本居宣長　時代…江戸時代　2　a　どんなものだろうか。　b　本当の風流心ではない。　3　いにしへの歌～おほかるは、　4　人は、満開の桜をのんびり観賞したり、月にかげりがないことを願ったりする心が切実だからこそ、そのようにありえないことを嘆くこと

〈解説〉2　a　「いかにぞや」は、形容動詞「いかなり」の連用形「いかに」に強意の係助詞「ぞ」がつき、さらに疑問の係助詞「や」のついた形で、「どうしてだろう。なぜか。」と訳す。b　「まことのみやびご丶ろ」の

「みやびごゝろ」とは、「風雅(風流)な心」の意。「あらず」は、「〜ではない」の打消の意。　3　「徒然草」の文章は、花は満開のとき、月は雲一つない夜に観賞するのが必ずしもよいとは限らないことを述べている。「玉勝間」で同様の内容を述べている部分は、「いにしへの歌どもに〜ことにさる歌におほかるは、」である。　4　宣長は、文中で「みな花はさかりをのどかに見まほしく、月はくまなからむことをおもふ心のせちなるからこそ」と述べ、人々が満開の桜の「花見」をしたく、また雲一つない「月見」を望む心が切であるからこそ、と花見や月見への人々の切実な気持を踏まえ、「さもえあらぬを歎きたるなれ」(それがそのようにかなわないことを歎いたのである)と述べている。兼好法師の考えに対し、宣長は、花はさかりに月はくまなきを見ようとするのが、まことのみやび心だと述べているのである。

【高等学校】

【一】(1)　a　栽培　b　不機嫌　c　犠牲　d　凝縮　e　いっぷく　(2)　庭一面に咲いた朝顔の花(「庭に咲いていた朝顔の花」も可)　(3)　花のない庭を見た失望や不満が、床の間の一輪の花を見た驚きを大きく、その印象を強烈なものとし、花の美しさを際立たせるということ。　(4)　・神秘的な奥行き(七字)　・幽遠な雰囲気(六字)　(5)　日本人が伊勢神宮の建築にあたり、あらゆる装飾や彩色を拒否した簡素な白木造り選び、保ち続けた理由は、日本人の中に、信仰と深く結びついた、余計なものを拒否するという美意識が一貫して流れているから。　(6)　濃墨、薄墨　(7)　かきつばたの花　(8)　ウ

〈解説〉(1)　書きでは、同音異義語に注意する。読みは、呉音・漢音・唐音による音読みがある。訓読みにも注意して正しく読むこと。　(2)　「邪魔なもの、余計なもの」の直後に「切り捨てるところ」に利休の美があると述べている。また、前の部分で「一輪の花の美しさを際立たせるためには、それ以外の花の存在は不要であ

る」と述べており、この二点から、「邪魔で余計なもの」とは、「庭一面に咲いた朝顔の花」である。
（3）秀吉の場合、利休の庭の朝顔の観賞を楽しみに来て、一輪の朝顔もないのに失望と不満を抱いたが、茶室の床の間の一輪の朝顔に驚きと満足を得ている。つまり、「花のない庭」(庭の花の不在)によって、その後に見た一輪の花に強烈な感動を受け、また庭に花がないことで、一輪の花の美しさが際立ったのである。
（4）「水墨画における余白」のもたらすものについて、傍線部③の後の第五段落で「何もない空間が置かれることによって画面に神秘的な奥行きが生じ、空間自体にも幽遠な雰囲気が漂う」と述べている。（5）「簡素な様式」とは、伊勢神宮の掘立柱、萱葺きの建築様式である。それはあらゆる装飾や彩色を拒否した簡素な白木造りのことである。余計なものを拒否し、そういった簡素な様式を選び保ち続けたのは、日本人に信仰と深く結びついた美意識が一貫して流れているからだと述べている。（6）水墨画の余白について、第五段落で、長谷川等伯の例を挙げ「強い筆づかいの濃墨の松や靄のなかに消えて行くような薄墨の松がつくり出す樹木の群のあいだに、何もない空間が置かれることによって～幽遠な雰囲気が漂う。」と述べている。（7）「中心のモティーフ」の「モティーフ」とは、「芸術的創作活動の動機となるもの」をいう。文中での「ある外国人から、このかきつばたの花はいったいどこに咲いているのかと尋ねられたことがある」に示された「かきつばた」が光琳のモティーフである。（8）空欄補充は、空欄前後の語句や文と整合することが必要である。Aの前の「仏教美術の隆盛」、Aの後の「水墨画と並んで、金地濃彩の大和絵や華麗な近世風俗画などに見られる装飾性」から、アとウが残るが、華麗な装飾で描写するウが適切である。

【二】（1）a　きちょう　b　しき(れ)　c　ぬりごめ　（2）ア　内　イ　帥殿　オ　謙譲(語)
（3）ウ　意味…意志　活用形…終止形　エ　意味…使役　活用形…已然形　（4）A　決して(まっ

たく。少しも。全然。）　B　そのまま(同時に。すぐに。)　C　西南の方向(西南に向かって)　(5)　今一度参上してお目にかからせていただくことなく終わってしまう(死んでしまう)ことがあろう。　(6)　ア　(7)　宮の御前(中宮)が懐妊して身重の御身でいらっしゃるうえに、自らの手で剃髪して尼になられたこと。

〈解説〉(1)　a　「几帳」は「平安時代、室内に立てて隔てとした道具。」　b　「頻」は「頻る」(しきる)の語幹。　c　「塗籠」は周囲を壁で塗りこめ、明り窓をつけ、裏戸から出入りする部屋。　(2)　ア　「奏す」(サ行変格活用)は、天皇または院に申しあげる意の尊敬語で、内(一条天皇)への敬意。　イ　「きこゆ」(補助動詞ヤ行下二段活用)の連用形で「慕ひ」の謙遜の補助動詞。　オ　謙譲の補助動詞「たまふ」(ハ行下二段活用)の未然形。　(3)　ウ　「む」は、意志の助動詞「む」の終止形。　エ　「さすれ」は、使役の助動詞「さす」の已然形。　(4)　A　「さらに」は、下に打消の語がきて「決して。まったく。」の意の副詞。　B　「やがて」は、「そのまま。とりもなおさず。」の意の副詞。　C　「未申(ひつじさる)の方」の「未」は「南々西」、「申」は「西南西」で、「未申」は未と申の間で「南西」の方角。　(5)　「今一度参りて」は、「今一度宮廷に参上して」、「御覧ぜられで」の「御覧ぜ」は、見るの尊敬語「御覧ず」(サ行変格活用)の未然形に可能の助動詞「らる」の未然形＋接続助詞「で」が付いた形、「お目にかからせていただくこともできないで」の意。「や止みはべりなん」の「や」は、疑問の係助詞。推量の助動詞「む」の撥音「ん」と呼応して係り結びになっている。ここは「終ってしまうことがあるのではないか」などと文末は疑問の形で訳すのがよいであろう。　(6)　この和歌は、「つらく情ないことを思わせられる大江山と知りながらも、いよいよ深く分け入っていくこの身であることよ」と解釈する。「大江」に「おぼえ」を掛けてある(掛詞)。中納言の流罪による我が身のふがいなさと実妹(中宮定子)を思う切々たる心情である。　(7)　「ただならぬ御有様に」とは、中宮定子が懐妊していることをいう。「ただならず」は、「懐妊の様子である」の意。「かくさへならせたまひぬる」の「かくさへ」は、「その上尼になること」を指す。「身重の御身でいらっしゃるうえに、こうして尼にまでおなりになったとは」と解釈する。

【三】（1）A　わか(き)　B　しか、しこう(して)　C　と　D　まみ(え)　（2）蛟・虎・処
（3）Ⅰ　イ　Ⅱ　ア　（4）②　処(の害)が最もひどかった。　④　結局は、何もできないだろうと思います。　（5）人々が、自分を蛟や虎と同様に嫌っていたことがわかったから。
（6）何憂㆓令名不㆒㆑彰邪　口語訳…どうして名声が世に現れないことを嘆く必要がありましょうか、いやありません。　（7）・周処は生きており、まだやり直しが可能であること。　・他人がどう見るかではなく、自分自身の志を立てることが大切であること。

〈解説〉（1）A　「少」は「若」と同義。　B　「而」は順接の意を表す接続詞。　C　「与」は並列の助字。　D　「見」は「お目にかかり」の意。　（2）「三横」とは、「蛟」「虎」「処」をさす。　（3）アの「乃」は「しかるのち。そこで。」の意。イの「即」は「すぐさま」の意。ウの「則」は、「であると。すると。」の意。
（4）②　「処尤劇」(処尤もはげし)の「尤」は「最」と同義。「劇」は「激」と同義。「周処の横暴が最もはげしかった」と訳す。　④　「終無所成」(ついに成す所無からん)の「終」は、「結局は。行きつくところは」の意。「成す所なからん(む)」は、「何もできないでしょう」の意。　（5　「自改意」(自ら改むるの意)は、自己改善の決意をいう。周処が村人の説得で虎や蛟を殺すために三日三夜消息を絶ったことで、村人が大喜びをしていることを知り、自分を厄介視していることを悟っての改心である。　（6）書き下し文に従い、返読文字「不」や述語(憂)＋「令名不彰」の文の構造を踏まえて、送り仮名と返り点を付ける。　（7）「古人貴朝聞夕死、況君前途尚可」は、古人が人道に生きた姿を教え周処の前途が洋々であることを示し励ましている。「且人患志之不立、亦何憂令名不彰邪」は、人々は、志が立たないことで悩んでいることを示し、よい評判よりも自分自身の志を立てることの大切さを助言している。

二〇一八年度　実施問題

【中学校】

【一】次の①〜⑩の傍線部の漢字には読みがなを、カタカナには漢字を書け。

① 材料を吟味する　② 機嫌を損なう　③ 言葉を遮る　④ 日本文学の精髄
⑤ 人格を陶冶する　⑥ 返事をウナガす　⑦ カンペキな守備　⑧ ライヒンの挨拶
⑨ ヒヨクな土地　⑩ 士気をコブする

（☆☆☆◎◎◎）

【二】中学校学習指導要領(平成二十年三月告示)について次の問いに答えよ。

1 「第二章　各教科　第一節　国語　第一　目標」について、①〜④の空欄に当てはまる言葉を書け。

（　①　）を適切に表現し正確に理解する能力を（　②　）し、伝え合う力を高めるとともに、思考力や想像力を養い（　③　）を豊かにし、国語に対する（　④　）を深め国語を尊重する態度を育てる。

2 「第二章　各教科　第一節　国語　第二　各学年の目標及び内容」の〔第1学年〕の目標について①〜⑥の空欄に当てはまる言葉を書け。

(1) 目的や（　①　）に応じ、日常生活にかかわることなどについて構成を工夫して話す能力、話し手の意図を考えながら聞く能力、（　②　）や（　③　）をとらえて話し合う能力を身に付けさせるとともに、話したり聞いたりして考えをまとめようとする態度を育てる。

（2）目的や意図に応じ、日常生活にかかわることなどについて、構成を考えて的確に書く能力を身に付けさせるとともに、（　④　）文章を書いて考えをまとめようとする態度を育てる。

（3）目的や意図に応じ、様々な本や文章などを読み、内容や（　⑤　）を的確にとらえる能力を身に付けさせるとともに、（　⑥　）を通してものの見方や考え方を広げようとする態度を育てる。

（☆☆◎◎◎）

【三】次の文章を読んで、後の問いに答えよ。

※句読点や記号も一字と数えること。

a問題が理解できれば解決できたと同じことだ、とよくいわれる。突然の災害や事件が起こると、解決すべき問題がどこにあるのか、知識や経験のない人はすぐにはわからない。災害の知識があっても、それが机上で暗記しただけの知識では、いざというときに役に立たない。知識は経験に裏打ちされて初めて使えるものになるし、そうなって初めて知識といえると考えてもよい。

その一方で、経験さえあれば世の中に通用するわけでもない。個別の経験をいくら積んでも、b経験とかけ離れた状況が突然現れたときには、しっかりした知識がなければ対応できない。的確に問題を解決するには、危機が起こってからではなく、ふだんから常に（　c　）を怠らないことが大切である。

こう考えると、問題を理解し、解決できるかどうかは、問題に関与する当事者がいかに「自分のこととして」問題をとらえているかにかかっている。突発的な災害や経営問題への迅速な対応は、当事者が問題の意味を常に問うているかどうかがカギになる。

自分にとっての問題の意味とは、自分の関心や希望と、具体的な目標やその達成を阻む制約との間の関係のことである。卒業試験に合格すれば新しい人生が待っているという学生の場合、達成すべき（　d　）は卒業試験に合格すること、（　e　）になっているのは試験の難しさであり、（　f　）とは人生が開けるということである。また、お母さんと離ればなれになった赤ちゃんの場合、達成すべき（　d　）はお母さんを見つけること、（　e　）は別離であり、（　f　）とは安心できる環境を取り戻すことである。

また、問題を解くには、まず問題を発見し、理解しなければならない。混沌とした情報のなかから、自分にとって意味のある目標、それを達成するための手段、目標の達成を妨げるいろいろな制約条件を見つけ出すことが、まず大切になる。むしろ、問題がわかれば解けたと同じことだといわれるように、意味のある問題を発見したり理解したりすることのほうが問題を解くより大事になることも多い。

g問題の発見や理解、問題の解決、これらはどれも思考のはたらきによるものである。ところが、こうした思考のはたらきは、複雑であるにもかかわらず、誰でも身につけていくことができる。問題解決のための思考のはたらきは、お母さんと離ればなれになってしまうという問題の意味を把握する生後一ヵ月ぐらいから始まり、生涯にわたって発達していく。問題の意味を発見し、理解し、解決していく思考のはたらきは、誰にでも、またどんな現実の場面にも登場する基本的な心の機能の一つである。


（安西　祐一郎『心と脳—認知科学入門』による。）

1　傍線部aとあるが、それはなぜか。文章中の言葉を使って、百二十字以内で説明せよ。
2　傍線部b「経験とかけ離れた状況」とは、ここではどのようなことを指しているか。文章中から五字で抜き出して書け。

3 （ c ）に当てはまる言葉を五字で書け。

4 （ d ）〜（ f ）に当てはまる言葉を、それぞれ文章中から抜き出して書け。

5 傍線部 g とあるが、ここで述べられている「思考のはたらき」とはどのようなものか。文章中の言葉を使って、五十字以内で説明せよ。

（☆☆☆◎◎◎）

【四】次の文章を読んで、後の問いに答えよ。

※句読点や記号も一字と数えること。

a大雪山の尾根で枝をひろげる一本のダケカンバの前で足をとめた。それは厳しい自然条件のもとで生きてきた、力強い表情をみせる山の木だった。

ダケカンバやシラカバは偉い木だ。森の樹々が風で倒れたり、切り倒されたりして山が裸になると、北海道ではまっ先にはえてきて、そこにカバ類の木が茂る森をつくる。そして大地が森で包まれると、その間からトドマツやエゾマツなどの木が芽生え、カバ類の木は次第に姿を消していく。

自然はいつでも与えられた条件を受け入れながら、その条件のもとで精いっぱいの自然であろうとする。それは自然のたくましさでもあり、やさしさでもある。だから、荒地からも、ときにアスファルトの割れ目からも、自然は芽生えてくる。深い森のなかでも、畑の畦道でも、河原の草地でも、自然はその条件を受け入れ、自然はできるかぎりの自然であろうとするのである。人間たちは自然の条件をどんどん悪くしていったのに、自然は人間の文明を批判することもなくその場で生きながら、長い時間をかけながら、bゆっくり深い自然の世界に戻っていこうとするのであろう。

自然と人間の共生、私たちは近年になってしばしばこの言葉を口にするようになった。だが自然と人間の共生とは何だろうか。この問題を考えるとき、生存の条件を変えながら生きていく人間と、その条件を受け入れながら少しずつ過去の状態に戻っていこうとする自然との、根本的な生存原理の違いを私は感じてしまう。そして^{c}この自然と人間の違いの奥には、^{d}自然がつくりだしている時間世界と、人間の時間世界の相違があるように思うのである。

自然は特有の時間世界をもっている。ゆっくりと流れゆく時間や、時間スケールの大きさもその特徴のひとつだろう。少しずつしか変わることのない森の時間はゆったりと流れ、ときにその森のなかには、数千年を生きる古木が息づいている。それとくらべれば、人間の時間世界はあわただしくその短い時間を変わっていく。だがそれだけが自然の時間の特徴だとは思わない。なぜなら、自然は円を描くように繰り返される時間世界のなかで生きているのに対して、現代の人間たちは、直線的に伸びていく時間世界のなかで暮らしているような気がするからである。

森のなかでは季節は毎年繰り返されている。草花の花が咲き森の樹々が芽吹く春、濃緑の葉につつまれる夏、紅葉の秋、そして落葉の冬。季節は毎年同じように循環してきて、その季節のなかで森は、春の営み、夏の営み、そして秋の、冬の営みを繰り返す。毎年変わらない春を迎えることは、森の正常な姿である。こんな森の様子をみていると、私には自然は循環する時間世界のなかで生きているように思えてくる。一年を単位とする時間循環があり、さらに幼木が老木となって倒れていく、大きな時間循環の世界がある。

そしてこの循環する時間世界のなかで暮らすものたちは、変化を求めてはいないのである。太古の自然と同じように、今日の自然も生きようとしている。

だが現代の人間たちはそんな時間世界のなかでは生きていない。私たちはけっして循環することもなく、変わりつづける直線的な時間のなかで生きているのである。過去は過ぎ去り、時間とともに私たちはすべてのものを変化させてしまう。自然が去年と同じ春の営みをはじめるのに対して、人間たちは昨年から一年を経た新しい春を迎えるのである。

ある意味では、人間はこの直線的な時間世界を確立することによって、循環する時間世界のなかで生存している自然から自立した動物になった。自然のように、精いっぱい春を生き、秋を生きていくことを、生命の証とすることはできなくなった。

こうして、人間の営みは自然の営みを阻害するようになったのではなかろうか。なぜなら人間たちは生存していくために変化を求めつづけるけれども、自然は生存条件の変化を求めてはいないからである。とすると自然と人間が（　e　）には、循環的な時間世界のなかで、変化を望まずに生きている自然の時空をこわさないでおくことのできる社会を、私たちがつくりだすしかないのである。

（内山　節『森にかよう道　知床から屋久島まで』による。）

1　傍線部aはいくつの文節でできているか。文節数を数字で書け。
2　傍線部bと同じ品詞の語句を、同じ文の中から抜き出して書け。
3　傍線部cとはどのような違いか。文章中から七十字以内で抜き出して書け。
4　傍線部dとはどのような相違か。文章中の言葉を使って八十字以内で説明せよ。
5　（　e　）に当てはまる言葉を四字で書け。

（☆☆◎◎◎）

【五】次の文章(大鏡)を読んで、後の問いに答えよ。

ひととせ、入道殿の大堰河《おほゐがは》に逍遥《せうえう》せさせたまひしに、作文《さくもん》の船《ふね》・管絃《くわんげん》の船・和歌の船と分《わ》かたせたまひて、その道にたへたる人々を乗せさせたまひしに、この大納言殿のまゐりたまへるを、入道殿、「かの大納言、いづれの船にか乗らるべき」とのたまはすれば、「和歌の船に乗りはべらむ」とのたまひて、よみたまへるぞかし、

小倉山《をぐらやま》嵐の風の寒ければもみぢの錦《にしき》きぬ人ぞなき

申しうけたまへるかひありてあそばしたりな。御みづからものたまふなるは、「作文《さくもん》のにぞ乗るべかりける。さてかばかりの詩をつくりたらましかば、名のあがらむこともまさりなまし。口惜《くちを》しかりけるわざかな。さても、殿《との》の、『いづれにかと思ふ』とのたまはせしになむ、我ながら心おごりせられし」とのたまふなる。一事のすぐるるだにあるに、かくいづれの道もぬけ出でたまひけむは、いにしへもはべらぬことなり。

1　傍線部a「作文」とは、ここでは何を表しているか。漢字二字で書け。
2　傍線部b「その道にたへたる人々」とはどういう意味か。現代語に直して書け。
3　傍線部c「和歌の船に乗りはべらむ」は誰が述べた言葉か。文章中から抜き出して書け。
4　傍線部d「口惜しかりけるわざかな」と考えたのはなぜか。現代語で説明せよ。
5　傍線部e「一事のすぐるるだにあるに」とはどういう意味か。現代語に直して書け。

(☆☆◎◎◎)

【高等学校】

【一】次の文章を読んで、後の問いに答えなさい。

此頃になって、ここ信州の山も、やっと夏らしい表情を取り戻したようにみえる。普段なら、避暑地とはいえ、日中はかなりの暑さだが、今年は、七月半ばに、まるで冬のような冷たい氷雨が降り、気温も十三、四度程にしか上がらないような日が、幾日か、あった。気象観測ａエイセイが天候の様子を仔細に分析して、予報はかなり正確になったとはいいながら、だがそれも余り当てにはならなかった。

科学は物質やエネルギーを究め、新しい情報科学の①エポックを迎えたにもかかわらず、人間にとっての未知は、まだ量りしれないほどに大きい。人間の手が及ばぬもの、人間が制御しえないものがまだ多く残されてあることに、だが、ほっとした思いもする。

風が起こり、霧がはれて、山がｂ忽然と青黒い姿を顕すと、はたしてそれはこれまでもずっとそこに在ったのだろうかと、新たな驚きにとらえられる。そんな時に、私は、自分のなかで、音楽へ向かって、なにかが動きはじめるのを覚える。こうした感興は、かならずしもなにかの対立が生みだす劇的情動といったものではないだろう。自然界には、目に立つ激しい変化もあれば、目には見えないが変化し続ける様態というものがある。私は、その中で、どちらかといえば、目に見えないものに目を開き、それを聴こうとする人間かもしれない。

人間の認識というものは、一様ではなく、多次元に亘っている。したがって私が感じとったものが、それが直ちに、同様に、他人のものとはなりえないだろうと思っている。だが、私は、ひとりではない。私は生きているが、また同時に、②生かされてもいるのだ。何に、また誰によって？

私の音楽は、たぶん、その未知へ向けて発する信号《シグナル》のようなものだ。そして、さらに、私は想像もし、信じるのだが、私の信号が他の信号と出合いそれによって起きる物理的変調が、二つのものをそれ本来とは異なる新しい響き(調和《ハーモニー》)に変えるであろうことを。そしてそれはまた休むことなく動き続け、変化し続けるものであることを。したがって私の音楽は楽譜の上に完結するものではない。むしろ③それを拒む意志だ。

　だがこれは西洋の芸術志向とはかなり違ったものであるように思う。西洋音楽に深い憧憬をもって接し、それを究めようと作曲を生業としてきた者としては、随分大きな矛盾を抱えてしまったことになる。だがいまやそれは、安直に溶解できるようなものではない。果てしなく大きく膨れ続けている。

　もしかしたら日本の(東洋の)作曲家は、誰しも、そうした矛盾を内面に抱えているのではないだろうかと考えるのだが、それしも断定はできない。私は日本を代表する作曲家でもなければ「日本」の作曲家でもない。日本に生まれ、育ち、この土地の文化の影響を多くc蒙っていることを充分に自覚しながら、そして、それが不可能であることを知りつつも、④そうした枠から自由でありたいと思っている。

「日本」の(西洋音楽)作曲家という特殊性で見られることが最近は随分少なくなってきたが、それでも国外では、未だに、そうした居心地悪い思いをすることがある。人間の理解の幅は、こんな時代になっても一向に拡がらず、深まっていないように感じられるが、変化のdキザしが無いわけではない。情報科学の進化は、量的なものから質的なものへ向かって変化しているのは疑いようもない事実だし、異なる文化はグローバルな文化へ早急に統合《ユニファイ》されそうな気配すらみせはじめている。だがそれは、これもまた矛盾するようだが、かならずしもそう簡単に実現されるべきものではないだろう。安易な統合が生みだすものは一体どんなものだろう？　起こりえないだろうことと解りながらも、単純にならされた均質の文化など、考えるだに恐ろしい。

　私たち日本の(西洋音楽)作曲家が、自分のものとは異なる伝統文化に育った西洋近代音楽を学び実践していることの(西洋人とは異なる)有利は、⑤他者の眼で私たちが生まれ育った地域の文化を、その内から、見ることが出来るということではないだろうか。その文化は、国家というような制度や観念とは無縁で、自由な(地球上の)一地域の、確固として生き、また変化し続けるものとして把握されなければならないはずのものだが――。そして、ほんとうの(国際間での)相互理解は、⑥そこからしか始まらないのではないだろうか。

それにしても「人間」がそれぞれに自立した自由な人間になるためには、⑦殆ど無限の時間が必要だろう。矛盾を抱え、打ちひしがれそうになりながら、なお私が音楽を止めないでいるのは、その無限の時間を拓く園(注)丁のひとりでありたいという希望を捨てきれずにいるからだ。

山に動じ、とりとめない感慨に耽っていると、たちまちに時間は過ぎ、山は再び雲に蔽われて、視界から消えた。

(武満　徹「未知へ向けての信号《シグナル》」)

(注)　園丁＝公園や庭園の手入れをするのを職業とする人。

(1) 二重傍線部a～dについて、カタカナは漢字に直し、漢字は読みをひらがなで書きなさい。
(2) 傍線部①の語の意味を、漢字二字で答えなさい。
(3) 傍線部②とは具体的にどのようなことか。本文中から二十字程度で抜き出しなさい。
(4) 傍線部③のように筆者が考えるのはなぜか。わかりやすく説明しなさい。
(5) 傍線部④とはどのようなことか。わかりやすく説明しなさい。
(6) 傍線部⑤について、わかりやすく説明しなさい。
(7) 傍線部⑥が指す内容を述べた次の文章について、(　　)にあてはまる部分を六十字以内で抜き出し、最初と最後の五文字で答えなさい。

・自国の文化を(□□□□□　～　□□□□□)すること。

（8）傍線部⑦のように筆者が考えるのはなぜか。その理由として最も適当なものを次から選び、記号で答えなさい。

ア　筆者は、自分が生まれ育った土地の文化の影響から脱却することは不可能に近いと考えているから。
イ　筆者は、異なる文化が安易に統合され、単純にならされた均質の文化へ変化すると考えているから。
ウ　筆者は、情報科学がエポックを迎えたものの、人間にとっての未知がまだ大きいと考えているから。
エ　筆者は、人間の認識は多次元に亘り、自分の認識が直ちに他人の認識にはなりえないと考えるから。
オ　筆者は、自分の抱える矛盾が安直には溶解できず、果てしなく大きく膨れ続けていると考えるから。

（☆☆☆◎◎◎）

【二】次の文章は、明石の君が姫君を出産したことを知った光源氏が、紫の上に姫君が生まれたことをうち明けた場面である。文章を読んで後の問いに答えなさい。

女君（注1）には、言にあらはしてをさをさ聞こえたまはぬを、聞きあはせたまふこともこそと思して、「さこそあなれ。①あやしうねぢけたるわざなりや。さもおはせなむと思ふあたりには心もとなくて、思ひの外に口惜しくなん。女にてあなれば、いとこそものしけれ。尋ね知らでもありぬべきことなれど、さはえ思ひ棄つまじきわざなりけり。呼びにやりて見せたてまつらむ。憎みたまふなよ」と②聞こえたまへば、a面うち赤みて、「あやしう、常にかやうなる筋のたまひつくる心のほどこそ、我ながら【③疎まし】。もの憎みはいつならふべきにか」と怨《ゑ》じたまへば、いとよくうち笑みて、「そよ、誰がならはしにかあらむ。思はずにぞ見えたまふや。人の心より外なる思ひやりごとしてもの怨じなどしたまふよ。思へば悲し」とて、はてはては涙ぐみたまふ。

年ごろ飽かず恋しと思ひきこえたまひし御心の中ども、をりをりの御ｂ文の通ひなど思し出づるには、よろづのことすさびにこそあれとＡ思ひ消たれたまふ。

「この人をかうまで思ひやり言《こと》とふは、なほ思ふやうのはべるぞ。まだきに聞こえば、またひが心得たまふべければ」とのたまひさして、「人柄の【④をかし】しも、所がらにや、めづらしうおぼえきかし」など語りきこえたまふ。（注2）あはれなりし夕の煙、（注3）言ひしことなど、まほならねどその夜のｃ容貌ほの見し、琴の音のなまめきたりしも、すべて御心とまれるさまにのたまひ出づるにも、我はまたなくこそ悲しと思ひ嘆きしか、すさびにても心を分けたまひけむよ、とただならず思ひつづけたまひて、我は我とうち背きながめて、「あはれなりし世のありさまかな」と、独り言のやうにうち嘆きて、

思ふどちなびく方にはあらずとも⑤われぞ煙にさきだちなまし

「何とか。心憂や。

⑥誰により世をうみやまに行きめぐり絶えぬ涙にうきしづむ身ぞ

いでや、いかでか見えたてまつらむ。命こそかなひがたかべいものなめれ。はかなきことにて人に心おかれアじと思ふも、⑦ただひとつゆゑぞや」とて、箏《さう》の御琴ひき寄せて、Ｂ搔き合はせすさびたまひて、そそのかしきこえたまへど、かのすぐれたりけむもねたきにや、手も触れたまはず。いとおほどかに、うつくしうたをやぎたまへイるものから、さすがに執念きところつきて、もの怨じしたまへるが、なかなか愛敬づきて腹立ちなしたまふを、をかしう見どころありと思す。

（『源氏物語』）

(注)　1　女君＝紫の上。
2　あはれなりし夕＝明石で帰京を二日後にひかえた夕べのこと。
3　言ひしこと＝光源氏の歌「このたびは立ちわかるとも藻塩やく煙は同じかたになびかむ」に、明石の君が応じた「かきつめて海人《あま》のたく藻の思ひにもいまはかひなきうらみだにせじ」の歌。

(1)　波線部a～cの読みを、現代仮名遣いで答えなさい。
(2)　二重傍線部ア・イについて、【例】にならってそれぞれを文法的に説明しなさい。
【例】「女もしてみむとてするなり。」　断定の助動詞「なり」の終止形
(3)　傍線部A・Bについて、主語を次の中から選び、それぞれ記号で答えなさい。
ア　光源氏　　イ　紫の上　　ウ　明石の君　　エ　姫君
(4)　傍線部②・⑤を現代語訳しなさい。
(5)　傍線部①について、どのような内容について述べたものか。具体的に説明しなさい。
(6)　③・④について、【　】内を適当な形に直しなさい。
(7)　傍線部⑥から掛詞を探し、何と何が掛けられているのかを、それぞれ漢字を使って答えなさい。
(8)　傍線部⑦について、具体的な内容として最もふさわしいものを次の中から選び、記号で答えなさい。
ア　光源氏がただ紫の上だけを愛しているという理由。
イ　光源氏が紫の上との子どもだけを望んでいるという本音。
ウ　紫の上だけが明石の君に嫉妬をしているという事情。
エ　紫の上が姫君を引き取って養育すべきだという根拠。

(☆☆☆◎◎◎)

【三】次の漢文を読んで、後の問いに答えなさい。（設問の都合で訓点を省略した箇所がある。）

a夫文ハ本同ジクシテ而末異ナレリ。A蓋(注1)奏議ハ［Ⅰ］シク雅ナル、(注2)書論ハ［Ⅰ］シク理ナル、(注3)銘《めい》誄《るい》ハ尚《たつと》ビ実ヲ、(注4)詩賦ハ欲ス麗シカランコトヲ。此ノ四科ハ不同ジカラ、故ニ能クスルB之者ハ偏ル也。唯b通才ノミ能ク備フ其ノ体ヲ。文ハ以テ気ヲ為ス主ト。気之清濁ニ有リ体、不可カラ力メ強ヒテ而致ス。譬フルニ諸《これ》ヲ音楽ニ、(注5)曲度C雖均シト、(注6)節奏同ジウスルモ(注7)検ヲ、至リテハ於(注8)引気不斉シカラ、巧拙有ルニⅡ素、雖在リト父兄ニ、①不能以移子弟。

蓋文章ハ(注9)経国之大業ニシテ、［Ⅲ］之盛事ナリ。年寿ハ有リテ時而尽キ、栄楽ハ止マル乎其ノ身ニ。②二者ハ必ズ至ル之常期アリ、③未若カ文章之無窮ナルニ。D是以古《いにしへ》之作者、寄セ身ヲ於(注10)翰墨ニ、見シ意ヲ於(注11)篇籍ニ、不仮ラ(注12)良史之辞ヲ、不シテ託セ(注13)飛《ひ》馳《ち》之勢ヒニ、而声名ハ自ラ伝ハル於後ニ。

（「文選」）

（注）1　奏議＝上奏文と物事の可否を論ずる文。　2　書論＝書簡文と議論文。
3　銘誄＝銘文と追悼文。　4　詩賦＝ともに、韻文の一種。　5　曲度＝曲調。
6　節奏＝演奏。　7　検＝方法。　8　引気＝呼吸の仕方。
9　経国＝「治国」に同じ。　10　翰墨＝筆と墨。転じて、執筆活動、の意。
11　篇籍＝書物。　12　良史＝すぐれた歴史官。
13　飛馳＝飛びはせる。転じて、権勢家、の意。

（1）二重傍線部A～Dの本文中での読みを現代仮名遣いで答えなさい。（必要ならば、送り仮名をつけて書きなさい。）

（2）傍線部a・bの本文中での意味を答えなさい。

（3）空欄［Ⅰ］に入るべき最も適当な語を次の中から一つ選び、記号で答えなさい。

ア　当　　イ　使　　ウ　宜　　エ　須　　オ　応

（4）波線部Ⅱ「素」のここでの意味と最も近いものを、次の中から一つ選び、記号で答えなさい。

ア　素質　　イ　素人　　ウ　素手　　エ　素因　　オ　素読

（5）傍線部①のひらがなばかりの書き下し文「もつてしていにうつすあたはず」を参考にして、白文に返り点を付けなさい（送り仮名不要）。

不能以移子弟。

（6）空欄［Ⅲ］に入るべき最も適当な語を次の中から一つ選び、記号で答えなさい。

ア　不全　　イ　不断　　ウ　不測　　エ　不朽　　オ　不言

（7）傍線部②「二者」とは何と何か。本文中から抜き出して答えなさい。

（8）傍線部③を、省略されている送り仮名を補って全てひらがなで書き下し文にしなさい。また、口語訳しなさい。

（9）本文の内容と合致するものを、次の中から一つ選び、記号で答えなさい。

ア　文章はすべて論理的であるべきだ。

イ　文章の個性は作家の気質による。

ウ　文章は音楽と同じでリズムが大切だ。

エ　文章の巧拙は家庭教育に由来する。

（☆☆☆◎◎◎）

解答・解説

【中学校】

【一】①　ぎんみ　②　そこ　③　さえぎ　④　せいずい　⑤　とうや　⑥　促　⑦　完璧　⑧　来賓　⑨　肥沃　⑩　鼓舞

〈解説〉文の内容に整合するように適切な漢字を同音(訓)異義語や類似の字形に注意しながら楷書で書くこと。読みも、熟語は、音＋音が多いが、訓＋訓、訓＋音(湯桶読み)、音＋訓(重箱読み)に注意すること。

【二】1　①　国語　②　育成　③　言語感覚　④　認識　2　①　場面　②　話題　③　方向　④　進んで　⑤　要旨　⑥　読書

〈解説〉1の目標は、前段と後段に分かれる。前段は、国語科の最も基本的な目標である国語による表現力と理解力の育成と人間相互の立場や考えを尊重しながら言葉で「伝え合う力」を高めること、後半は、論理的思考力や想像力を養い言語感覚を豊かにし、国語に対する認識を深め国語を尊重する態度を育てることを位置づけている。　2は、〔第1学年〕の各領域についての目標である。(1)は「A話すこと・聞くこと」の目標で、「目的や場面に応じ」は、中学校三年間を通じての「話すこと・聞くこと」のねらいである。これは話す能力の育成であり、次に「聞く能力」そして「話し合う能力」の育成が図られている。話し合う能力の育成では「話題や方向」をとらえ、主体的に話し合いに参加するために何を話し合っているかを意識して話したり聞いたりする能力を身につけることを目指している。　(2)は「B書くこと」の目標で、「目的や意図に応じ」は、中学校三年間を通じての「書くこと」のねらいである。第1学年では、書くことの意義と役割を認識させるため「進んで文章を書いて考えをまとめようとする態度」の育成を図っている。　(3)は、「C読むこと」の目標で、「目的や意図に応じ」は、中学校三年間を通じた「読むこと」のねらいである。「内容や要旨を的確にとらえる能力」と「読書」によってものの見方や考え方を広げようとする態度の育成を図っている。

【三】1　混沌とした情報のなかから、自分にとって意味のある目標や達成のための手段、目標の達成を妨げるいろいろな制約条件を見つけ出すことが大切であり、むしろ、意味のある問題を発見したり理解したりすることのほうが問題を解くより大事になることも多いから。(百十九字)　2　災害や事件　3　問題の理解　4　d　目標　e　制約　f　問題の意味　5　誰でも身につけていくことができ、生涯にわたって発

達していくものであって、基本的な心の機能の一つ。(四十八字)

〈解説〉1　自然災害や事件、経営の問題、卒業試験合格などについて「問題」が発生した場合、その問題を自分の問題としてとらえ、第五段落にあるように、多くの情報の中から必要な情報を取り出し分析し、目標達成の障害となる制約条件を見つけ、その糸口をつかめば(理解すれば)、解決できたと同じだというのである。2「経験とかけ離れた状況」とは、冒頭の文に関連する「(突然の)災害や事件」を指す。3　空欄cの前後の「ふだんから常に」「怠らないことが大切」から、「突然の災害や事件が起きたとき」の心構えが入ることがわかる。「経験とかけ離れた状況」の発生に対する「問題の理解」である。4　空欄補充問題は、空欄前後の語句や文との整合性が重要である。空欄d・e・fを含む文章は、同じ段落の冒頭の二文を例を挙げて説明した部分である。dには、「達成すべき」(目標)、fには、自分の「人生が開けるという」(自分にとっての問題)、eには、「別離」(制約)など、(　)中に言葉が入る。5「思考のはたらき(機能)」は、生後二ヵ月ぐらいから生涯にわたり発達し、「誰にでも、またどんな現実の場面にも登場する基本的な心の機能」だと述べている。

【四】1　九　2　どんどん　3　生存の条件を変えながら生きていく人間と、その条件を受け入れながら少しずつ過去の状態に戻っていこうとする自然との、根本的な生存原理の違い(六十七字)　4　自然の時間世界は、ゆっくり流れ循環し、変化を求めないが、人間の時間世界は、あわただしく変わっていき、直線的であり、すべてのものを変化させてしまうという相違。(七十八字)　5　共生する

〈解説〉1「文節」は、区切っても不自然にならない最小の単位で、文の構成要素の一つ。A「自立語」のみ、B「自立語＋(付属語)」に分けられる。Aは「ひろげる」(動詞)、Bは「大雪山(の)」、「尾根(で)」「枝(を)」、

「一本(の)」、「ダケカンバ(の)」、「前(で)」、「足(を)」、「とめ(た)」。　２「ゆっくり」は副詞。「人間たちは〜であろう。」の中に「どんどん」がある。この段落では、他に「いつでも」「ときに」がある。　３「この自然と人間の違い」の「この」が指す内容は、「生存の条件を変えながら生きていく人間と、その条件を受け入れながら少しずつ過去の状態に戻っていこうとする自然との、根本的な生存原理の違い」である。　４「自然がつくりだしている時間世界」の特徴は、①「ゆっくりと流れゆく時間」②「時間スケールの大きさ」③循環する時間世界。である。一方「人間の時間世界」の特徴は、①あわただしく短い時間　②変化しつづける直線的な時間内での生存。③時間とともにすべてのものを変化させてしまう。この両者の特徴をまとめる。　５　直線的時間を生きる人間は今グローバル社会で人間相互の「共生」を考えているが、人間の営みは自然を阻害しては生存不可能である。現在の人間の課題は、循環的な時間世界の自然と、いかに共生を図るか、である。

【五】１　漢詩　２　それぞれの道にすぐれている方々　３　大納言殿　４　漢詩の船に乗って、この和歌ほどの詩を作っていたら、名声もいっそう上がったろうにと考えたから。　５　一事にすぐれているということでさえめったにないことですのに

〈解説〉１　a「作文」とは、文章の中でも特に漢詩を作ることをいう。　２　b「その道にたへたる人々」の「その道」とは、「それぞれの芸道」をさす。「たへたる」の「たへ」は「たふ(耐ふ・堪ふ)」(ハ・下二)の連用形で「あることをする能力がある。すぐれている。」の意。それに完了の助動詞「たり」の連体形がついている。　３　cの「和歌の船に乗りはべらむ」(和歌の船に乗りましょう)と答えたのは、大納言(藤原公任)である。　４　d「口惜しかりけるわざかな」は、「残念なことをしたよ」の意。dの前の「作文のにぞ乗るべか

りける。さてかばかりの詩をつくりたらましかば、名のあがらむこともまさりなまし。」〔漢詩を作る船に乗るべきであったなあ。そして、この歌(今詠んだ歌)くらいの漢詩を作っていたら、名声もいっそうあがったろうに。〕をふまえての言葉である。 5 e 「一事のすぐるるだにあるに」の「一事の」は「一つの事に」の意。「すぐるるだにあるに」の「だに」は、副助詞で、「〜でさえ」と訳す。「あるに」の「に」は、逆接の接続助詞。「まれであるのに」の意。

【高等学校】

【一】(1) a 衛星 b こつぜん c こうむ d 兆 (2) 時代 (3) 人間の手が及ばぬもの、人間が制御しえないもの(二十二字) (4) 筆者の発する音楽という信号が、他者の信号と出合うことで物理的変調を生じ、新しい響きへと変わり続けることを信じるから。 (5) 日本に生まれ、育ち、日本の土地の文化の影響にしばられていること。 (6) 日本人でありながら、西洋音楽の作曲家として日本の文化を見ることができる客観的な視点のこと。 (7) 国家という〜として把握 (8) ア

〈解説〉(1) 文脈に適した漢字を、同音異義語や類似の字形に注意しながら楷書で書くこと。読みも音訓で正しく読むこと。 (2) エポック(epoch)は、「(過去を新しい時代と区別する)一つの時期。(新)時代。」 (3) 「その未知」について、筆者は第二段落で「人間にとっての未知は、まだ量りしれないほどに大きい」と述べ、その後に「人間の手が及ばぬもの、人間が制御しえないものがまだ多く残されてある」と例示している。 (4) 「それを拒む」の「それ」は、「私の音楽は楽譜の上に完結するものではない」を指す。そのことを拒む理由は、「私の信号が他の信号と出合いそれによって起きる物理的変調が、二つのものをそれ本来とは異なる新しい響き(調和)に変える」ことを信じるからである。 (5) 「そうした枠」の「そうした」は、作曲家としての足枷(枠)になっているものである。「日本に生まれ、育ち、この土地の文化の影響を多く蒙っていること」

を指す。(6)「他者の眼」とは、第三者の眼(客観的立場)で物(自国・日本の文化)を見ることをいう。日本人でありながら異なる伝統文化である西洋近代音楽を作曲しているために、かえってそのことが自国の文化を冷静に見つめることのできる利点になっている、という逆説的表現である。(7)「そこ」が指すのは、「国際間での相互理解」についての筆者の見解である。指示語に従って、傍線部の前の部分を、(6)の解説も参照しながら見ていく。文化とは、国家という制度や概念とは無縁で、自由な地球上の一地域のものであり、確固として生き、変化し続けるものだと「把握」されなければならない。と筆者は述べている。(8)傍線部⑦の前で、筆者は、「人間」として自立した自由な人間になるには「無限の時間」を要すると述べている。また、第七段落で、日本に生まれ、育ちながらも日本の土地の文化の影響からのがれられないことを、「不可能であること」と述べている。

【二】(1) a　おもて　b　ふみ　c　かたち　(2)ア　打消意志の助動詞「じ」の終止形　イ　存続の助動詞「り」の連体形　(3) A　イ　B　ア　(4) ②　申し上げなさると　⑤　私はその煙に先立って死んでしまったらよかったのかしら　(5)子どもができてほしいと思う紫の上にはできず、思いも寄らぬ意外なところ(明石の君)にできるという妙にうまくいかないちぐはぐな事実。　(6) ③　疎ましけれ　④　をかしかり　(7)うみ　(に)倦み(憂み)と海が掛けられている。　(8)ア

〈解説〉(1)いずれも重要古語である。　a「面」は、「顔」のこと。　b「文」は、「手紙。たより」の意。　c「容貌」は、「姿かたち、容姿」の意。　(2)ア「人に心おかれじ」は、「他人に悪意は持たれまい」と訳す。打消意志の「じ」は未然形に接続する。　イ　形式名詞「もの」を修飾しており、「うつくしうたをやぎたまへる」は、「かわいらしくものやはらかでいらっしゃる」と訳す。「たまふ」(ハ・四段)の已然形に接続し

ているので、存続の助動詞「り」の連体形である。過去の助動詞「り」はサ変・未然形に接続する。(3) A 「思ひ消たれたまふ」は、「お恨みの思いも自然とお消えになる」と訳す。この恨みは、光源氏が紫の上に、「明石の君とその姫君をお見せしよう」と言ったことに対するもので、その恨みを源氏の君の「よろづのことすさびにこそあれ」(源氏の君の気まぐれにすぎない)と考えると自然と薄らいでいくのである。と紫の上は言っているのである。 B 「掻き合はせすさびたまひて」は、「調子合わせに軽くお弾きになって」と訳す。紫の上の歌に返歌した光源氏が琴を引き寄せて、紫の上に勧めているのである。(4) ② 「聞こえたまへば」の「聞こえ」は、「言ふ」の謙譲語で作者から紫の上への敬意。「たまふ」は光源氏への尊敬語。「ば」は、接続助詞で順接の確定条件を示す。「～ので、～から」と訳す。⑤ 「われぞ煙にさきだちなまし」の「煙」は、源氏と明石の君の相愛の藻塩を焼く煙と対照的に、ひとり悶え死ぬ自分の火葬の煙をいう。「さきだちなまし」の「なまし」は、完了の助動詞「ぬ」の未然形に、推量の助動詞で反実仮想の「まし」のついた形で、未来の推量を表す。(5) ① 「あやしうねぢけたるわざ」の「あやしう」は、「あやし」(形・シク)の連用形「あやしく」のウ音便で、「妙に。」の意。「ねぢけたるわざ」は、「ねぢく(拗く)」(カ・下二)の連用形で「うまくいかない。」意に、完了の助動詞「たり」の連体形と形式名詞「わざ」がついた形。「妙にうまくいかない状況」をいう。その後の文の「さもおはせなむと思ふあたりには心もとなくて、思ひの外に口惜しくなん。」の「さもおはせなむと思ふあたり」とは、「ご出産なさってほしいと思われる方(紫の上)」を指す。「思ひの外」は、「意外なことに(明石の君の出産)」を指す。源氏は、紫の上が出産しないのを残念だというのである。この事情をまとめる。(6) ③ 「心のほどこそ」の係助詞「こそ」が、結辞の「疎まし」と係結びとなるので、「疎まし」は已然形「疎ましけれ」となる。④ 「をかし」の後に、過去の助動詞「き」の連体形「し」がある。この助動詞は連用形接続なので「をかしかり」になる。(7) 掛詞は、同音異義語の話を用いて上下に掛け、一語に両用の意味を持たせる修辞法である。「世をうみ(倦み・憂み)」に「海」を掛けている。
(8) ⑦「ただひとつゆゑ」の「ひとつ」は、「あなた一人」の意で、「紫の上」を指す。紫の上の「思ふどち～」の歌で源氏と明石の君の相愛に嫉妬する心を知り、それに対しての源氏の慰めの言葉である。

【三】(1) A けだし　B これを　C いえども　D ここをもって　(2) a そもそも(さて)　b 万事に通達した才人　(3) ウ　(4) ア　(5) 不レ能三以移二子弟一。　(6) エ　(7) 年寿と栄楽　(8) 書き下し文…いまだぶんしょうのむきゅうなるにしかず　口語訳…文学が永遠であるのに及ばない　(9) イ

〈解説〉(1) A「蓋」は、「思うに」の意。B「之」は、近称の指示代名詞。C「雖」は、「けれども」の意で、逆接の接続詞。D「是以」は、「そこで。それで。」の意。(2) a「夫」は、「それ」と読み、「そもそも。さて。」の意の発語。b「通才」は、「つうざい」と読み、「すべての物事を明らかに心得ている才人」のこと。(3) 空欄の下の送り仮名から、再読文字が入るとわかる。「(よろ)シク～(ベシ)」と読むのは、ウの「宜」で、「～するのがよい(適当)」の意を表す。(4) Ⅱ「素」とは、本質や素質のことをいう。(5) 返読文字「不」「移」(述語)+「子弟」(補語)に注意して返り点をつける。(6) 空欄Ⅲの前で、「文章」(文学)は、国を治める大事業であると述べていることから、「盛大な事業」と「不朽」(永久不変)を関連づける。(7) 二者の前の文に、「年寿(寿命)～、栄楽(栄華や快楽)～。」とある。(8)「未」(再読文字)と「若」(シク)の未然形(シカ)および「無窮」に注意し、返り点に従い書き下す。「未若」は、「～に及ばない」と訳す。「無窮」は、「永遠」と同義である。(9) ア 第一段落三文目で「四科不同」と述べている。四科は奏議・書論・銘誄、詩賦である。イ 前半の文章の五文目に「文以気為主」(文は気を以て主と為す)とある。

これは、「文章の個性は、作家の気質による」と訳す。ウ・エ　文章と音楽の関連や、文章の巧拙と素質についてては触れているが、ウ・エの内容は述べられていない。なお、後半の文章では「文章経国之大業、不朽之盛事」(「文学は国を治めるうえでの重要な事業であり、永久に滅びることのない偉大な営みである」)と述べている。

二〇一七年度　実施問題

【中学校】

【一】次の①〜⑩の傍線部の漢字には読みがなを、カタカナには漢字を書け。

（☆☆☆◎◎◎）

① 手綱を強く握る　② 痕跡を残す　③ 五重の塔を建立する
④ 子どもを慈しむ　⑤ 前言を翻す　⑥ 海外にタイザイする
⑦ 情報のバイタイ　⑧ 先生にアコガれる　⑨ イメージをフッショクする
⑩ イサギヨく認める

【二】中学校学習指導要領（平成二十年三月告示）について次の問いに答えよ。

1　「第二章　各教科　第一節　国語　第一　目標」について、①〜④の空欄に当てはまる言葉を書け。

国語を（　①　）表現し（　②　）理解する能力を育成し、（　③　）力を高めるとともに、思考力や想像力を養い言語感覚を豊かにし、国語に対する認識を深め国語を尊重する（　④　）を育てる。

2　「第二章　各教科　第一節　国語　第二　各学年の目標及び内容」の第3学年における各領域の目標について①〜⑥の空欄に当てはまる言葉を書け。

話すこと・聞くこと

目的や場面に応じ、社会生活にかかわることなどについて（　①　）や場に応じて話す能力、表現の工夫を評価して聞く能力、（　②　）の解決に向けて話し合う能力を身に付けさせるとともに、話したり聞いたりして考えを深めようとする態度を育てる。

書くこと

目的や（　③　）に応じ、社会生活にかかわることなどについて、（　④　）の展開を工夫して書く能力を身に付けさせるとともに、文章を書いて考えを深めようとする態度を育てる。

読むこと

目的や（　③　）に応じ、文章の展開や表現の仕方などを評価しながら読む能力を身に付けさせるとともに、（　⑤　）を通して（　⑥　）を向上させようとする態度を育てる。

（☆☆☆◎◎◎）

【三】次の文章を読んで、後の問いに答えよ。

※句読点や記号も一字と数えること。

【　A　】の要因

われわれが新しいことを為そうとして、それを為す（知を得る）ための仕組みを獲得するには、そのことが好きであることが必要である。好きということが脳活性をあげ、学習効果を高めるからだ。好きである為には、それがわれわれ自身で選択したことでなくてはならない。それを為そうとすることが好きであり、そのことを為す方向に一歩踏み出すこと(脳の学習の出力依存性)から始まるが、その仕組みが未だできていないので、挫折と失敗を伴うことが普通である。この挫折と失敗の中で挑戦しつづける為には、このことが達成されたときのことを夢みて、その楽しみの中に生きることが必要であろう。

　人が成長することは、作物を育てることに似ている。今この時のことだけを考える発想では、[a]作物を育てることはできない。土を耕し、種をまき、肥料を作って適宜に与え、日照と水の具合に応じて、来る日も来る日もつらい仕事をつづけられるのは、収穫を夢み、その収穫によってもたらされる喜びを先読みできる時である。好むことをしている人が、どんな状況に陥ってもそれを楽しみに変えられるのは、将来に希望と夢をもてる先読み感を記憶の中にもてる時である。この学習経験を繰り返すことで、これがますます確信となって、その確信の記憶を蓄積して、さらに大きな困難に対処することに至っても、そのことがかえって喜びとなり楽しみを創り出すことができる。「艱難は忍耐を生み、忍耐は錬達を生み、錬達は希望を生み出す。そして希望は失望に終わることはない」と言われる[b]由縁である。孔子は論語の中で「之を知るものは、之を好むものに如かず、之を【　B　】ものは之を楽しむものに如かず」と述べている。

　しかし、私たちの脳は周囲の環境、とくに社会環境に適合する様、学習経験で創られてしまう。われわれが今何ができるかが、出来高評価の社会では問われ、今この時のことだけを考える発想が身についてしまっているが、脳は出来高ではなく、成長のプロセスにある時、活性が高まるよう生得的に仕組まれている。希望や夢でさえも成長の為の指標として必要なのであり、その成長のプロセスにあるとき、私たちは輝いて生きることができるのだ。

喜びは【　A　】する過程の中に

人の生きる目的は成長の過程にあることを実感することだ。山登りに喩えると、山に登る自分なりのルートを探す過程での喜び・苦しみ・難しさ等の実感を味わうことにある。山の頂への最短ルートを探しだす人も、いろいろな所を経て山の頂に向かうルートを探しだす人もいるだろう。脳は、山の頂上に立つことが目的ではなく、山の頂を目指して自分なりのルートを見つけだす中で至福感が得られるように、誰にでも生得的に仕組まれている。その人なりの目標とすべき山と、その頂に至るルートを見つけだすことは、その人でなければできない独創的な人生を生きるということだ。目指す山の頂に立ってしまうと、つかの間の満足感に浸ることはあっても、頂に長く留まり続けると幸福感は逃げていき、むしろ虚しさに襲われることになるだろう。山の頂に立つことは、自分がどこまで引き上がったかの指標であって、この登山の経験をもとに、次に登るべき山を決め、それに再挑戦しない限り、新たな幸福は得られないばかりでなく、その人自身がが輝けなくなってしまう。

（松本　元『脳のこころ―人が輝いて生きるために』による。）

1 【　A　】に共通して入る言葉を文章中から抜き出して書け。
2 【　B　】に当てはまる言葉を文章中から抜き出して書け。
3 傍線部a「作物を育てること」とは逆の発想で行われるのはどのようなことだと述べられているか。文章中の言葉を使って十字で書け。
4 傍線部b「由縁」の意味を書け。
5 傍線部c「山の頂上に立つこと」とは、何をたとえた表現か。文章中の言葉を使って十字以内で書け。
6 傍線部dとあるが、筆者は、人が輝いて生きるためには何が必要だと述べているか。文章中の言葉を使って十五字以内で書け。

（☆☆◎◎◎）

【四】次の文章を読んで、後の問いに答えよ。
※句読点や記号も一字と数えること。

Ⅰ　私たちはみな、母国語の達人である。私たちは母国語をあたりまえのように使ってコミュニケーションをとり、学び、考えている。しかしその背後には膨大な量の知識があることを意識している人はほとんどいないだろう。実際には言語の音の特徴や文法に関する深い知識、そしておびただしい数の単語の意味と使い方を知らなければ、ことばを話したり書いたりすることはできないのである。

Ⅱ　外国語を a学んだことがある人なら誰でもそのことは身に染みて知っているだろう。b長い時間と多大な努力を費やして外国語の文法や単語をたくさん覚えても、ちょっとしたことを言ったり書いたりするのも苦労する。外国語を母国語のように使いこなすことができるほど熟達するためには、特別な才能が必要だと思っている人も多い。それなのに、なぜ子どもは誰でもやすやすと母国語の達人になることができるのだろうか。

Ⅲ　私たちが授業で外国語を c学習するとき、テキスト中の文はすでに単語に区切ってあることがほとんどで、新出単語がリストされ、日本語訳も dつけられている。つまり、私たち大人は外国語を学習するとき、聞いた発話の中から自分で単語を探しだすことはほとんどない。また、大人は外国語の文法や単語は知らなくても、どんな言語にも共通する言語に関する多くの知識を持っている。例えば、言語は単語という要素から成り立っていること、それぞれの単語には意味があること、単語には名詞、動詞、形容詞など、異なる種類があって、文の中で担う役割がそれぞれ異なること、など。

Ⅳ　一方、子どもには、テキストも辞書もないので、自分に語りかけられることばや、周りで人が話している会話だけを材料にしてすべてを自分で発見しなければならない。英語のテキストでは単語と単語の間にスペースがあるが、会話の音声では、単語と単語の間の明確な区切りはないので、子どもは自分で会話を単語に区切っていって単語を一つひとつ自分で発見するしかないし、発見した単語の意味も自分で推測するしかない。

e子どもがことばを学習するとき、大人からことばについて直接教えてもらうことはしない。大人は子どもに言語を使ってみせることはできるが、ことばを使ってことばについて直接教えることはできないのだ。

Ⅴ　しかし、考えてみればこれは不思議なことである。人はそこに結び付けられる知識を持たない情報は記憶することも学習することも難しい。ところが、乳児はことばを学習するときに、ことばに関する知識をほとんど持たない。最初のうちは単語もほとんど知らないから、ある単語の意味をことばで説明することもできない。それなのに、子どもはあっという間に多くの単語を覚え、文法を覚え、話ができるようになり、知識をどんどん増やしていくことができる。

Ⅵ　日本語なり、英語なり、どのような言語でも、言語を使うにはその言語の音、文法、語彙について知識がなければならないが、それぞれの要素についてどんなに多くの知識を持っていてもそれだけでは言語は使えない。それらの要素の知識が互いに関連づけられたシステムになっていなければならない。英検一級、ＴＯＥＦＬ、ＴＯＥＩＣで高得点を取ることができるのに、英語を自由に使えない人は、要素の知識はたくさん持っているのに、それらがシステムになっていないのだ。言い換えれば、子どもの言語の習得の過程とは知識の断片を貯めていく過程ではなく、知識をシステムとしてつくり上げていく過程に他ならない。

（今井　むつみ『学びとは何か――〈探究人〉になるために』による。）

1　段落相互の関係について説明したものとして最もふさわしいものを、次のア～エの中から一つ選んで、記号で答えよ。

ア　Ⅱ段落は、Ⅰ段落で説明された内容に対する否定的な意見を述べている。
イ　Ⅲ段落は、Ⅱ段落までの内容を踏まえて新たな疑問を述べている。
ウ　Ⅳ段落は、Ⅲ段落の内容と対比する内容を述べている。
エ　Ⅴ段落は、Ⅳ段落の内容と対立するさまざまな事実を述べている。

2　傍線部a、c、dそれぞれの動詞の活用形と活用の種類を書け。
3　傍線部bとあるが、それはなぜか。文章中の言葉を使って三十字以内で答えよ。
4　傍線部e「子どもがことばを学習するとき」とあるが、子どもはどのようにことばを学習していくのか。文章中の言葉を使って、四十字以内で説明せよ。

（☆☆◎◎◎）

【五】次の文章（去来抄）を読んで、後の問いに答えよ。

行く春を近江《あふみ》の人とをしみけり　芭蕉

先師曰く「尚白《しやうはく》が難に『近江は丹波《たんば》にも、行く春は行歳《ゆくとし》にもふるべし』といへり。汝《なんぢ》いかが聞き侍るや」。

去来曰く「尚白が難あたらず。湖水朦朧《もうろう》として春を惜しむに便《たよ》りあるべし。殊《こと》に今日《こんにち》の上に侍る」と申す。

先師曰く「しかり。古人もこの国に春を愛する事、をさをさ都におとらざるものを」。

去来曰く「この一言、心に徹す。行く歳近江にゐ給はば、いかでかこの感ましまさん。行く春丹波にいまさば、dもとよりこの情《じやう》うかぶまじ。風光の人を感動せしむる事、真《まこと》なるかな」と申す。

先師曰く「e去来、汝はともに風雅をかたるべきものなり」と、殊更《ことさら》に悦《よろこ》び給ひけり。

1 傍線部a「難」とは、どういう意味か。「難」という漢字を用いた二字の熟語で答えよ。
2 傍線部b「この国」とは、どこのことか。文章中から抜き出して書け。
3 傍線部c「この感」とは、何を指しているか。文章中の言葉を使って現代語で十字以内で書け。
4 傍線部d「もとよりこの情うかぶまじ」を現代語訳せよ。
5 傍線部eとあるが、芭蕉はなぜ、このように評価したのか。現代語で四十字以内で説明せよ。

(☆☆◎◎◎)

【高等学校】

【一】次の文章を読んで、後の問いに答えなさい。

(注)ウェブ2・0における自動秩序形成といった考え方は、知識命題を一定のルールにしたがって機械的に組み合わせ、新たな知識命題をつくりだしていくという、人工知能的な発想にもとづいている。ここでいう「情報」とは、知識命題を構成する要素データのような位置づけだ。一見するとそこには人間の主観的な判断が介在せず、情報の論理操作が客観的・形式的に遂行されているように思えるかもしれない。しかし実は、知識命題そのものの内に、人間にとっての意味や価値がaヒソんでいるのである。さもなければ、コンピュータから出力される知識命題など、何の役にも立たないクズにすぎない。

本来、意味とか価値とかは、客観的なものではなく、主観的な存在である。たとえば、私にとって面白くてたまらない小説や映画も、趣味のちがう友人にとっては退屈でまったく値打ちがない、といったことはよくある。われわれは皆、それぞれ主観的な世界に住んでおり、そのなかで各自、世界の諸事物を意味づけたり価値づけたりしながら生きているのだ。そして死とともにその世界は消滅してしまう。これは人間だけでなくいかなる生命体にも同様の大原則で、イヌやネコも、さらにハエやゴキブリなどさまざまな生物も、各自の主観世界のなかで生きている。だから、この地上に存在するのは唯一の客観世界(objective world)ではない。むしろ個別の主観世界(subjective world)の集合なのだ。

だがそれなら、いわゆる客観世界はいかにして出現したのだろうか。—ここで言語コミュニケーションによって成立する「間主観性(inter-subjectivity)」に注目しなくてはならない。

サルやカラスなど、哺乳類や鳥類のなかには原始的な信号を交換しているものもいるが、抽象的な言語をもつ生物は人類だけである。個人の主観世界は、赤ん坊のときは生理的で孤立したものに近くても、成長するにつれ、言語を介したコミュニケーションによって周囲の人びととの共通性を高めていく。ミルクがほしいという空腹感は他者と共有できないが、やがて片言でほしいお菓子を親に名指しで伝え、親からもらえるようになる。つまり、周囲の人びととの関係をつうじて、意味と価値のある世界を徐々に構成していくわけだ。これが「間主観性(相互主観性)」である。つまり、個々の人間は基本的には孤立した主観世界の住人であっても、そのなかに他者の主観性が導入され、これにもとづいて世界が再解釈される。こういった繰り返しのなかで、間主観性にもとづく「社会」が形づくられていく。

そうすると次第に、本来は主観世界の集まりが存在するだけなのにもかかわらず、あたかも万人共通の唯一の「客観世界」が存在して、個々の人間は客観世界を土台とした社会に参加しているのだ、という【 X 】した共同幻想が発生してくる。実際、この共同幻想を共有するほうが、人間同士のコミュニケーションは円滑に進むのである。そして、オ自立した客観世界と社会は固有の論理的な秩序とルールをもっており、人間はそれに従わなくてはならない、ということになる。

　客観世界とそれを土台にした社会という前提の上で、個々の人間やその集団が上手に生きていくための能力の表現が「知」だと言えば、それほど的外れではないだろう。ここで、大きく分けると二つの方向性がうまれてくる。第一は、客観世界を想定するにせよ、それが本来、個々の人間の身体活動と主観世界から抽出されたものである以上、つねに③そこに回帰し、個人や人間集団の生命活動の活性化をうながす方向性。そして第二は、客観世界そのものの秩序を分析して、ルールの論理的整合性を高め、社会の機構を自動化して運用効率を高めていく方向性。本書ではとりあえず、前者を「知恵(wisdom)指向」、後者を「知識(knowledge)指向」と呼ぶことにしたい。

　むろん、④知恵と知識とをはっきり区別できるとは限らないし、現実には両者が入り交じっている。だが、エコロジーに代表されるように、生命活動の保存発展にたちもどる知と、情報通信テクノロジーに代表されるように、むしろ機械的効率の向上を追求する知とは明らかに質が異なる。この二つの方向性をいかに調整し統合するかが、二一世紀の今日、きわめて重要な問いとなってくるのである。

　かつては「知恵指向」の方向性が優勢だった。農耕牧畜が始まる前の先史時代を想像してみればよい。生物学的には人類はおよそ二十数万年前に誕生したが、bシュリョウ採集生活は非常に長くつづいた。そこではテクノロジーの進歩速度は遅かったものの、種の保存という点では大成功だったと言えるだろう。cジュンカン型の社会だったから、たとえば、ある地域の動植物を取り尽くして根絶やしにするといった行為はゆるされない。その後、一万年ほど前に農耕牧畜社会となり、封建的な王国が成立すると、都市のなかでは「知識指向」

の方向性が徐々にはっきりしてくる。とはいえ、社会全体が「知恵指向」から「知識指向」へと大きく舵を切ったのは、近代になって科学技術の進歩速度が急に上がってからである。つまりせいぜい一〇〇～二〇〇年くらい前のことだった。

近代社会になり、商品経済が発達すると、社会の分業化は一挙に進む。もはや一般の人びとも伝統的な自給自足経済で暮らしているわけではない。たとえ農耕だの漁労だの牧畜だのに従事していても、えられた成果物は自分の家族で消費するというより、むしろ市場に出す商品なのである。こうして職業の細かい専門分化が発生する。近代社会に生きる人びとは、誰しも、何らかの分野の専門家である。理系文系によらず、自分の専門とする分野についてはプロフェッショナルとしての訓練を受け、深い知識をもっており、必要におうじて当該分野の知識の改変や発展にも参加できる。だが、その他のことに関しては、アマチュアのレベルにとどまる以上、素人発言は控えるようになる。

現代社会で d ケンイをもって通用している知の大半は、⑤このような専門知識である。法律知識、医療知識、工学知識などはそれぞれ法律家、医者、エンジニアなどのプロフエッショナルによって e ニナわれており、素人がその内容に勝手に口を出すことはできない。一般人にとって、それは⑥天下りの「所与の知」なのだ。肝心なのは、これら専門知識とは、自分だけが信じている主観的なものではなく、世の中で普遍的に通用する客観的なものだということだ。つまり専門知識はあくまで「客観世界」のなかの存在に他ならない。換言すると、ある知識命題を誰が解釈しようと同じだということになる。それなら、知識命題をコンピュータで超高速処理すればさらに効率がよく、しかも正確だということにならないだろうか。

実は、ウェブ2・0導入時に鼓吹された「知識や秩序の自動生成」という人工知能的な夢想は、まさに以上のような「知識指向」の考え方を極端まで推し進めたものに他ならない。現代では一〇〇年以上前の初期近代社会と異なり、分業による専門分化の細かさも専門知識の量も、fケタ外れに増大した。もはや適切な巨視的判断をおこなえるエリート知識人など存在しない。だから、知識群をデータベースに記憶し、人間ではなくコンピュータで処理してしまえば効率的だというわけである。たとえば、地球上にはさまざまな言語があるが、もしコンピュータで自動的に翻訳できれば便利至極だろう(現実にはなかなか困難なのだが)。確かにこの夢想を、かぎりない専門分化に対する一種の処方箋として位置づけることはできるかもしれない。

(西垣　通「ネット社会の『正義』とは何か」)

(注)　ウェブ2・0＝一般のネットユーザがウェブで発言する門戸を開いた変革のこと。

(1)　二重傍線部a～fのカタカナを漢字に直しなさい。

(2)　【　X　】に入れるのに最も適当な語を次の中から一つ選び、記号で答えなさい。

ア　曲解　　イ　暴走　　ウ　倒立　　エ　混乱　　オ　偏向

(3)　傍線部①について、「いわゆる客観世界」にあてはまらないものを本文中の波線部ア～オの中から一つ選び、記号で答えなさい。

(4)　傍線部②について、なぜそう言えるのか。本文中の言葉を用いて説明しなさい。

(5)　傍線部③の「そこ」が指し示すものを本文中から抜き出しなさい。

(6)　傍線部④について、「知恵」と「知識」の共通点と相違点について説明した次の文の中から、最も適当なものを一つ選び、記号で答えなさい。

ア　共通点は、どちらも共同幻想を共有することで、相違点は、「知恵」が集団が上手に生きていくための能力の表現であるのに対し、「知識」がルールの論理的整合性を高める能力の表現であること。

イ　共通点は、どちらも社会の分業化が進むにつれ必要とされることで、相違点は、「知恵」が生命活動の活性化をうながす方向性を持つのに対し、「知識」は機械的効率の向上を追求する方向性を持つものであること。

ウ　共通点は、どちらも何らかの分野の専門家に求められることで、相違点は、「知恵」が自給自足型の社会に特に求められるものであるのに対し、「知恵」は消費型の社会に特に求められるものであること。

エ　共通点は、どちらも個々の人間やその集団が上手に生きていくための能力の表現であることで、相違点は、「知恵」が生命活動の保存発展にたちもどる方向性を持つのに対し、「知識」は機械的効率の向上を追求する方向性を持つということ。

オ　共通点は、どちらも社会の変化や生活様式と密接に関係しているということで、相違点は、「知恵」が農耕牧畜社会となり、封建的な王国が成立するまでに必要とされた能力であるのに対し、「知識」はコンピュータが登場してから以降、必要とされる能力であること。

(7)　傍線部⑤について、「このような専門知識」を説明した部分を本文中から三十九字で抜き出し、最初の五字を答えなさい。

(8)　傍線部⑥について、「天下りの『所与の知』」とはどのようなことか。わかりやすく説明しなさい。

(☆☆☆◎◎◎)

【二】次の文章は、「私」、「朋輩の女房」「殿上人」の三人が会話している場面である。文章を読んで、後の問いに答えなさい。

星の光アだに見えず暗きに、うちしぐれつつ、A木の葉にかかる音のをかしきを、「なかなかに艶aにをかしき夜かな。月の隈なくあかからむもはしたなくまばゆかりぬべかりけり」。春秋のことなどいひて、「時にしたがひ見ることには、春霞おもしろく、空ものどかに霞み、月のおもてもいとあかうもあらず、とほう流るるやうに見えたるに、琵琶の風香調ゆるるかにひきならしたる、いといみじく聞こゆるに、また秋になりて月いみじうあかきに、空は霧りわたりたれど、手にとるばかりさやかに澄みわたりたるに、風の音、虫の声、とりあつめたるここちするに、b箏の琴かきならされたる、横笛の吹き澄まされたるは、なぞの春とおぼゆかし。また、さかと思へば、冬の夜の、空イさへさえわたりいみじきに、雪の降りつもりひかりあひたるに、篳篥《ひちりき》のBわななき出でたるは、春秋もみな忘れぬかし」といひつづけて、「いづれにか御c心とどまる」と問ふに、秋の夜に心をよせてこたへたまふを、Cさのみ同じさまにはいはじとて、

①あさみどり花もひとつに霞みつつおぼろに見ゆる春の夜の月

と答へたれば、かへすがへすうち誦じて、「さは秋の夜はおぼしすてつるウなりな。

②こよひより後の命のもしもあらばさは春の夜をかたみと思はむ」

といふに、秋に心よせたる人、

③人はみな春に心をよせつめりわれのみや見む秋の夜の月

とあるに、いみじう興じ思ひわづらひたるけしきにて、「もろこしなどにも、昔より春秋のさだめは、えしはべらざなるを、このかうおぼしわかせたまひけむ御心ども、思ふに、ゆゑはべらむかし。わが心のなびき、そ

のをりの、あはれとも、をかしとも思ふことのある時、やがてそのをりの空のけしきも、月も花も、心にそめらるるにこそあべかめれ。春秋をしらせたまひけむことのふしなむ、いみじう承らまほしき。」

（「更級日記」）

（1）波線部a～cの読みを、現代仮名遣いで答えなさい。
（2）二重傍線部ア・イについて、【例】にならってそれぞれの意味と用法を説明しなさい。
【例】「女はこの男をと思ひつつ」　意味（～し続けて）用法　継続を表す
（3）二重傍線部ウについて、「ななりな」を文法的に説明しなさい。
（4）傍線部Aとは何の音か。答えなさい。
（5）傍線部B・Cを現代語訳しなさい。
（6）①～③の歌を詠んだのは誰か。次の中から選び、それぞれ記号で答えなさい。
ア　私　イ　朋輩の女房　ウ　殿上人
（7）①の歌はどのような点がおもしろいと考えられるか。「秋」という言葉を用いて説明しなさい。
（8）③の歌の傍線部には詠み手のどのような気持ちが表れているか。説明しなさい。

（☆☆☆◎◎◎◎）

【三】次の漢文を読んで、後の問いに答えなさい。（設問の都合で訓点を省略した箇所がある。）

或リ二争ヒテレ利ヲ而反ツテ強ムルレ之ヲ、或リ二聴従シテ而反ツテ止ムルレ之ヲ。何ヲ以テ知ル二其ノ然ルヲ一也。

魯ノ哀公欲ス二西ニ(注1)益サントレ宅ヲ。(注2)史争ヒテレ之ヲ以テ為ス二西ニ益スハレ宅ヲ(注3)不祥ト一。哀公作シテレ色ヲ而怒リ、a左右A数諫ムレドモ不レ聴カ。b乃チ以テ問ヒテ二其ノ(注4)傅宰折睢ニ一曰ク、吾欲スルモレ益サントレ宅ヲ而史以テ為ス二不祥ト一、①子以為何如。宰折睢曰ク、天下ニ有リ二三不祥一、西ニ益スハレ宅ヲ不トレ与《あづか》ラ焉。哀公大イニ悦ブ。而レドモ喜ブコト頃《しばらく》ニシテ復タ問ヒテ曰ク、何ヲカ謂フ二三不祥ト一。B対曰ク、不ルハレ行ハ二礼儀ヲ一、一ノ不祥也、嗜欲無キハレ止ム、二ノ不祥也、不ルハレ聴カ二強諫ヲ一、三ノ不祥也ト。哀公黙然トシテ深ク念ヒ、②隤《たい》然トシテ

③自反シ、④遂ニ不㆓西ニ益㆒㆑サ宅ヲ。

夫史ハ以㆑テ争ヒヲ為㆑シテ可㆓シト以テ止㆒㆑ム之ヲ、而不㆑ル知㆓ラ不㆑シテ争ハ而反ツテ取㆒㆑ルヲ之ヲ也。⑤智者ハ離㆑レテ路ヲ而得㆑道ヲ、愚者ハ守㆑リテ道ヲ而失㆑フ路ヲ。C夫(注5)兒《げい》説《えつ》之巧ハ、於㆓テ閉結㆒ニ無㆑シ不㆑ル解カ。非㆑ズ能㆓クスルニ閉結セルヲ而尽ク解㆒㆑クヲ之ヲ也、不㆑ル解カ不㆑ルヲ可㆑カラ解ク也。至㆓リテハ乎以㆑テ弗㆑ルヲ解カ解㆑ク之ヲ者㆒ニ、可㆔シD与及㆓ブ言論㆒ニ矣。

（「淮南子」）

（注）　1　益㆑宅＝増築する。　2　史＝史官。　3　不祥＝不吉。
4　傅＝もり役。家庭教師。　5　兒説＝錠前の名人。

(1)　二重傍線部A～Dの本文中での読みを現代仮名遣いで答えなさい。（必要ならば、送り仮名をつけて書きなさい。）

(2)　傍線部a・bの本文中での意味を答えなさい。

(3)　傍線部①を、省略されている送り仮名を補って全てひらがなで書き下し文にしなさい。また、ここで言おうとしていることが明らかになるよう、意味を補って口語訳しなさい。

（4）傍線部②の「隤然」は、「顔つきの和らいださま」という意味であるが、これと反対の意味で用いられている表現を、本文中から漢字二字で抜き出しなさい。

（5）傍線部③の「自」と同義の「自」が用いられているものを次の中から一つ選び、記号で答えなさい。

ア　自非賢君、焉得忠臣。（自し賢君に非ざれば、焉くんぞ忠臣を得んや。）

イ　君王自為之。（君王自ら之を為せ。）

ウ　有朋自遠方来。（朋有り遠方より来たる。）

エ　心遠地自偏。（心遠ければ地自ずから偏なり。）

（6）傍線部④について、哀公がこのようにした理由を説明しなさい。

（7）傍線部⑤において用いられている「路」と「道」の本文中での意味の違いについて説明しなさい。

（☆☆☆◎◎◎）

解答・解説

【中学校】

【一】①　たづな　②　こんせき　③　こんりゅう　④　いつく　⑤　ひるがえ　⑥　滞在
⑦　媒体　⑧　憧　⑨　払拭　⑩　潔

〈解説〉「常用漢字表」(平成二十二年内閣告示第二号)に示されている漢字の読み、書き、用法などは完璧に習得しておくこと。中学校学習指導要領(平成二十年三月告示)「第二章　各教科　第一節　国語　第二　各学年の目標及び内容」では、第三学年で「常用漢字の大体を読むこと」および「学年別漢字配当表に示されている漢字について、文や文章の中で使い慣れること」を示している。

【二】1　①　適切に　②　正確に　③　伝え合う　④　態度　2　①　相手　②　課題　③　意図　④　論理　⑤　読書　⑥　自己

〈解説〉1　教科の目標を達成するため、各学年において話すこと・聞くこと、書くこと、読むことに関する目標が定められているので、両者を対照しながら覚えることで、より理解を深めることができる。　2　第三学年の学習は、第一、二学年の学習を踏まえて、考えを深めようとする態度を育てることが特徴となる。

【三】1　成長　2　好む　3　出来高で評価すること　4　理由　5　目標を達成すること(九字)　6　成長のプロセスにあるという実感(十五字)

〈解説〉1　前半の文章の最終段落および後半の文章の冒頭で「成長のプロセス」「成長の過程」ということが言われている。　2　「之を知るものは、之を好むものに如かず」と「之を【　B　】ものは之を楽しむものに如かず」が対句になっていることから推測できる。　3　「作物を育てること」は「将来に希望と夢をもてる先読み感を記憶の中にもてる」行為である。よって、これと対照的な「今この時だけのことだけを考える発想」による行為を文中から探せばよい。　4　「由」も「縁」も、「もとづく」という意味のある漢字である。「いわれ」「起源」などと解答してもよい。　5　傍線部cの内容は、直後の「山の頂を目指して自分なりのルートを見つけだす」ことと対比されている。　6　筆者は前半の文章でも後半の文章でも、結果よりもプロセスを重視する。

【四】1　ウ　2　a　活用形…連用形　活用の種類…五段活用　c　活用形…連体形　活用の種類…サ行変格活用　d　活用形…未然形　活用の種類…下一段活用　3　要素の知識が関連づけられたシステムになっていないから。(二十七字)　4　知識の断片を貯めていくのではなく、知識をシステムとしてつくり上げていく。(三十六字)

〈解説〉1　Ⅳ段落の冒頭には「一方」とあり、Ⅲ段落と対比されている。　ア　Ⅱ段落は、Ⅰ段落の内容を踏まえて新たな疑問を述べている。　イ　Ⅲ段落以下は、Ⅱ段落末であがった疑問に対する答えを論じており、Ⅲ段落はその導入として、大人が外国語を学習する場合を示し話題を転換している。　エ　Ⅴ段落は、Ⅳ段落の内容を受けて新たな疑問を述べている。　2　活用形は下にくる語で判断し、活用の種類は未然形の形で判断する。　3　Ⅵ段落に、「英検一級、TOEFL、TOEICで高得点を取ることができるのに、英語を自由に使えない人は、要素の知識はたくさん持っているのに、それらがシステムになっていないのだ」とある。　4　本文末尾に、「子どもの言語の習得の過程とは知識の断片を貯めていく過程ではなく、知識をシステムとしてつくり上げていく過程に他ならない」とある。

【五】1　非難　2　近江　3　行く春を惜しむ気持ち(行く歳を惜しむ気持ち)(十字)　4　もとより惜春の情は浮かんでこないでしょう　5　自然の風光の中に人の心を動かす不変の真実があることを去来が理解しているから。(三十八字)

〈解説〉1　ここでの「難」は「非難する。責める。なじる」の意味。　2　先師は尚白の批判を退け、芭蕉の和歌を評価する。　3　去来の一つ前の発言にある「春を惜しむ」ことを指す。　4　一文前に「ゐ給はば」と「いまさば」とあり、対比させて述べている箇所である。傍線部dの「この情」は、直前の「この感」を指す。　5　直前の去来の発言に共感しているのである。

【高等学校】

【一】（1）a　潜　b　狩猟　c　循環　d　権威　e　担　f　桁　（2）ウ　（3）ア　（4）われわれは皆、それぞれ主観的な世界に住んでおり、そのなかで各自、世界の諸事物を意味づけたり価値づけたりしながら生きているから。　（5）個々の人間の身体活動と主観世界　（6）エ　（7）自分だけが　（8）専門家によって与えられ、素人はその内容に口を出すことができないような、専門知識のこと。

〈解説〉（1）常用漢字の読み、書き、用法および熟字訓などをおさえた上で、高等学校の国語科教員としては、それ以上(漢字検定二級レベル以上)の漢字の知識も習得しておきたい。　（2）空欄Xを含む文の前半で「にもかかわらず」という逆接の接続詞を用いており、その後に全く逆の事態が結び付けられていることに着目する。　（3）傍線部①の前でアは否定され、「むしろ個別の主観世界(中略)の集合なのだ」とある。　（4）傍線部②の二段落前で、「われわれは皆、それぞれ主観的な世界に住んでおり、そのなかで各自、世界の諸事物を意味づけたり価値づけたりしながら生きているのだ」とある。　（5）指示語の対象は、直前の部分から探すのが原則である。　（6）傍線部④の直後で説明される。　ア「知恵」は個人を対象とするものもあり、共同幻想にあてはまらない場合もある。　イ　社会の分業化が進むにつれ必要とされたのは「知識」である。　ウ　専門家に求められるのは「知識」である。　オ「知識」は農耕牧畜社会以降に徐々にその指向があらわれ、近代社会になると「知識指向」に大きく舵を切った。（7）傍線部⑤の三文後で「これら専門知識とは」として、「このような専門知識」の内容を簡潔にまとめている。（8）「天下り」は本来「神や天人などが天上から地上におりること」の意なので、ここでは「素人がその内容に勝手に口を出すことはできない」ことと解する。「所与」は「研究などの出発点として意義無く受け取られる事実・原理」の意なので、ここでは「専門知識」と解する。傍線部⑥の直前で詳述される内容をまとめればよい。

【二】（1）a えん b そう c みこころ （2）ア 意味…さえも。 用法…最低限度を表す。イ 意味…(その上)まで(も)。 用法…添加を表す。 （3）「ななりな」の「な」は断定の助動詞「なり」の連体形「なる」の撥音便の「ん」の無表記。「なり」は推定の助動詞「なり」の終止形、「な」は詠嘆の終助詞。 （4）時雨が木の葉にかかる音。 （5）B ふるえるように聞こえてくる C そうそう同じふうには答えまいと （6）①ア ②ウ ③イ （7）「春は霞」「秋は夕暮」また、月といえば秋などという一種の固定観念に対して座興的に異を唱えた点。 （8）「私」に和した殿上人の歌に対して、一人ぼっちであるとすねた気持ち。

〈解説〉（1）a 「えんなり」という形容動詞。 b 「箏」は十三本の弦を張った琴のこと。 c 「御」を「み」と読む場合、特に上代において神や天皇に関するものを指す接頭語であった。ここでは敬意を表す一般的な接頭語となっており、「殿上人」の心を指す。 （2）ア 「だに」の以前には、「すら」もほぼ同義で用いられた。 イ 体言、活用語の連体形、助詞などに付く副助詞である。 （3）「ん」は無表記なだけであり、読む際には発音する。他に「めなり」となることもある。 （4）直前に「うちしぐれつつ」とある。動詞「うちしぐる(打ち時雨る)」の連用形。 （5）B 「わななく」は「わなわなとふるえる」の意。

C「さのみ」は「そうむやみに」の意。（6）「殿上人」は、「私」と「朋輩の女房」に質問をし、「私」は、「朋輩の女房」と同じようには答えまいと思ったのである。（7）和歌は単体ではなく、散文の文脈の中で見る。直前の「殿上人」の発言内容とは、齟齬がある。（8）「殿上人」が、「私」と同じ意見を口にしたのである。そのことに対して詠んだ和歌である。

【三】（1）A　しばしば　B　こたえて　C　それ　D　ともに　（2）a　側近　b　そこで　（3）書き下し文…しもっていかんとなす。（と。）　口語訳…(私が)西側に増築することを史官は不吉だと言うが、あなたはこのことをどう思うか。　（4）作色　（5）イ　（6）側近である史官の強い諫めを聞き入れないという自分の行為が、宰折睢の指摘する、不祥の行いそのものであると思い、史官の諫言を聞き入れるべきだと考えたから。　（7）「道」は、究極にある理想としての一本の大きな道の意味であり、「路」は、それに到達するまでの過程としての小さな道筋、方法といった意味である。

〈解説〉（1）いずれも漢文の基礎知識である。文脈の中で意味も合わせて捉えたい。（2）a　そば近く仕える者の意。　b「乃」は文脈により逆接の意を表すこともある。（3）「何如」は、性質、状態、程度、真偽などを問う。（4）ここでの「色」とは顔色のこと。特定の感情を表す。「顔つきの和らいださま」の反対なので、憤怒などの感情で顔つきが変わっていることを表す表現を抜き出せばよい。（5）傍線部③は「みずか(ら)」と読むので、イの「自」が同義である。特に注意が必要なのは、「みずか(ら)」と「おの(ずから)」の使い分けである。（6）哀公は自分の行動が、宰折睢が挙げた三つ目の不祥に該当すると考えたのである。（7）直前の内容の言い換えである。目的と手段を区分して論じている。

二〇一六年度 実施問題

【中学校】

【一】次の①～⑩の傍線部の漢字には読みがなを、カタカナには漢字を書け。

（☆☆☆◎◎◎）

① 責務を履行する　② 芳しい香りが漂う　③ 規則が形骸化する
④ 鮭が川を遡る　⑤ 釣果があった　⑥ 忠告をシンシに受け止める
⑦ ジュウナンな発想　⑧ 夏草がハンモする　⑨ チミツな計画を立てる
⑩ 結論をクツガエす

【二】中学校学習指導要領(平成二十年三月告示)について次の問いに答えよ。

1 「第二章　各教科　第一節　国語　第一　目標」について、①～④の空欄に当てはまる言葉を書け。
国語を（　①　）に表現し正確に理解する能力を育成し、伝え合う力を高めるとともに、思考力や（　②　）を養い言語感覚を（　③　）し、国語に対する認識を深め国語を（　④　）態度を育てる。

2 「第二章　各教科　第一節　国語　第二　各学年の目標及び内容」に書かれている各学年の目標のうち、「話すこと・聞くこと」に関わる部分について①～⑥の空欄に当てはまる言葉を書け。

第一学年

（　①　）に応じ、日常生活にかかわることなどについて構成を工夫して話す能力、（　②　）を考えながら聞く能力、話題や方向をとらえて話し合う能力を身に付けさせるとともに、話したり聞いたりして考えをまとめようとする態度を育てる。

第二学年

（　①　）に応じ、社会生活にかかわることなどについて立場や（　③　）を踏まえて話す能力、考えを比べながら聞く能力、相手の立場を尊重して話し合う能力を身に付けさせるとともに、話したり聞いたりして考えを（　④　）ようとする態度を育てる。

第三学年

（　①　）に応じ、社会生活にかかわることなどについて相手や場に応じて話す能力、表現の工夫を（　⑤　）して聞く能力、（　⑥　）に向けて話し合う能力を身に付けさせるとともに、話したり聞いたりして考えを深めようとする態度を育てる。

(☆☆☆◎◎◎)

【三】次の文章を読んで、後の問いに答えよ。

※句読点や記号も一字と数えること。

もちろん、読むという働きは、聞くという働きなどに比べれば、多量のエネルギーを必要とする。しかし、書くという働きに必要なエネルギーは、読むという働きに必要なエネルギーを遙かに凌駕する。それに必要な精神的エネルギーの量から見ると、書く、読む、聞く……という順でa次第に減って行くようである。更に考えてみると、読む働きと書く働きとの間には、必要とするエネルギーの大小というだけでなく、もっと質的な相違があると言わねばならない。bそこには、精神の姿勢の相違がある。即ち、読むという働きがまだ受動的であるのに反して、書くという働きは、完全に能動的である。c同様に精神の働きではあるが、一方はかなりパッシヴであり、他方は極めてアクティブである。特別の天才は別として、私たちは、多量の精神的エネルギーを放出しなければ、また、精神の戦闘的な姿勢がなければ、小さな文章でも書くことは出来ないのである。

これも天才は別であろうが、私たちの場合は、d書くという働きを行った後に、漸く読むという働きが完了することが多いようである。これに少し説明を加えよう。私たちが書物を読むのは、言うまでもなく、それを理解するためであるし、実際、e丁寧に読んで行けば、堅い内容の書物でも理解出来るものである。しかし、私だけの経験ではないと思うが、読んでいる間は、「なるほど」とか、「そうだ」とか、心の中で相槌を打ちながら、一々判って行くけれども、また、読み終わった瞬間、一種の空気が心の中に残りはするけれども、肝腎の書物の内容は、輪郭の曖昧なもの、捕えどころのないものになってしまう。日が経つにつれて、それさえ何処かへ蒸発してしまう。糸が切れた風船のように、空へ消えてしまう。書物に忠実な態度でノートをとっておけば、この点は少しは救われるが、それでも、永く風船を地上に繋ぎとめておくことは出来ない。私の経験では、風船を地上に繋ぎとめておく一つの方法、つまり、内容を自分の精神に刻みつけておく一つの方法は、読んで理解した内容を自分の手で表現するということである。読んだことを書くということである。何も、学生時代の私のように、一千字という無茶な枠を自分に与える必要はないし、書物の内容や分量も無視するわけには行かないが、原稿用紙五枚なり十枚なり——この枚数は最初から決めておいた方がよい。——に、読んだものを書くに限る。書く、といっても、ノートのように、己れを空しうして、書物のままに、というのでなく、自分の精神を通して、自分自身が書くのである。自分が或る程度まで著者になるのである。精神の姿勢が能動的でなければいけない。精神の姿勢が能動的であるのには、原稿用紙の枚数があまり多くない方がよい。枚数は自由、いくら長く書いてもよいというのでは、精神は受動的でいることが出来る。極端な場合は、当の書物をそのまま写し取って、その書物と同じ大きさのものが生まれるであろう。これに反して、枚数が小さく限られていると、否応なしに、読んだものの大部分を思い切って捨てなければならぬ。本質的なものを選び取らねばならぬ。枚数の制限というのは、精神をノンビリした受動性から苦しい能動性へ追い込むための人工的条件である。要するに、外国文献の紹介で私が経験した苦労、或いは、これに似た苦労を各人に経験して貰うことになるのだが、読むという働きより一段高い、書くという辛い働きを通して、読むという働きは漸く完了するのである。即ち、書物を読むのは、これを理解するためであるけれども、これを本当に理解するのには、それを自分で書かねばならない。自分で書いて初めて書物は身につく。

読む人間から書く人間へ変るというのは、言ってみれば、【　A　】性から【　B　】性へ人間が身を翻すことである。書こうと身構えた時、精神の緊張は急に大きくなる。この大きな緊張の中で、人間は書物に記されている対象の奥へ深く突き進むことが出来る。しかも、同時に、自分の精神の奥へ深く入って行くことが出来る。対象と精神とがそれぞれの深いところで触れ合う。書くことを通して、私たちは本当に読むことが出来る。表現が、あって初めて本当の理解がある。

（清水幾太郎『論文の書き方』による。）

1　傍線部a「次第に」とe「丁寧に」の品詞名をそれぞれ答えよ。

2　傍線部b「そこ」が指し示す内容を文章中から抜き出して書け。

3　傍線部c「同様に」とあるが、何と何がどういう点で同様であるのか。文章中の言葉を使って、百二十字以内で説明せよ。

4　傍線部dとあるが、それはなぜか。文章中の言葉を使って五十字以内で説明せよ。

5　【　A　】【　B　】に当てはまる言葉を、文章中からそれぞれ漢字二字で抜き出して書け。

（☆☆☆◎◎◎）

【四】次の文章を読んで、後の問いに答えよ。

※句読点や記号も一字と数えること。

啐啄《そったく》の機ということばがある。

a得がたい好機の意味で使われる。比喩であって、もとは、親鶏が孵化しようとしている卵を外からつついてやる(啄)、それと卵の中から殻を破ろうとする(啐)のとが、ぴったり呼吸の合うことをいったもののようである。

もし、卵が孵化しようとしているのに親鶏のつつきが遅れれば、中で雛は窒息してしまう。逆に、つつくのが早すぎれば、まだ雛になる準備のできていないのが生まれてくるわけで、これまた死んでしまうほかはない。早すぎず遅すぎず。まさにこのとき、というタイミングが啐啄の機である。自然の摂理はおどろくべきほど精巧らしいから、ほかにもいろいろな形で啐啄の機に相当するものがあるに違いないが、孵る卵はもっとも劇的なものといってよかろう。

われわれの頭に浮ぶ考えも、その初めはいわば卵のようなものである。そのままでは雛にもならないし、飛ぶこともできない。温めて孵るのを待つ。

時間をかけて温める必要がある。だからといって、いつまでも温めていればよいというわけでもない。あまり長く放っておけばせっかくの卵も腐ってしまう。また反対に、孵化を急ぐようなことがあれば、未熟卵として生まれ、たちまち生命を失ってしまう。

ちょうどよい時に、卵を外からつついてやると、雛になる。たんなる思いつきも、まとまった思考の雛として生まれかわる。

われわれはほとんど毎日のように、何かしら新しい考えの卵を頭の中で生み落している。ただそれを自覚しないだけである。これがりっぱな思考に育つのは、実際にごくまれな偶然のように考えられる。

卵はおびただしく生まれているのに、適時に殻を破ってくれるきっかけに恵まれないために、孵化することなく、闇から闇へ葬り去られているのであろう。

逆に、外から適当な刺戟が訪れて、破るべき卵の殻がありさえすれば、孵化が起こるのに、と思われることもすくなくない。ところが、そういう時に限って、皮肉にも頭の中にちょうどその段階に達している b 卵がない、ということが多い。せっかく、ついばむ力が外から加わっているのに、空しく機会を逸してしまうことになる。

頭の中に卵が温められていて、まさに孵化しようとしているときなら、ほんのちょっとしたきっかけがあれば、 c 雛がかえる。この千に一番のかね合いが難かしい。それで啐啄の機が偶然の符号のように思われるのである。古来、天来の妙想、インスピレーション、霊感などといわれてきたのも、それがいかに稀有のことであるかを物語っている。

たとえ稀有だとしても、起こることは起こっているのである。人間ならだれしも霊感のきっかけの訪れは受けるはずで、それをインスピレーションにするか、流れ星のようなものにしてしまうかの違いにすぎない。これには運ということもある。いくら努力してみても、運命の女神がほほえみかけてくれなければ、着想という雛は孵らないであろうと思われる。

もっとも、どんなに運命が味方してくれても、もとの卵がないのでは話にならない。人事をつくして天命をまつ。偶然の奇蹟の起こるのを祈る。

すこし話が神秘的になってきた。もっと日常的な次元で考えてみる。

何でもない人間と人間とが、たまたま知り合いになる。互いに不思議な感銘を与え合って、それがきっかけになって、めいめいの人生がそれまでとは違ったものになるということがある。出会いである。d一期一会だという。

ほかの人たちとどれほど親しく交わっていても得られなかったものが、何気ない出会いで与えられる。ここにも啐啄の機が認められる。われわれはそれと気付かずに、そういう偶然を一生さがし求めつづけているのかもしれない。それにめぐり会えたとき、奇蹟が起こるというわけだ。

難解な本は一度ではよくわからない。それに絶望しないで、くりかえし読んでいると、そのうちに理解できるようになる。e読書百遍意おのずから通ず。古人はそう教えた。思考も同じことで、初めから全体がはっきりすることはすくない。何度も何度も考えているうちに、自然に形があらわれてくる。

人間にとって価値のあることは、大体において、時間がかかる。即興に生まれてすばらしいものもときにないではないが、まず、普通は、じっくり時間をかけたものでないと、長い生命をもちにくい。寝させておく。温めておく。そして、決定的瞬間の訪れるのを待つ。そこでことはすべて一挙に解明される。

『論語』の冒頭にある一句「学ビテ時ニ之《コレ》ヲ習フ、亦《マタ》説《ヨロコ》バシカラズヤ」も読書百遍と同じように考えることができる。勉強したことを機会あるごとに復習していると、知識がおのずからほんものになって身につく。それが愉快だというのである。【　A　】、は啐啄の機はいつやってくるかしれない、折にふれて立ち返ってみる必要がある、と教えているのであろうか。

（外山滋比古『知的創造のヒント』による。）

1　傍線部aと同じ内容を表す言葉を文章中から漢字五字で抜き出して書け。
2　傍線部b「卵」とc「雛」について、ここでは何のことを指しているか。文章中から、それぞれ二字で抜き出して書け。また、傍線部c「雛」については、言い換えた別の言葉を探し、文章中から漢字二字で抜き出して書け。
3　傍線部d「一期一会」と傍線部e「読書百遍意おのずから通ず」の二つの言葉を、筆者はどのような意図で用いたと考えられるか。五十字以内で書け。
4　【　A　】に当てはまる言葉として最もふさわしい言葉を、文章中から抜き出して書け。

（☆☆☆◎◎◎）

【五】次の文章(十訓抄　四ノ序)を読んで、後の問いに答えよ。
※句読点や記号も一字と数えること。

ある人いはく、人は慮《おもんばか》りなく、いふまじきことを口疾《と》くいひ出《いだ》し、人の a短きをそしり、したることを難じ、隠すことを顕《あらは》し、恥ぢがましきことをただす。これらすべて、b あるまじきわざなり。われはなにとなくいひ散らして、思ひもいれざるほどに、いはるる人、思ひつめて、いきどほり深くなりぬれば、c はからざるに、恥をもあたへられ、身果《は》つるほどの大事にも及ぶなり。笑《ゑ》みの中の剣《つるぎ》は、さらでだにもおそるべきものぞかし。心得ぬことを悪《あ》しざまに難じつれば、かへりて身の不覚あらはるるものなり。

おほかた、口軽《かろ》き者になりたれば、「それがしに、そのこと【　A　】聞かせそ。かの者に【　A　】見せそ」などいひて、人に心をおかれ、隔てらるる、くちをしかるべし。また、人のつつむことの、おのづからもれ聞えたるにつけても、「かれ離れじ」など疑はれむ、d 面目《めんぼく》なかるべし。しかれば、かたがた人の上をつつむべし。多言留《たげんとど》むべきなり。

1　傍線部a「短き」とは、ここではどういう意味か。「短」という漢字を用いた二字の熟語で答えよ。
2　傍線部b「あるまじきわざなり」、傍線部c「はからざるに」をそれぞれ現代語訳せよ。
3　【　A　】に当てはまる語を書け。
4　傍線部d「面目なかるべし」とあるが、どうなることが「面目ない」ことになるのか。現代語で、十字程度で書け。
5　筆者が主張しているのはどのようなことか。現代語で、十五字以内で書け。

(☆☆☆◎◎◎)

【高等学校】

【一】次の文を読み、後の問に答えよ。

今でこそ、当たり前になっているが、①明治になって日本に輸入された様々な概念の中でも、「個人individual」いうのは、最初、②特によくわからないものだった。その理由は、日本が近代化に遅れていたから、というより、この概念の発想自体が、西洋文化に独特のものだったからである。非常に込み入った話なので、詳細は巻末の「補記」に回したが、ここでは二つのことだけを押さえておいてもらいたい。

一つは、一神教であるキリスト教の信仰である。「誰も、二人の主人に仕えることは出来ない」というのがイエスの教えだった。人間には、幾つもの顔があってはならない。常にただ一つの「本当の自分」で、一なる神を信仰していなければならない。だからこそ、元々は「分けられない」という意味しかなかったindividualという言葉に、「個人」という意味が生じることとなる。

もう一つは、論理学である。椅子と机があるのを思い浮かべてもらいたい。それらは、それぞれ椅子と机とに分けられる。しかし、机は机で、もうそれ以上は分けられず、椅子は椅子で分けられない。つまり、この分けられない最小単位こそが「個体」だというのが、分析好きな西洋人の基本的な考え方である。

動物というカテゴリーが、更に小さくaホニュウルイに分けられ、ヒトに分けられ、人種に分けられ、男女に分けられ、一人一人にまで分けられる。もうこれ以上は分けようがない、一個の肉体を備えた存在が、「個体」としての人間、つまりは「個人」だ。国家があり、都市があり、何丁目何番地の家族があり、親があり、子があり、もうそれ以上細かくは分けようがないのが、あなたという「個人」である。

逆に考えるなら、（　③　）。こうした思考法に、日本人は結局、どれくらい馴染んだのだろうか？

「個人」という概念は、何か大きな存在との関係を、対置して大掴みに捉える際には、確かに有意義だった。――社会に対して個人、つまり、国家と国民、会社と一社員、クラスと一生徒、……といった具合に。

ところが、私たちの日常の対人関係をbチミツに見るならば、④この「分けられない」、首尾一貫した「本当の自分」という概念は、あまりに大雑把で、硬直的で、実感から乖離している。

信仰の有無は別としても、私たちが、日常生活で向き合っているのは、一なる神ではなく、多種多様な人々である。

また、社会と個人との関係を、どれほど頭の中で抽象的に描いてみても、朝起きて寝るまでに現実に接するのは、会社の上司やcドウリョウ、恋人やコンビニの店員など、やはり具体的な、多種多様な人々である。とりわけ、ネット時代となり、狭い均質な共同体の範囲を超えて、背景を異にする色々な人との交流が盛んになると、彼らを十把一絡げに「社会」とdククってみてもほとんど意味がない。

私たちは、自分の個性が尊重されたいのと同じように、他者の個性も尊重しなければならない。繰り返しになるが、相手が誰であろうと、「これがありのままの私、本当の私だから！」とゴリ押ししようとすれば、ウンザリされることは目に見えている。私たちは、極自然に、相手の個性との間に調和を見出そうとし、コミュニケーション可能な人格をそのeツド生じさせ、その人格を現に生きている。それは厳然たる事実だ。なぜなら、コミュニケーションが成立すると、単純にうれしいからである。

その複数の人格のそれぞれで、本音を語り合い、相手の言動に心を動かされ、考え込んだり、人生を変える決断を下したりしている。つまり、それら複数の人格は、すべて「本当の自分」である。

にも拘らず、選挙の投票(一人一票)だとか、教室での出席番号(まさしく「分けられない」整数)だとか、私たちの生活には、一なる「個人」として扱われる局面が依然として存在している。そして、自我だとか、「本当の自分」といった固定観念も染みついている。そこで、日常生きている複数の人格とは別に、どこかに中心となる「自我」が存在しているかのように考える。あるいは、結局、それらの複数の人格は表面的な「キャラ」や「仮面」に過ぎず、「本当の自分」は、その奥に存在しているのだと理解しようとする。

この矛盾のために、私たちは思い悩み、苦しんできた。

ならば、どうすればよいのか。

「自我を捨てなさい」とか「無私になりなさい」とかいったことは、人生相談などでも、よく耳にする。しかし、そんな悟り澄ましたようなことを聞かされても、じゃあ、どうやって生きていけばいいのかは、わからない。自分という人間は、現に存在している。この「私」は、一体、どうなるのか？　無欲になりなさい、という意味だとするなら、出家でもするしかない。

私たちには、⑤生きていく上での足場が必要である。その足場を、対人関係の中で、現に生じている複数の人格に置いてみよう。その中心には自我や「本当の自分」は存在していない。ただ、人格同士がリンクされ、ネットワーク化されているだけである。

不可分と思われている「個人」を分けて、その下に更に小さな単位を考える。そのために、本書では、⑥「分人」(divisual)という造語を導入した。「分けられる」という意味だ。

しかし、自我を否定して、そんな複数の人格だけで、どうやって生きていけるのか？

尤《もっと》もな疑問である。そこで、ここからは、どうすればそれが可能なのかを、順を追って丁寧に見ていきたい。

まず、イメージをつかんでもらいたい。

一人の人間の中には、複数の分人が存在している。両親との分人、恋人との分人、親友との分人、職場での分人、……あなたという人間は、これらの分人の集合体である。

個人を整数の1だとすると、分人は分数だ。人によって対人関係の数はちがうので、分母は様々である。そして、ここが重要なのだが、相手との関係によって⑦分子も変わってくる。

（平野啓一郎『私とは何か――「個人」から「分人」へ』）

問一　傍線部a～eのカタカナを漢字で書け。

問二　傍線部①について、明治期には「概念」以外に文学的思潮も西洋から伝わった。その文学的思潮について記した次の文の空欄に、適語を漢字で記入せよ。

明治二〇年代から四〇年代にはヨーロッパの（　ア　）主義運動に影響を受け、多くの文学雑誌が発行された。「しがらみ草紙」では、（　イ　）が自己のドイツ留学中の恋愛をもとに、ドイツに留学した青年官吏を主人公とした小説『（　ウ　）』を発表した。また、「文学界」では（　エ　）が『内部生命論』などの評論を発表した。これらの作品は、それぞれ多くの人々に影響を与えた。この時代には他に、イギリスの詩人ワーズワースに影響を受けた（　オ　）が『武蔵野』を発表した。

問三　傍線部②について、「特によくわからないものだった」のはなぜか、具体的内容を明らかにして簡潔に答えよ。

問四　空欄③に、【語群】□内の三つの単語を用いて、本文の内容に合うように三十字以内で文を補え。（それぞれの単語に「　」を付ける必要はない。）

【語群】

個人　組織　社会

問五　傍線部④について、「『本当の自分』という概念」が「実感から乖離している」とはどういうことか、説明せよ。

問六　傍線部⑤について、「生きていく上での足場」とはどのようなものを表現しているか、説明せよ。

問七　傍線部⑥について、「分人」とはどういうものか、最も的確に表現している部分を本文中から二十字以内で抜き出せ。

問八　傍線部⑦について、「分子」の説明として最も適当なものを次の中から一つ選び、記号で答えよ。

ア　家庭や職場、その他の個人的関係など、自分と他者との関係の種類。

イ　現実の社会を生きていく上で、他者と関わる人間関係の頻度。

ウ　親子関係、友人関係、職場関係などにおける、他者に対する依存度の大きさ。

エ　誰もが複数持っている人間関係における、自分と他者との関係の深さ。

オ　分母となる自分に対して、他者が自分を必要とする重要度。

（☆☆☆☆◎◎◎）

【二】次の文を読んで、後の問いに答えよ。

(注1)亀山のあたり近く、松の一むらあるかたに、かすかに琴ぞ聞こえける。峰の嵐か、松風か、たづぬる人の琴の音か、おぼつかなくは思へども、駒をはやめて行くほどに、片折戸したるうちに、琴をぞひきすさまれ

ける。しばしひかへて聞きければ、まがふべうもなき(注2)小督殿のァ爪音なり。「楽はなにぞ」と聞きければ、「夫を思ひて恋ふ」とよむ(注3)「想夫恋」といふ楽なり。

「いとほしや、楽こそおほきなかに、君の御ことを①思ひ出でまゐらせ給ひて、この楽をひき給ふことよ」と思ひて、馬より飛んで降り、門をほとほとたたきければ、琴ははやひきやみ、高声に、「これは内裏より(注4)仲国が御つかひに参りて候」とて、たたけども、とがむる人もなかりけり。ややあつて、内より人の出づる音しけり。「あはや」とうれしう思ひて待つほどに、錠をはづし、門を細めにあけ、Aいたいけしたる小女房の、顔ばかりさし出だし、「これは、さ様に内裏より御つかひなんど賜はるべき所にてもさぶらはず。門たがひにてぞさぶらはん」と言ひければ、仲国、「なかなか返事をせば、門たてられ、錠さされては、かなはじ」と思ひて、②是非なく押し開けてぞ入りにける。

妻戸のきはの縁にかしこまつて、「いかに、か様の所には御わたり候ふやらん。君は(注5)御ゆゑにおぼしめししづませ給ひて、御命もすでにあやふくこそ見えさせおはしまし候へ。か様に申すは、ただうはの空とやおぼしめされ候ふらん。御書を賜はりて参りて候」とて、取り出だして奉る。小女房取り次いで、小督殿にこそ参らせけれ。これをあけて見給ふに、まことに君の御書なりけるあひだ、Bやがて御返事書いて、ひき結び、女房の装束一かさねそへて出だされたり。仲国、女房の装束をば肩にうちかけ、申しけるは、「余の御使なんどにて候はんには、御返事のうへはとかう申すべき様候はねども、内裏にて御琴あそばされ候ひしときは、つねは笛の役に召されまゐらせせし奉公、いかでか忘れさせ給ふべき。ィ直の御返りごとうけたまはらずして、帰り参らんこと、口惜しう候」と申しければ、小督殿、「げにも」とや思はれけん、③みづから返りごとをし給ひけり。「そこにも聞かせ給ひつらん。(注6)入道あまりにおそろしきことをのみ申すと聞きしかば、Cあさましさに、ある暮れほどに、内裏をばひそかにまぎれ出でて、このほどは、か様の所に住みさぶらへば、琴なんどひくこともなかりつるに、さてしもあるべきことならねば、明日よりは大原の奥に思ひたつことのさぶらへば、主の女房、こよひばかりの名残を惜しみて、『いまは夜もふけぬ、立ち聞く人もあらじ』なんど、しきりにすすむるあひだ、さぞな、④昔の名残もさすがゆかしくて、手なれし琴をひくほどに、やすく聞き出だされけりな」とて、⑤涙せきあへ給はねば、仲国も袖をぞしぼりける。ややありて、仲国、涙をおさへ申しけるは、「『明日よりは大原の奥におぼしめし立つこと』と候ふは、⑥御様なんど変へらるべきにこそ。ゆめゆめあるべうも候はず。君の御嘆きをば、されば何とかしまゐらせ給ふべき。こればし出だしまゐらすな」とて、供に具したりける馬部、吉上なんどいふ者を留め置き、その夜は守護させ、わが身は寮の御馬にうち乗り、内裏へ帰り参りたりければ、夜はほのぼのと明けにけり。

（『平家物語』）

（注）1　亀山（京都市右京区嵯峨）　2　小督殿（高倉天皇の寵姫）
3　想夫恋（雅楽の曲名）　4　仲国（源仲国、高倉天皇の臣）
5　御（貴婦人への敬称、あなた）　6　入道（平清盛）

問一　傍線部ア・イの読みを現代仮名遣いで答えよ。
問二　傍線部A～Cの本文中での意味を答えよ。
問三　傍線部①に含まれている敬語表現を全て抜き出して、敬語の種類と敬意の対象を説明せよ。ただし、敬意の対象は本文中の語を用いること。
問四　傍線部②について、その理由を、本文に即して説明せよ。
問五　傍線部③について、その理由を、小督殿と仲国の関係を明らかにしながら、本文に即して説明せよ。

問六　傍線部④について、「昔の名残」とは、どのような思い出のことか、具体的に説明せよ。

問七　傍線部⑤について、「涙せきあへ給はねば」の主語を明示しながら、全体を口語訳せよ。

問八　傍線部⑥について、誰がどうすることか、具体的に答えよ。

問九　本文の内容と関わりのある古典芸能について、次の中から最も適当なものを、一つ選び記号で答えよ。

ア　今様　　イ　能楽　　ウ　白拍子　　エ　歌舞伎　　オ　浄瑠璃

（☆☆☆◎◎◎）

【三】次の漢文を読んで、後の設問に答えよ。（設問の都合上、訓点を省いているところがある。）

前漢《ノ》陳平《ハ》陽武戸牖《ノ》人《ナリ》。少《ニシテ》家貧《シク》、好《ミテ》讀《ミ》レ書《ヲ》、治《ム》二黄老《ノ》術《ヲ》一。

a為《リ》レ人《ト》長大美色《ナリ》。及《ビ》二長《ジテ》可《キニ》一レ取《ル》レ婦《ヲ》、富人《ニハ》莫《ク》二與《フル》者一、貧者《ハ》平亦

媿《ヅ》レ之《ヲ》。久《シウシテ》レ之《ヲ》、富人張負《ニ》有《リ》二女孫一。五《タビ》嫁《シテ》夫輒《チ》死《シ》、人莫《シ》二敢《テ》取《ル》一。

平欲《ス》レ得《ント》レ之《ヲ》。負偉《トシ》レ平《ヲ》、隨《ヒテ》至《ルニ》二其《ノ》家《ニ》一、迺《チ》負郭《ノ》窮巷《ニシテ》、以《テ》レ（注1）席《ヲ》

爲スレ門ト。然レドモ門外ニ多シ二長者ノ車轍一。負歸リテ謂ヒテ二其ノ子仲ニ一曰ク、①「吾欲スト下
以テ二女孫ヲ一予ヘント中陳平ニ上。」仲曰ク、「平ハ貧ニシテ不レ事トセレ事ヲ、一縣ノ中A盡笑フ二其ノ
所ヲ一レ爲ス。②奈何ゾ予ヘント二之ニ女ヲ一。」負曰ク、「固ニ有ラン下b美ナルコト如クニシテ二陳平ノ一長ク貧ナル者上
乎ト。」B卒ニ與ヘレ女ヲ、予ヘ二酒肉ノ資ヲ一以テ内レシムレ婦ヲ。戒メテ二其ノ孫ヲ一曰ク、「③毋以貧
故事人不謹。」里中ノ社ニ平爲リテレ宰ト、分ツコトレ肉ヲ甚ダ均シ。父老善シトスレ之ヲ。
平曰ク、「④使二平得一レ宰タルヲ二天下一、⑤亦如カラント二此ノ肉ノ一矣。」從ヒ二高祖ニ一爲リ二護
軍中尉ト一、盡護ル二諸將ヲ一。出ダシテ二黄金四百萬斤ヲ一予ヘレ平ニ、恣ニシテレ所ヲレ爲ス不レ問ハ二

出入ヲ一。平多ク以テレ金ヲ縦ツ二反間ヲ於楚軍ニ一。C自二初メ従ヒシ一至ルマデ二天下定マルニ一、

D凡六タビ出ダス二奇計ヲ一。定マリテ封ゼラレ二曲逆侯ニ一、惠帝ノ時為リ二左丞相ト一、呂后ノ時

為リ二右丞相ト一、又相トナリ二文帝ニ一、乃チ薨ズ。

（『蒙求』）

（注）1　席（筵のこと）

問一　傍線部A～Dの本文中での読みを送り仮名とともに現代仮名遣いで答えよ。

問二　傍線部a・bの本文中での意味を答えよ。

問三　傍線部①について、このように考えた理由をわかりやすく説明せよ。

問四　傍線部②について、口語訳せよ。ただし、「之」を具体的に示すこと。

問五　傍線部③は、「貧なるの故を以て人に事へて謹まざること毋かれ。」と訓読する。ふさわしい訓点を施せ。

問六　傍線部④について、省略されている送り仮名を補って、書き下せ。

問七　傍線部⑤が、喩えている内容を具体的に説明せよ。

問八　本文の出典である『蒙求』という言葉を用いた、「門前の小僧習わぬ経を読む」と同義の諺を答えよ。

（☆☆☆◎◎）

解答・解説

【中学校】

【一】① りこう　② かんば　③ けいがいか　④ さかのぼ　⑤ ちょうか　⑥ 真摯
⑦ 柔軟　⑧ 繁茂　⑨ 緻密　⑩ 覆

〈解説〉漢字は表意文字であるから字義を正しく理解し、前後の語句に整合するように表記することが大切である。そのため、同音異義語や異字同訓および類似の字形には十分注意すること。読みでは音訓に注意することが大切である。

【二】1 ① 適切　② 想像力　③ 豊かに　④ 尊重する　2 ① 目的や場面　② 話し手の意図　③ 考えの違い　④ 広げ　⑤ 評価　⑥ 課題の解決

〈解説〉1 教科目標は、大きく二つの部分から構成している。前段は、国語の能力の根幹となる、国語による表現力と理解力とを育成することが、国語科の最も基本的な目標であることをのべている。つまり、「適切に表現する能力」と「正確に理解する能力」とは、連続的かつ同時的に機能するものであることから最初に位置づけている。後段では、「思考力や想像力を養い言語感覚を豊かにし、国語に対する認識を深め国語を尊重する態度を育てること」が示されている。

2 「話すこと・聞くこと」の領域での各学年の目標は、前段は、話す能力、聞く能力及び話し合う能力、後段は、「話すこと・聞くこと」全体にわたる態度を示している。①の「目的や場面に応じ」ることは、中学校三年間を通じた、「話すこと・聞くこと」のねらいである。生徒の心身の発達と学習段階に応じた目標内容になっているので、他の空欄には適切な言葉を補完すること。

【三】 1 a 副詞 e 形容動詞 2 読む働きと書く働きとの間 3 読むという働きがまだ受動的であるのに反して、書くという働きは完全に能動的であることと、読むという働きはかなりパッシヴであり、書くという働きは極めてアクティヴであることとが、どちらも精神の働きの相違であるという点で同様である。(百十二字) 4 自分で書いて初めて書物の内容は身につくものであり、表現があって初めて本当の理解というものがあるから。(五十字) 5 A 受動 B 能動

〈解説〉 1 a 「次第に」は「減って行く」(用言・動詞)を修飾する副詞。 e 「丁寧に」も「読んで行け(ば)」(用言・動詞)を修辞するが、形容動詞「丁寧だ」の連用形である。 2 b 「そこに」の「そこ」は指示代名詞で、「読む働きと書く働きとの間」を指す。 3 c 以下に「精神の働きではあるが」とあり、一方と他方の二つに分けて精神の働きがのべてある。「パッシヴ」な方は「読むという精神の働き」であり、「アクティヴ」な方は「書くという精神の働き」である。読むという働きが精神面での働きでも受動的であるに反し、書くという働きが精神面での働きでも能動的であることが、「同様に」の意味するものである。 4 筆者は、読書のあとにその内容を自分の精神に刻みつけておく方法として、読んで理解した内容を自分の手で表現するということである、とのべている。そして、書物を本当に理解するのには自分で書いて初めて身につくという。このことを筆者は結論でのべている。 5 読む人間(受動的人間)から書く人間(能動的人間)への転換の意をふまえて補充する。

【四】1　決定的瞬間　2　b　考え　c　思考　・言い換え　着想　3　「啐啄の機」の実際が、人との出会いや読書のように日常的なものであるということを読者に理解させるため。(五十字)　4　学ビテ時ニ之ヲ習フ

〈解説〉1　「得がたい好機」の語源である「啐啄の機」は「早すぎず遅すぎず。まさにこのとき、というタイミング」と説明してある。文中の「決定的瞬間」がこれにあたる。　2　bの「卵」については、文中に「何かしら新しい考えの卵」とのべてあり、cの「雛」については、「これ(卵)が(孵化して)りっぱな思考(雛)に育つのは」と暗喩している。　3　dの「一期一会については、親しい人との交わりでも得られなかったものが何気ない出会いで与えられることがのべてあり、eの「読書百遍意おのずから通ず」は、くりかえし読書することで本の内容が分かるようになるのと同様、思考もくり返し考えることで形になってくるたとえに用いられている。いずれも得がたい好機の日常的な例証である。　4　Aにはeの言葉と関連させて、論語の言葉を補完する。

【五】1　短所　2　b　あってはならないことである　c　思いがけず　3　な　4　口の軽い者になること。(十一字)　5　おしゃべりは禁物であること。(十四字)

〈解説〉1　「短き」は「短し」(形・ク)の連体形で、下に「所」が省略されている。　2　bの「あるまじきわざなり」の「あるまじき」は「あるまじ」の連体形で「道理にはずれている。あるべきことではない」の意。「わざ」は「事」。「なり」は断定の助動詞の終止形。　cの「はからざるに」の「はから」は「はかる」(他ラ四)の未然形で、「予想する」の意。「ざる」は打消の助動詞「ず」の連体形。「予想もしていないのに。思いがけず」と訳す。　3　「な〜そ」は禁止を表す。「な」は、動詞(カ変・サ変は未然形、他は連用形)の上につい

て、その動詞の示す動作を禁止する意を表す副詞。　4　「面目なかるべし」とは、「(恥ずかしくて)人に合わせる顔がなかろう」の意。この段落の初めに、「口軽き者になりたれば～人に心をおかれ、隔てらるる」とある。口の軽い者になることへの忠言である。　5　結論の「多言留むべきなり」に筆者のテーマ(根本思想)がある。

【高等学校】

【一】問一　a　哺乳類　b　緻密　c　同僚　d　括　e　都度　問二　ア　浪漫　イ　森鷗外　ウ　舞姫　エ　北村透谷　オ　国木田独歩　問三　「個人」という概念の発想自体が、西洋文化特有のキリスト教信仰や論理学の考え方を基盤としているから。　問四　個人というものを束ねていった先に組織があり、社会がある。(二十八字)　問五　不可分の個人として、すべての人格の核となる変わることのない自分が存在するという考え方は、対人関係によって複数の人格を使い分けている現実とかけ離れているということ。　問六　生活を営む上での自分という存在の拠り所。　問七　対人関係の中で、現に生じている複数の人格(二十字)　問八　エ

〈解説〉問一　同音(訓)異義語や類似の字形に注意すること。　問二　「しがらみ草紙」は日本最初の本格的文芸評論雑誌で、浪漫主義運動の大家である森鷗外とその弟、森篤次郎を中心に明治二十二(一八八九)年に創刊された。この雑誌に鷗外は、「舞姫」(明治二十三(一八九〇))を発表した。また、北村透谷は明治二十六(一八九三)年、島崎藤村や上田敏らとともに雑誌「文学界」を創刊し、「内部生命論」(明治二十六(一八九三)年)を発表し浪漫主義運動の拠点を築いた。また、この時代は「自然」に対する文学的関心が強まった時期でもあり、国木田独歩の「武蔵野」(明治三十四(一九〇一)年)などの散文詩風自然文学が生まれた。　問三　②の「特にわからない」理由を「西洋文化に独特のもの」とのべ、それについて二つの理由を挙げている。一つは、キリ

スト教信仰、もう一つは論理学である。　問四　③の前の文は全体(国家)とそれを構成する「社会」、その構成分子としての「家族」から「子」(個人)の順にのべている。この順序の逆の思考法は、国家を構成する「個人」からスタートし、個人を束ねた集団としての「組織」があり、この「組織」が「社会」を構成する、ということである。　問五　④の文は「私たちの日常の対人関係の分析」をふまえている。西洋文化独特の「人間」観では、ただ一つの「本当の自分」の顔があるのみで幾つもの顔(人格)があってはならないのだが、この概念は大雑把で、硬直的で実感がわかない(乖離している)というのである。その理由は、現実の人間関係では相手により様々な顔を人間はもつ、という現実の生活にある。筆者はこの様々な顔(人格)＝複数の人格は、すべて「本当の自分」であると説明する。つまり、不可分の個人としての「自分」は決して不可変ではなく、現実の対人関係では複数の「顔」(人格)を使い分けて生活している。このことから筆者は「首尾一貫した本当の自分という概念」は「実感から乖離している」とのべているのである。　問六　⑤の「足場」とは「(生きていく上での)精神的なよりどころ」をいう。ここでは、「自分という人間の存在のよりどころ」である。問七　⑥「分人」とは、対人関係での「自我を否定した複数の人格」である。このことを適確に示した表現を抜き出す。　問八　⑦の「分子」と分母が近い関係にあれば、限りなく1に近づき人間関係も深くなる。対人関係での自分と他者の関係の密度を測る目安となるのが分母に対する「分子」である。アの「自分と他者との関係の種類」、イの「他者と関わる人間関係の頻度」、ウの「他者に対する依存度の大きさ」、オの「他者が自分を必要とする重要度」は、いずれも不適切。エが最も適当。

【二】問一　ア　つまおと　イ　じき　問二　A　幼い感じの　B　すぐに　C　(驚き)あきれ果てて
問三「まゐらせ」は、謙譲語で君に対する敬意を示し、「給ひ」は尊敬語で、小督殿への敬意を示す。
問四　ここでなまじっか返事をすると、戸を閉ざされて、小督殿との面会の機会を失ってしまうと考えたから。
問五　宮中では、小督殿の琴に合わせて、仲国が笛を奏でるというように、親しく仕える関係にあったので、直接会って、小督殿の返事を聞きたいという仲国の願いを理解したから。　問六　帝の側近くで、琴を奏でていた(幸せな)頃の思い出。　問七　小督殿は、涙が流れるのをお止めになることができなかったので、仲国もまた、同様に涙を流した。　問八　小督殿が出家すること。　問九　イ

〈解説〉問一　ア「琴を弾く音」のこと。　イ「人づてでなく直接」の意。　問二　A「いたいけしたる」の「いたいけし」は、「いたいけす」(自サ変)の連用形で「小さくかわいいさまをしていること」。「たる」は完了の助動詞「たり」の連体形。　B「やがて」は、「そのまま」「すぐに」の意の副詞。　C「あささ」は、「あさまし」(形・シク)の終止形に接尾語「さ」がついて名詞化したもので、「驚きあきれ果てること」の意。　問三　①「思ひ出でまゐらせ給ひて」の「まゐらせ」と「給ひ」は二つの方向の敬語である。「まゐらせ」は謙譲の補助動詞「まゐらす」の連用形で、君(高倉天皇)への敬意を示す。「給ひ」は尊敬の補助動詞で小督殿への敬意を示す。　問四「是非なく押し開けてぞ入りにける」とは、「無理やりに門を押し開けて中に入った」と訳す。女房の仲国への「お門違い」の訪問ではないか、との言葉に、「なかなか返事をせば、門たてられ、錠さされては、かなはじ」(なまじ返事でもすると門を閉められ、錠をおろされてしまってはかなわない)と考えての行動である。　問五「宮中で小督殿が琴を弾いた折、仲国が笛の役を奉仕したことをお忘れになるはずがない」という仲国の小督殿への言葉から二人の関係を考える。その上で直接小督殿の返事を聞きたいという仲国の願いに小督殿が返事をしたことをまとめる。　問七　⑤「涙せきあへ給はねば」の「涙」の主は小督

殿。「せきあへ」は、「せきあふ」(他ハ下二)の連用形で、「せきとめてこらえる」の意。「給は」は、尊敬の補助動詞「給ふ」の未然形。「ね」は、打消の助動詞「ず」の已然形。「ば」は、既成条件を表す接続助詞。「袖をぞしぼりける」の「袖をしぼる」は「涙を流す」の意。「ぞ〜ける」は強意の係り結び。　問八　⑥「御様なんど変へらるべきにこそ」の「御様なんど変へらる」は、小督殿が「尼姿」に様変わりすること。小督殿が「明日よりは大原の奥に思ひたつことのさぶらへば」と言っていたことを仲国が思い出しての詰問である。問九　能の直面物(ひためんもの)。源仲国が中秋の名月に嵯峨野に小督局を訪ね、高倉院の宣旨を伝えるもの。作者は、金春禅竹。

【三】問一　A　ことごとく　B　ついに　C　より　D　およそ　問二　a　人柄　b　立派であること　問三　陳平は、大変貧しい生活をしているにもかかわらず、身分の高い人物がその家に訪れている様子を見て、将来必ず出世する人物だと見込んだから。　問四　どうして陳平に娘を嫁がせることなどできましょうか(できはしません)。　問五　毋カレ下以テ二貧ナルノ故ヲ一事ヘテレ人ニ不ルコト上レ謹マ。　問六　平をして天下に宰たるを得しめば　問七　国民一人ひとりを分け隔てせずに、公平な良い政治を行うということ。　問八　勧学院の雀は蒙求を囀る

〈解説〉　問三　①「吾欲以女孫予陳平」(吾女孫を以て陳平に予へんと)とは、「わしは孫娘をあの陳平に嫁がせようと思う」と訳す。その理由は「平欲得之」とあるように陳平は張負の孫娘を嫁に望んでいること。また、「随至其家、廼負郭窮巷、以席爲門。然門外多長者車轍」とあるように、陳平の家は貧しいが門外に長者の車の轍(わだち)が沢山ついていて、彼の人となりのすばらしさをおよそ察することができたのである。

問四　②「奈何予之女」(いかんぞ之にむすめをあたえんと)の「之」は陳平をさす。反語形。「どうして娘を

やれましょう(やれません)」と訳す。　問五　返読文字「毋」「以」「不」と一・二点、上・下点、および送りがなに注意して訓点をつけること。　問六　④は使役形である。「使《メバ》二平《ヲシテ》得レ宰《タルヲ》二天下《ニ》一」の書き下し文である。　問七　⑤「亦如此肉矣」(また此の肉の如からん)とは、「またこの肉のように公平に取り裁きましょう」と訳す。「此の肉のように」とは⑤の前の文「里中社平爲宰、分肉甚均」(里中の社に平宰と爲って肉を分つこと甚だ均し)とあり、平の肉の分け方が実に等分であったことをいう。平が天下の宰相となったら、この均等に分けた肉のように公平な善政を行い、国民に幸福を与えるということを喩えている。　問八　「門前の小僧、習わぬ経を読む」と類似の慣用句に、「鄭家(ていか)の奴は、詩をうたう」「見様見真似」などがある。前者は、中国の後漢の大学者・鄭玄の家の召使いは、皆「詩経」を口ずさんだという故事による。

二〇一五年度　実施問題

【中学校】

【一】次の①～⑩の傍線部の漢字には読みがなを、カタカナには漢字を書け。

① 意見が一蹴される
② 胸襟を開いて話し合う
③ 逐次説明する
④ 徳義心を涵養する
⑤ 普く社会に知らせる
⑥ シンチョク状況を報告する
⑦ 交渉がダケツする
⑧ 好奇心オウセイだ
⑨ 美しいセンリツを奏でる
⑩ もみじが夕日にハえる

（☆☆☆◎◎◎）

【二】中学校学習指導要領(平成二十三年三月告示)について次の問いに答えよ。

1　「第二章　各教科　第一節　国語　第一　目標」について、①～④の空欄に当てはまる言葉を書け。

国語を適切に(①)し正確に理解する能力を育成し、(②)を高めるとともに、(③)や想像力を養い(④)を豊かにし、国語に対する認識を深め国語を尊重する態度を育てる。

2　「第二章　各教科　第一節　国語　第二　各学年の目標及び内容」に書かれている各学年の目標のうち、「読むこと」に関わる部分について①～⑥の空欄に当てはまる言葉を書け。

第一学年

(①)に応じ、様々な本や文章などを読み、内容や(②)を的確にとらえる能力を身に付けさせるとともに、読書を通してものの見方や考え方を広げようとする態度を育てる。

第二学年

(①)に応じ、文章の内容や表現の仕方に(③)して読む能力、広い範囲から情報を集め効果的に(④)する能力を身に付けさせるとともに、読書を(⑤)に役立てようとする態度を育てる。

第三学年

(①)に応じ、文章の展開や表現の仕方などを(⑥)しながら読む能力を身に付けさせるとともに、読書を通して自己を向上させようとする態度を育てる。

(☆☆☆◎◎◎)

【三】次の文章を読んで、後の問いに答えよ。
※句読点や記号も一字と数えること。

日本人の、日常における自然の見方を、哲学者・伊藤益さんの考え方を紹介しながら、少し分析してみたいと思います。

伊藤は、記紀歌謡や万葉集にある「―見ゆ」で文を結ぶ形式に注目しています(因みにこの形式は時代のくだる古今集では姿を消すとのことです)。たとえば、万葉集の

朝露にしののに濡れて呼子鳥三船の山ゆ鳴き渡る a見ゆ(巻一〇、一八三一)

という歌では、「鳴き渡り行く」では示し得ないなにかが作者(ひいては古代日本人一般)の意識の底にあるというのが伊藤の指摘です。

ただ鳥という客体が渡っていくというのではなく、「それを見ている私」がいることが重要だというのです。「何かが在るということは、……それが見る主体たる「我」の眼前にいま「我」の意識と密接に関わりつつ立ち現われて在るという事態を前提として、はじめて把握可能となる」と説明されています。あわせて、その底には呪術的な発想が存在しているとも伊藤は指摘しています。

ここでの「見る」は、単に眼で見るというところに止まらず、対象の内実、別の言葉を用いるなら本質を捉えていくことだというのです。しかもここで伊藤は、その捉え方は、空間的・時間的広がりのもとでその対象を自分の中に取り入れていく感じがあると語っています。つまりそれが「わかる」ことにつながるわけです。

実は、「生命誌」を始めたのは、時間・空間の広がりの中にある生きものの本質を捉えていく知を求めてのことです。これまでの科学の特徴である客体、とくに自然を完全に自立・自律のものとして捉えるというとこ

ろを抜け出して、そこから自然を見る知として生命誌を組み立てたいと願っています。その私が伊藤の論を解釈しているので、正確さを欠くかもしれませんが、このように考えられる内容があることは確かです。

その分析によれば、この歌では、【　A　】は完全に一体化した未分化のままであるのではありません。主体と客体として一度は分離しながら、客体を主体とまったく独立の存在とするのではなく、主体がある意味そこに入りこむ、あるいは、客体を自身と同じ感情を持つものとして見ているというのです。つまり、自然は人間と密接な関係にある存在なのです。

伊藤はまた、私と他の人との関係についても言及しています。つまり、私が主体的に自分の中に取り入れている、あるいは入りこんでいる自然は、同時に他の人も同じようにしている自然である。その結果、自然を媒介として人間どうしがつながっていく、つまり自然が人と人をbつなげるc役割をしているというのです。たとえば同じ自然の中で暮らしてきた仲間には、自然を通してのつながりが存在すると言えます。

この自然を通してdつながる感覚は、同【　B　】の人どうしのものとは限りません。私たちが今万葉集を読むと、具体的な生活様式は大きく違っていたでしょうに、そこに歌われている生活や感情を通して、万葉人とのつながりを感じます。その感覚は、科学技術に支えられた都市に暮らす若い人たちも同じなのではないでしょうか。そう感じるのは、そこで歌われている自然への共感から来るのだと思います。

私たちの暮らす日本は、いわゆる先進国として世界に互していきながら、なお万葉の時代の感覚を残していることを大切にしなければならないと改めて思います。

eこうした自然の向き合い方は一つの文化です。それを正確に捉える努力をし、さらには外に向かって発信していくことが重要だと思います。

（中村桂子『科学者が人間であること』による。）

1　傍線部a「見ゆ」とあるが、ここでの「見る」とはどのようにすることだと述べられているか。文章中の言葉を使って五十字以内で書け。
2　【Ａ】に当てはまる言葉を二字の熟語で書け。
3　傍線部b「つなげる」とd「つながる」の文法上の違いについて説明せよ。
4　傍線部c「役割」の読み方と同じ種類の読み方をする熟語を次のア～エから一つ選んで記号で答えよ。
ア　布地　イ　試合　ウ　花火　エ　意味
5　【Ｂ】に当てはまる言葉を文章中から二字で抜き出して書け。
6　傍線部eとあるが、万葉の時代から、日本では自然と人間がどのような関係であると述べられているか。文章中の言葉を使って、六十五字以内で書け。

(☆☆☆◎◎◎)

【四】次の文章を読んで、後の問いに答えよ。
※句読点や記号も一字と数えること。

ひとに話をきくためには、こちらがまず口をひらいて【Ａ】を発しなければならないのである。ひとにしゃべってもらうためには、こちらもしゃべらなければならぬ。問答というのは、会話の一種であり、こちらがわも話がある程度までじょうずでなければa取材など、とうていできないものなのである。じっさい、むかしから「話し上手はきき上手」などということわざもある。きく能力と話す能力は、メダルの裏表のごときものので、よいきき手は同時によい話し手でなければならぬ。ただこちらが黙ってすわっていれば先方がこちらの知りたいことをすらすらと話してくれるというわけではないのだ。

【　B　】、ひとの話をきくためには、こちらもよき話し手である必要がある。そしてよき話し手でありかつきき手であるような人物が二人、あるいはそれ以上あつまって会話がすすむとき、どんなにすばらしい問答の世界がひらけるか—さいわいなことに、われわれはそういうモデルをいくつも身のまわりに発見することができるのである。

そのひとつとして、いま日本で発行されている何冊かの「対談集」を読んでみることはたいへんに参考になる。「対談集」というのが出版のジャンルになったというのは、日本の出版文化史上、きわめて興味ある事実だが、ひとりの筆者がいわば【　C　】的にペンをとってすすめる著書とちがって、ふたりの人物の対話の速記によってとりまとめられた「対談」形式の書物は、相互触発的なおもしろさをもっている。古いところでは、『柳田国男対談集』、あたらしいところでは『今西錦司の世界』などがわたしにとっては、大いに刺激にとむ書物であったし、湯川秀樹・梅棹忠夫両氏による『人間にとって科学とはなにか』、司馬遼太郎氏とドナルド・キーン氏による『日本人と日本文化』などのようなすぐれた対談の書物がある。

書物だけではない。総合雑誌、文芸雑誌、そしてもろもろの週刊誌にも、ほとんど毎号といってよいほど対談記事がのっている。数ある対談だから、なかには、あんまりおもしろくないものもある。しかし、右にあげたようないくつかの代表的な対談の記録に眼をとおすならば、すぐれた知性がぶつかりあったときにどんなにすばらしい成果が生まれるか、に気がつくであろう。ひとりの人間が頭のなかでかんがえることのできることなんて、じつはタカがしれている。だが、ふたり、あるいはそれ以上の人間が参加して問いを投げかけあうときには、ひとつの問いがさらにあらたな問いをつくりあげ、いささか古い表現を使えば、談論風発、とどまるところを知らないのである。

対話による思索の展開、というのは古典的哲学の方法でもあった。プラトンももちろんのこと、東洋でもたとえば『　Ｄ　』などは、孔子とその弟子たちの対話によって構成されていた。『聖書』もまたそういう構造をもっている。それはキリストの独白なのではなく、さまざまな人との対話なのだ。エッケルマンによる『ゲーテとの対話』なども、「対談」のひとつのみごとな例というべきであろう。そして、「対話」ないし「対談」という思索の展開方式が弁証法というものである。弁証法という哲学用語は日本では、たいへんむずかしく、またある種のかぎられた意味で使われることが多いけれども、平易にいうならば、ある問いがある答えをつくり、その答えにたいしてさらにあらたな問いが投げかけられてゆく――そして、そういう過程のなかで、かんがえがより深められてゆくことを弁証法というのだ。

つまり、大げさにいえば、ひとに会って話をきくという取材のしかたは、一種のｂ弁証法的過程のなかに身を投じるということなのである。答えるがわの人間は、問いをうけることによって、それまでかんがえてもみなかったことに気がつき、その答えをえた人間は、さらにそれまで用意していなかった重要な問いを発見してあらたな問いを組み立てる。人間の精神は、自由にそうした過程のなかでゆたかになり、深められてゆくのである。だから、そうした思索のすすめ方のモデルとしてすぐれた対談集の何冊かを読むことをわたしはすすめたい。

もちろん、右に紹介した対談の書物は、経験ゆたかな知識人どうしの、ほとんど名人芸といっていいほどの深みのある対談をあつめたものだ。ふつうの取材者が、いきなり、これらの対談とおなじようなみごとな対話を展開できるとはとうてい思えない。しかし、その理想的なかたちは、これらの「対談集」のようなものであろう。そしてそこでは、しばしば、どちらが問う人で、どちらが答える人であるか、という区別がだんだんなくなってゆくのが特徴なのである。はじめのあいだは、どちらが問う人なのか役割がはっきりしていても、話がすすんでゆくと、問う立場と答える立場とはいつのまにやら自由に交換されてゆくのである。つまり、ひとに話をきく、ということは、こちらも話すということであり、情報は相互交換的であるのがその理想のすがたなのだ。べつな言い方をすれば、話をききに出かけてゆくときの最大の収穫は、相互学習ということなのだ。こちらも相手方から話をひき出すが、同時に、相手方もこちらの話からなにごとかを学ぶ―それができるようになったら取材者としてもっとも立派なことだ、とわたしは思う。

（加藤秀俊『取材学』による。）

1 【 A 】に当てはまる言葉を文章中から抜き出して書け。
2 【 B 】に当てはまる言葉としてふさわしいものを、次のア～エの中から一つ選んで、記号で答えよ。
　ア　しかし　　イ　あるいは　　ウ　したがって　　エ　すると
3 【 C 】に当てはまる言葉を文章中から抜き出して書け。
4 『 D 』に当てはまる古典名を漢字で書け。
5 傍線部a「取材」とあるが、筆者が考える「取材」の理想のすがたを文章中から四十字で抜き出して書け。
6 傍線部b「弁証法的過程」を文章中の言葉を使って、十五字で言い換えよ。

（☆☆☆◎◎◎）

【五】次の文章(徒然草　第三二段)を読んで、後の問いに答えよ。

九月廿日の比、ある人に誘われ奉りて、明くるまで月見歩く事侍りしに、思し出づる所ありて、案内せさせて入り給ひぬ。荒れたる庭の露しげきに、わざとならぬ匂ひ、しめやかにうちかをりて、忍びたるけはひ、いとものあはれなり。

よきほどにて出で給ひぬれど、なほ事ざまの優におぼえて、物のかくれよりしばし見ゐたるに、妻戸をいま少しおしあけて、月見る気色なり。やがてかけこもらましかば、口惜しからん【　A　】。あとまで見る人ありとは、いかでか知らん。かやうの事は、ただ朝夕の心づかひによるべし。その人、ほどなくうせにけりと聞き侍りし。

1　傍線部a、bは、だれの行為か。それぞれ三字以内で書け。
2　傍線部c「優」とは、どういう意味か。「優」という漢字を用いた二字の熟語で答えよ。
3　【　A　】に当てはまる語を書け。
4　傍線部d「いかでか知らん」を現代語訳せよ。
5　筆者は、傍線部e「その人」について、どのような点を評価しているのか。説明せよ。

(☆☆◎◎◎)

【高等学校】

【一】次の文章を読んで、後の問いに答えよ。

一神教的な世界観が一つの鏡であることはたしかだろう。僕自身も科学を志向する者であり、世界に並び立つ不可視で多様な a豊饒さに心をときめかせながらも、統一された一つの原理を求めている。その意味で、世界中、どこに行っても答えが同じである科学が、僕にとっては一つの鏡である。

ただし、この一神教的な鏡と bムジュンするようだが、生きるあり様を映し出す鏡としては「自己本位」も大切だと思っている。

夏目漱石は、三十三歳のときに国の将来を cニナって英文学を調査するという使命を負って英国に留学した。使命の重さと、大英帝国の栄華を前に、日本の状況を悲観し、「夏目狂す」という噂が立ったほど精神的に追いつめられたという。

そこで漱石がいたった境地が「自己本位」だった。価値や基準は他者から与えられるのではない。あくまでも自分を基準としてすべてを組み立てていく。そう考えたら、どれほど楽になるだろうか。

漱石は文学の概念を、英文学でも漢文学でもなく、ゼロからもう一度打ち立てた。それが、漱石の知性の鋭利な刃となった。

漱石が帰国後に執筆した小説は『　A　』である。英米文学の片鱗どころか、回り回ってきわめてドメスティックなテーマに行き着いた。しかし、猫という主人公が人間社会を外側から観察するさまは、海外で日本文学を思考した漱石ならではの視点となっている。

漱石が確立した「自己本位」。これこそが、明治以来、日本人が達成できていない生き方ではないだろうか。

権威に弱い。流行にふらふらする。自分の感覚を信じ、貫くことができない。①日本人にとって、夏目漱石は偉大なる教師である。

僕は、漱石の「自己本位」にわたしたちが持つべき鏡のヒントがあるように思う。

僕は、個の生に寄り添わない普遍性はないと考えている。だからこそ、自分が美しいと思うものを心底信じて生きていきたいと思っている。つまり、僕自身が生きる上で鏡としているものは「自己本位」の感性なのだ。しかし、「自己本位」であることは、それ自体に、②固有の脆弱性がある。

あるものを美しいと思う、美を信じることの背景に疑いようのない絶対的な体験があったとしても、それはあくまでも（　B　）的な体験であって、何が美しいかという問題は底が抜けてしまっている。

小林秀雄の文芸批評は、自分の感性に照らして美しいと、良いと信じたことについて書かれていた。この批評方法に対立する態度として、まったく美の判断をしない立場で書くものもある。たとえば、八〇年代以降は、構造主義的な立場に立った、（　C　）的な価値としてとらえる批評手法がどちらかというと主流だったといえるだろう。

しかし、僕は美の問題については最終的に自分自身の心が信じられるかどうかが判断の基準になると思う。目の前に美しい女性がいて魅力的だと思ったら、その思い、その実感には嘘はないはずではないだろうか。美しいと思う心に忠実なる、その「自己本位」な鏡を持つことが大切なのである。

とはいえ、「自己本位」の鏡も、無知であり、利己主義的であり、自己d欺瞞の精神が働いてしまうと、像が歪んでしまう。漱石についていえば、徹底的に英文学を読み込み、精神的にみずからを追い込み、そして丹念に丹念に鏡を磨きあげていった、その終着点が自己本位だったことを忘れてはならない。

心の鏡はつねに「鍛錬」を要する。

物理的な鏡のように、一定の状態で像を映すとは限らない。自分の人生で本物をどれくらい見てきたか、美しいものにどのくらい触れてきたか、心を震わす真の体験をどれくらい積んできたかによって、鏡のあり様は変わってくるのである。

鏡の前で自分自身と向き合い、生き方を振り返り、照らし出す。それにより自分を高めていくことは、心の鏡を磨いていくことと同じなのである。

「自己本位」の心の鏡を磨くことは大切である。しかし、誤解を避けるためにここでいっておくが、自己本位とはいったが、それは一方的に自分と他者との差異を個性として表そうとするものでは断じてない。むしろ個性とは、他者との関係において共通の基盤が築かれていなければ、磨くことができない。

この個の成り立ちとメタ認知を考えると、小林秀雄が語った「批評とは無私を得る道」という有名な言葉がずしりと利いてくる。ある意味、究極のメタ認知とは「無私」である状態のことかもしれないのだ。

小林秀雄の講演は、かつてはカセットで、いまはCD化されていて聞くことができる。

ゴッホについての講演で小林は、ゴッホの人生は③自分の「個性」というものとの壮絶なる闘いであると語っている。そして、個性というものは、わたしたちの考えているようなものではないという。オリジナリティというようなものではなくて、むしろスペシャリティであると。そして、そのようなものは誰にでもあるものであり、突破しなければいけないものであると述べている。

多くの人が間違えて個性を表そうとするが、それを乗り越える精神こそが個性であり、そのうえで普遍的なものを表すのが芸術であるというのだ。

個性などは、どんな人にでもある。それは到達点などではなく、むしろ「出発点」に過ぎない。個性から出発して「普遍」に至ろうと努力することが大切なのである。そんな小林秀雄の思いが伝わってくる。

また、小林秀雄は、別の講演（「文学の雑感」）のなかで、無私についても興味深いことを語っている。自分を表そうと思ったならば、表れることなどないと。何も自分を加えないで、自分が出てくることがあるというのだ。

つまり、「自己本位」の鏡とは無私を得る道を経てはじめてたどり着くものなのだ。他者との折衝のうちに磨きあげられ、個を克服して普遍にいたったときに、はじめて鏡は完成する。小林の「批評とは無私を得る道である」という有名な命題は、個を克服して普遍にいたるといった峻烈な自覚があってこそ、はじめて生まれてきたのだろう。それができていたからこそ、小林は美しい鏡を持つことができた。

メタ認知の究極には、無私がある。それはいわば「ナチュラルメイク」のようなもの。

つまり、何も加えられていないようで素の顔に見えるが、実際は鏡を見て気を配り、化粧されている。もっとも理想的なメタ認知のあり方が「ナチュラルメイク」なのだ。

それにしても小林秀雄の言葉は大変美しい。古今亭志ん生のようなその話しぶりは、リズムがあり、eヨクヨウがあり、一つひとつの言葉が考え抜かれ、聴くものの心にストンと落ちる。まさに④言葉にナチュラルメイクがほどこされているのだ。表現にまったく無駄はなく、伏線がちゃんとつながって最後まで保たれていく。

それは、たとえばチーターが獲物を追って疾走していくさまと同じで無駄な動きがなく、この上なく美しい。

言葉や文章といった表現、生きるさまにしても、すべてはこの生命の美しさに通じているのではないだろうか。

生命原理は大変奥行きが深く、すぐにはそれが美に直結するような気がしないだけで、立ち居ふるまい、話しぶり、文章にみられる美しさは、素直にまっすぐと生命原理につながっている。

結局、自分の命のあり方を鏡で映し、それがどれくらい生命に寄り添っているかを見定めることなのだろう。自然との調和が、美しさへとつながっていくのである。

（茂木健一郎『化粧する脳』）

問一　傍線部a～eについて、カタカナは漢字に直し、漢字は読みをひらがなで書け。
問二　空欄Aにあてはまる作品名を書け。
問三　空欄B・Cにあてはまる最も適当な言葉を次より選び、それぞれ記号で答えよ。
　B　ア　客観　イ　傍観　ウ　主観　エ　楽観
　C　ア　極対　イ　反対　ウ　絶対　エ　相対
問四　傍線部①のように筆者が考える理由を本文中の言葉を用いて答えよ。
問五　傍線部②を克服するために漱石が行ったことについて、本文に即しつつ、比喩を用いずに答えよ。
問六　傍線部③中の「闘い」について、どのような「闘い」であるかが述べられた箇所を本文中から二十五字以内で抜き出して答えよ。
問七　傍線部④とはどのような状態のことか。本文中の言葉を用いて答えよ
問八　本文中の「自己本位」について、一般的に用いられている「自己本位」の意味との違いを明らかにしながら説明せよ。

（☆☆☆◎◎◎）

【二】次の文章を読んで、後の問いに答えよ。

歌の、八の病の中に、後悔の病といふやまひあり。歌、すみやかに詠み出だして、人にも語り、書きても出だして、後に、よきことば、節を思ひよりて、①かくいはでなど思ひて、悔いねたがるをいふなり。さればなほ、歌を詠まむには、急ぐまじきがよきなり。いまだ、昔より、とく詠めるにかしこき事なし。されば、貫之

などは、歌ひとつを、十日二十日などにこそ詠みけれ。しかはあれど、折にしたがひ、事にぞよるべき。

（中略）

道信の中将の、山吹の花をもちて、上の a 御局といへる所を、すぎけるに、女房達、あまたゐこぼれて、「さるめでたき物を持ちて、ただにすぐるやうやある」と、いひかけたりければ、もとよりや、まうけたりけむ、

A…（注1）口なしに（注2）ちしほやちしほそめてけり。

といひて、② さし入れりければ、若き人々、え取らざりければ、おくに、伊勢大輔がさぶらひけるを、「あれとれ」と宮の仰せられければ、うけ給ひて、一間《ひとま》が程を、ゐざり出でけるに、思ひよりて、

B…こはえもいはぬ花のいろかな

とこそ、③ 付けたりけれ。これを、上聞こし召して、「④ 大輔なからましかば、恥がましかりける事かな」とぞ、仰せられける。これらを思へば、心疾きも、かしこき事なり。心疾く歌を ⑤ 詠める人は、なかなかに、久しく思へば、あしう ⑥ 詠まるるなり。心おそく詠み出だす人は、すみやかに詠まむとするもかなはず。ただ、もとの心ばへにしたがひて、詠み出だすべきなり。

（『俊頼髄脳』）

（注1）口なし―「梔子《くちなし》」（植物の名）黄色に染める染料として用いられる。

（注2）ちしほ―「何度も」の意。

問一　傍線部 a の読みを現代仮名遣いで答えよ。

問二　傍線部①について、省略されている言葉を補って口語訳せよ。

問三　傍線部②・③の動作主を、それぞれ本文中の語を用いて答えよ。
問四　上の句Aのおもしろさはどのような点か。分かりやすく説明せよ。
問五　下の句Bは、Aとどのように関連しているか。分かりやすく説明せよ。
問六　傍線部④について、主語を補って口語訳せよ。
問七　傍線部⑤・⑥において、それぞれに含まれる助動詞を抜き出し文法的に説明せよ。
問八　歌を詠むはやさについての筆者の考えを五十字以内でまとめよ。

（☆☆☆◎◎◎）

【三】次の文章を読んで、後の問いに答えよ。なお、設問の都合で返り点・送り仮名を省いたところがある。

楚ノ荘王賜フ二群臣ニ酒ヲ一。日暮レ酒酣《たけなは》ニシテ、灯燭滅ス。乃チ有リ下人ノ引ク二美人之衣ヲ一者上。美人援《ひき》テ絶チ二其ノ冠ノ(注1)纓《えい》ヲ一、告ゲテレ王ニ曰ハク、「今者燭ノ滅スルヤ、有リ下引ク二①妾ノ衣ヲ一者上。妾援キテ得二其ノ冠ノ纓ヲ一持スレ之ヲ。趣《うなが》シテレ火ヲ来タリ上《ともせ》。視ント二絶ツレ

纓《ヲ》者《ヲ》一。」王曰《ハク》、「②賜人酒、使酔失礼。③奈何欲顕婦人之

（注2）節、而辱士乎。」乃《チ》命《ジテ》二左右《ニ》一曰《ハク》、「今日与二寡人一飲《ミ》、不《ル》レ絶《タ》二冠《ノ》

纓《ヲ》一者《ハ》不レ歓《たのシマ》《ト》。」群臣百有余人、皆絶《チ》二去《ル》其《ノ》冠《ノ》纓《ヲ》一。a而上レ火《シ》、《ヲ》

④卒《ニ》尽《クシテ》レ歓《シミヲ》而罷《やム》。

居《ルコト》二年、晋与レ楚戦《フ》。有《リ》二一臣一、常《ニ》在《リテ》レ前《ニ》、五《タビ》合《シ》五《タビ》獲《リ》レ首《ヲ》却《しりぞケ》レ

敵《ヲ》、卒《ニ》得《タリ》レ勝《ツヲ》レ之《ニ》。荘王怪《シミテ》而問《ヒテ》曰《ハク》、「寡人徳薄《ク》又《タ》⑤未《ダ》二嘗《テ》異《ニセ》一レ

子《ヲ》。子何《ノ》故《ニ》出《ダシテ》レ死《ヲ》不《ルコト》レ疑《ハ》如《ごとキト》レ是《かクノ》。」b対曰《ハク》、「臣⑥当死。c往者酔《ヒテ》

失レ礼、王隠忍シ不ル二暴キテ而誅セ一也。臣終ニ⑦不敢以蔭蔽之徳、而不顕報王也。常ニ願フコト下肝脳塗《まみレ》レ地ニ、用テ二頸血ヲ一湔《そそグヲ》上レ敵ニ久シ矣。臣ハ乃チ夜絶タルルレ纓ヲ者也ト。」遂ニ斥《しりぞケ》二晋軍ヲ一、楚ハ得二以テ強トナルヲ一。此レ有ル二⑧陰徳一者ハ、必ズ有ル二⑨陽報一也。

（『説苑』）

（注1） 纓―冠のひも。
（注2） 節―品行のよいこと。

問一　二重傍線部a～cの読みを、現代仮名遣いのひらがなで答えよ。（必要ならば、送り仮名を付けて答えよ。）

問二　傍線部①は、自分のことを謙遜して言う言葉であるが、同様に自分のことを謙遜して言う言葉を本文中から二つ抜き出して答えよ。

問三　傍線部②・⑥を、ひらがなのみで書き下せ。
問四　傍線部③・⑤を口語訳せよ。
問五　傍線部④について、この字とは異なるもので同じ読みの語を、本文中から二つ抜き出して答えよ。
問六　傍線部⑦について、「あへていんぺいのとくをもつてあきらかにおうにほうぜずんばあらざるなり」と読めるように、返り点を施せ。送り仮名は不要。
問七　傍線部⑧・⑨について、それぞれここではどのようなことを指すか。「陰」と「陽」の内容が分かるように答えよ。

(☆☆☆◎◎◎)

解答・解説

【中学校】

【一】①　いっしゅう　②　きょうきん　③　ちくじ　④　かんよう　⑤　あまね　⑥　進捗　⑦　妥結　⑧　旺盛　⑨　旋律　⑩　映

〈解説〉漢字の読み書きは学習だけでなく、新聞や書籍を読む、文章を書く等で大幅に学力がつく分野である。わからない言葉があれば辞書を引く習慣を身につけるだけでも効果が期待できるので、実行していない人はぜひ試してもらいたい。

【二】1 ① 表現 ② 伝え合う力 ③ 思考力 ④ 言語感覚 2 ① 目的や意図 ② 要旨 ③ 注意 ④ 活用 ⑤ 生活 ⑥ 評価

〈解説〉教科目標、学年目標は学習指導要領関連の問題では最頻出といえるので、文言の意味を学習指導要領解説で調べる等、知識を深めておきたい。学年目標は「話すこと・聞くこと」「読むこと」「書くこと」別に設定されている。近年では目標を各学年で比較し、その相違点を中心に問う問題が増えているので、学習指導要領解説にある表などで確認しておきたい。

【三】1 単に眼で見るだけでなく、対象の本質を捉え、空間的・時間的広がりのもとで自分の中に取り入れること。(四十八字) 2 主客 3 「つなげる」は他動詞であり、「つながる」は自動詞である。4 イ 5 時代 6 自然を主体的に自分の中に取り入れ、自分の中に自然が入りこむ密接な関係にあり、自然を媒介として人間どうしがつながっていくという関係。(六十四字)

〈解説〉1 二段落後に『ここでの「見る」は…』とあるので、この部分をまとめればよい。 2 「Aは完全に一体化した未分化のままであるのではありません」とあり、後では具体的に言い換えて「主体と客体として一度は分離しながら…」とあるので、「主体と客体」にあたるものがAに入ると考えられる。 3 bは他に対してはたらきかける動作・作用を表わす他動詞で、目的語があることからもわかる。dは「何を」という目的語を必要としない自動詞である。自動詞は動詞の表す動作・作用が他に及ばない。 4 c「役割」は音＋訓の重箱読みである。「布地」は訓＋音の湯桶読み、「試合」は音＋訓の重箱読み、「花火」は湯桶読み、「意味」は音＋音である。 5 Bの後文で、筆者は万葉人と現代人とのつながりを述べていることに着目する。

6 万葉の時代からの自然と人間の関係について端的に述べているところを探す。「自然は人間と密接な関係にある」という事柄と「自然を媒介として人間どうしがつながっていく」という事柄、その二つをまとめればよい。

【四】 1 問い　2 ウ　3 独白　4 論語　5 こちらも相手方から話を引き出すが、同時に、相手方からもこちらの話からなにごとかを学ぶ(四十字)　6 対話による思索の展開方式の過程(十五字)

〈解説〉1 Aの後に「問答」とある。その後にも「問いを投げかけあうときには、ひとつの問いがさらにあらたな問いをつくりあげ」「ある問いがある答えをつくり、その答えにたいしてさらにあらたな問いが投げかけられてゆく」という内容が繰り返し述べられている。　2 Bの前後を読むと、後文は前文をまとめたものとなっている。「したがって」は当然の結果として、後続の事柄が起こることを示す接続詞である。　3 「ふたりの人物の対話」に対して「著書」があげられていることに気づけば、「一人で話すこと」に該当する言葉を抜き出せばよいことがわかるだろう。　5 「情報は相互交換的であるのがその理想のすがた」「相互学習」と、「理想のすがた」についていくつか言い方を変えて述べているが、より具体的な箇所で四十字でという指定にあうものを探せばよい。　6 古典的哲学について書かれた段落で「『対話』ないし『対談』という思索の展開方式が弁証法というものである」とあるので、これをまとめるとよい。

【五】 1 a 筆者　b ある人　2 優雅(優美)　3 まし　4 どうして知ろう。　5 人目がなくなっても変わらずに月を眺めていた様子から、ふだんからもののあわれを理解し、風流に生活をしていることが察せられる点。

〈解説〉1 a 『徒然草』は随筆なので、主体は筆者。ある人に誘われたのは筆者である。　b 「思す」という尊敬語が使われているので「ある人」の行為である。　2　「優」は形容動詞「優なり」の連用形語幹で、「優なり」は優美だ、優雅だという意味である。　3　反実仮想「まし」は、多くが「ましかば…まし」の形をとる。「…だったら…だろうに」と訳す。　4　「いかでか」は「どうして…か」と訳し、ここでは反語として使われている。「ん」は推量の助動詞である。現代語で簡記すると解答のようになるだろう。　5　「わざとならぬ匂ひ、しめやかにうちかをりて」「妻戸をいま少しおしあけて、月見る気色なり。…あとまで見る人ありとは、いかでか知らん。」とあるように、わざわざ焚いたのではなく常日頃から焚いていると思われる香の匂いや、人目がなくても月を見上げるという優雅なふるまいに、筆者は心惹かれている。

【高等学校】

【一】問一　a　ほうじょう　b　矛盾　c　担　d　ぎまん　e　抑揚　問二　吾輩は猫である　問三　B　ウ　C　エ　問四　自分の感覚を信じ貫くことができない日本人にとって、自分を基準として価値や基準を組み立てていくという漱石の「自己本位」は、学ぶべき点が多いから。　問五　徹底的に英文学を読み込み、精神的にみずからを追い込み、文学の概念を英文学でも漢文学でもなく、ゼロからもう一度打ち立て、普遍的な判断の基準を確立した。　問六　個性から出発して「普遍」に至ろうと努力すること(二十三字)　問七　何も手を加えていないようで、実は一つひとつの言葉が考え抜かれて、無駄がなく、全体として大変美しく仕上げられている状態。　問八　一般的に用いられている「自己本位」とは、自分を中心に考えたり行動することであるのに対し、本文における「自己本位」とは、自分の基準で判断しているのに、利己主義や自己欺瞞を排した無私の状態になっていること。

〈解説〉問二　「猫という主人公」という記述がある。　問三　B　Bがある段落は「自己本位」の「固有の脆弱性」を説明している。「自己本位」とは「自分を基準としてすべてを組み立てていく」というものなので、B

に入るのは自分基準の体験、と考えられる。　C　Cは小林秀雄の「自分の感性に照らして美しいと、良いと信じたことについて」書く批評方法に対立するものの一例である。つまり「自己本位」ではなく、他の関係においての判断で批評することといえる。「構造主義」とは、言語や社会の体系はそれを成り立たせているもの同士の機能的連関によって、規定されるとする学問の体系のことである。　問四　①を含む段落の前後の内容を踏まえて考えること。　問五　「自己本位」の「固有の脆弱性」について筆者は『自己本位』の鏡も、無知であり、利己主義的であり、自己欺瞞の精神が働いてしまうと、像が歪んでしまう」と述べている。そのすぐ後に「漱石についていえば」とあるので、そこに注目する。「徹底的に英文学を読み込み、精神的にみずからを追い込み、そして丹念に鏡を磨きあげていった」とある。ただし、「鏡を磨きあげる」が比喩表現なので、その具体的方法を探してまとめればよい。　問七　「ナチュラルメイク」については前文で説明されている。それを言葉に当てはめてまとめればよい。　問八　本文中に「自己本位とはいったが、それは一方的に自分と他者との差異を個性として表そうとするものでは断じてない。むしろ個性とは、他者との関係において共通の基盤が築かれていなければ、磨くことができない。」とあり、そこから「無私」という語が「自己本位」を説明するキーワードとしてあげられ、文章が展開していることを踏まえてまとめればよいだろう。

【二】問一　みつぼね　問二　このように表現しなくて残念だったなどと思って、　問三　②　道信の中将
③　伊勢大輔　問四　中将が、女房たちに黙って通り過ぎるのかと言われて、「口なし」と受け、さらに、その証拠に梔子の実で幾度も染めた山吹の花を持っているのだと詠んだ点。　問五　伊勢大輔が、中将の上の句を受けて瞬時に「口なし」に「いはぬ」を、「そめて」に「花のいろ」をそれぞれに関連づけて詠み、中将への切り返しとしている。　問六　もしその時伊勢大輔がいなかったならば、私の后の方として、恥となるような成り行きだったことであるよ。　問七　⑤　完了の助動詞「り」の連体形(「存続」でも可)
⑥　自発の助動詞「る」の連体形　問八　歌を詠むはやさは人によって様々であり、歌を詠む場面や、その力量に応じて臨機応変に詠むのがよい。(四十七字)

〈解説〉問二　「かく」は「このように」、「いはで」の「で」は打消の接続助詞であり、そのまま訳せば「このように言わないで、などと思って」となる。「言う」とは、この場合歌を詠むこと。直後に「悔いねたがる(後悔し、悔しがる)」とあるので、「残念だった」といった言葉を補えばよい。　問三　②　山吹の花を持って后の部屋の前を通り過ぎていた道信の中将に対して、女房たちが「そのような美しいものを持って、ただ通り過ぎることがありましょうか」と言った。それを受けて、上の句のみの歌と山吹を差し入れたのであるから、動作主は道信の中将である。　③　他の女房たちが躊躇する中、后に言われて山吹の花を受け取り、下の句を詠んだのは伊勢大輔である。伊勢大輔は一条天皇の中宮彰子に仕えた女流歌人である。　問四　「梔子」は実が熟しても口を開かないことからついた名である。ことばを発しないという意味の「口無し」と掛詞として歌に詠まれることが多い。　問六　「ましかば」は反実仮想の助動詞、「恥がまし」は恥ずかしい、外聞が悪いといった意味の形容詞で、「もし大輔がいなかったら、恥ずかしかった出来事だなあ」となる。この会話主は上、つまり帝であり、道信の中将とのやりとりは、帝の后の部屋でのことである。女房達の機転の悪さは、そのまま

后の評判となってしまう。だから帝は大輔がいなかったら后の評判が下がり、后が恥をかくところだった、と言ったのである。　問七　⑤　「詠め」は四段活用の已然形、四段已然形に接続するのは完了(存続)の助動詞「り」である。　⑥　「詠ま」は四段活用の未然形、未然形に接続するのは受身・自発・可能・尊敬の助動詞「る」である。早く歌を詠める人はかえって長々と考えていると悪く詠まずにはいられなくなる、ということなので自発と判断する。　問八　「歌を詠まむには、急ぐまじきがよきなり。」「しかはあれど、折(場合)にしたがひ、事(事柄)にぞよるべき。」「心疾く歌を詠める人は、なかなかに、久しく思へば、あしう詠まるるなり。心おそく詠み出だす人は、すみやかに詠まむとするもかなはず。」「ただ、もとの心ばへ(もともとの性質)にしたがひて、詠み出だすべきなり。」といった部分を踏まえ、解答をまとめるとよい。

【三】問一　a　しかして(しこうして)　b　こたえて　c　むかし　問二　寡人、臣　問三　②　ひとにしゅをたまひ、ゐひてれいをうしなはしむ。　⑥　まさにしすべし。　問四　③　どうして婦人の品行のよいことを明らかにするために、家臣に恥をかかせたりできようか、いや、できはしないと。　⑤　これまであなたに注意を払ったことがなかった。　問五　終、遂

問六　不下敢以二蔭蔽之徳一、而不中顕報上レ王也。

問七　⑧　王が、自分の臣下の死罪にも値する不始末を表沙汰にすることなく処理して、とがめ立てしなかったこと。　⑨　王にとって、自分がこっそり助けた臣下の命をかけた働きによって、晋国とのいくさに勝つというめざましい成果がもたらされたこと。

〈解説〉問二　「寡人」は王や諸侯の自称で、徳の寡(すく)ない人の意である。「臣」は目上の者に自己を謙遜して

いう語である。　問三　②「使」は使役の助動詞で、「しム」とよむ。　⑥「当」は「まさニ～ベシ」と読む再読文字である。「死」は漢文では「死ぬ」と読まず、「死す」と読む。　問四　③「奈何…乎」は「いかんゾ…ンや」と読み、処置・方法に関する反語を表す。「どうして…か、いや…ない」と訳す。　⑤「未嘗…」は「いまダかつテ…ず」と読み「今まで一度も…しなかった」と訳す。「子」は二人称の敬称。　問五　「卒」は「つひニ」と読む。　問六　「不敢不…」は「あへテ…(セ)ずンバアラず」と読み、「どうしても…しないではいられない」と訳す。「而」は接続の置き字。　問七　「陰徳有る者は必ず陽報有り」は、「人知れぬ恩恵を施した者は、目に見えた恩恵を必ず受ける」ということである。「人に知られないように施した善行」とは誰のどんな行為か、「目に見える恩恵」とは誰が誰によって受けたどんな利益か、それぞれ「陰徳」「陽報」の内容がわかるように説明する。後半の「一臣」の言葉、「臣当死。…絶纓者也。」をきちんと捉えること。

二〇一四年度　実施問題

【中学校】

【一】次の①～⑩の――線部の漢字には読みがなを、カタカナには漢字を書け。

① 枝葉末節に拘泥する　② 梯子を使う　③ 暫時進める　④ 小さく呟く
⑤ 経験に鑑みる　⑥ 技術をエトクする　⑦ エンカツに進める　⑧ 努力をオコタる
⑨ ケイショウを鳴らす　⑩ 教育にタズサわる

（☆☆☆◎◎◎）

【二】中学校学習指導要領(平成二十年三月告示)について次の問いに答えよ。

1　第二章　各教科　第一節　国語　第一　目標について、①～④の空欄に当てはまる言葉を書け。

国語を（　①　）し（　②　）能力を育成し、伝え合う力を高めるとともに、思考力や想像力を養い（　③　）にし、国語に対する認識を深め（　④　）態度を育てる。

2　第二章　各教科　第一節　国語　第二　各学年の目標及び内容に書かれている各学年の目標のうち、「書くこと」に関わる部分について①～⑥の空欄に当てはまる語句を選択肢の中から一つずつ選び、記号で答えよ。

第一学年

目的や意図に応じ、（　①　）にかかわることなどについて、構成を考えて（　②　）書く能力を身に付けさせるとともに、進んで文章を書いて考えをまとめようとする態度を育てる。

第二学年

目的や意図に応じ、（　③　）にかかわることなどについて、構成を工夫して分かりやすく書く能力を身に付けさせるとともに、文章を書いて考えを（　④　）ようとする態度を育てる。

第三学年

目的や意図に応じ、（　③　）にかかわることなどについて、論理の（　⑤　）を工夫して書く能力を身に付けさせるとともに、文章を書いて考えを（　⑥　）ようとする態度を育てる。

ア　的確に　　イ　広げ　　ウ　まとめ　　エ　深め　　オ　日常生活　　カ　社会生活
キ　知識　　ク　展開　　ケ　役割　　コ　幅広く

（☆☆☆◎◎◎）

【三】次の文章を読んで、後の問いに答えよ。
※句読点や記号も一字と数えること。

過

日々を過《す》ごす
日々を過《あやま》つ
二つは
一つことか

生きることは
そのまま過ちであるかもしれない日々
「いかが、お過ごしですか」と
はがきの初めに書いて
落ちつかない気分になる
「あなたはどんな過ちをしていますか」と
問い合わせでもするようで――

この詩のモチーフは、説明するまでもなく、「過」という文字が「すごす」「あやまつ」の二通りに読めることにあります。「過」が、なぜ「あやまつ」という意味をもつようになったかといえば、過ごすということが、度を過ごす、度が過ぎる、過度、程度を越すといった意味でも使われるからで、度が過ぎることは、あやまちに通じるからでしょう。「中庸は徳の至れるもの」という言葉もありますが、古来、過不足なしの状態を最も良しとする考えがわれわれ人間にはあるようです。不足でも過分でも人間は平常心を失いやすいところから、A中庸を徳の至上態としたことには、それなりの理由が感じられます。

しかしそうは言っても、人間、程良くということは至難であり、殊に欲にからむことでは度を越し、あやまつようにできているようで、あやまつことこそ人間の日常と言えます。むしろ、日々を過ごすこと自体が、あやまちのB累積の上に成り立っているとさえ言いたくなります。

したがって「過去」は単に過ぎ去った時間ではなくて、あやまちが去っていった、あるいは、あやまちがあやまち自身を葬り去っていった、その記憶、うしろめたい時間の累積のごときものです。また、「過失」は単なるあやまちである以上に、あやまちをさえ、時の経つうちに見失い忘却してしまう人間の、浅はかな姿かもしれません。

創

創造、クリエートという言葉は、このごろ大層評価の高い言葉のようですが、創造の創が「きず」だということは意外に知られていないようです。(絆創膏という薬もあることです。)創造の創は、もちろん「物事の始まり、始め」という意味ですが、物事の始まりが「きず」だということば大変意味深いという気がします。

創造らしい創造をする精神は、そのいとなみに先立って、何等かのきずを負っているのではないか。きずを自らの手で癒そうとすることが創造につながるのではないか。

この場合、きずを不幸とか不運とかいうふうに悲劇的に考える必要はありません。何か、「切りつけられた」と感じられるような精神的な痛みのすべて、ある種の充足態が受ける不安、欠損なども、きずの内に含められるかもしれません。そのように考えますと、きずが物事の新しい始まりの因子であることは充分あり得ることです。

植物を挿木によって殖やす場合、枝の一部を刃物で殺ぎます。地中に挿しこんだ、その創口から、初々しい根が生えます。このことは、「　C　」と「　D　」がまさしく一語の中の二つの姿であることを、感得させてくれます。

(中略)

さて、以上に挙げた例によっても知られるように、言葉の意味は本来、固定的なものではなくて、流動性をもち、多様で重層的なものです。単に、多様な意味をもっているだけではなく、E多様な意味の間に、ひとすじの脈絡があるということに、私は興味を抱くのです。さきの例で言えば、度を過ごすことが、あやまちに通じるという脈絡であり、また、「きず」が物事の始まりに通じるかもしれないこと、また、新しく始まる物事は、それ以前の物事の姿に「きず」をつけるとも考えられるような脈絡です。

　こじつけのような感じを持たれる方もおられると思いますが、私には、そう思えないのです。言葉の文化は、大まかに言って、その意味の拡大ａ乃至《ないし》増殖現象であり、その歴史の総体だと思われますが、この拡大乃至増殖を促す力は、ひとつの意味が「喩」となって、別の意味に移ってゆく点にあります。もちろん、「喩」がすべてではありませんが、一つの言葉の中のいくつかの意味に脈絡があるのは、意味の展開を可能にする「比喩的直観」がその基礎にあるからだということを殆ど否定できません。

　ですから、われわれの比喩造出の行為を詩の領分での特別な行為と考えるのは誤りで、言葉そのものが比喩をｂ媒介として生成してきたのであり、言葉の生命は比喩そのものでもあると考えるほうが正しいと言えます。このように考えるほうが、言葉の意味を豊富にする人間の精神の生動感に立ち会う術でもあると思います。

（吉野　弘『詩のすすめ　詩と言葉の通路』による。）

1　――線部ａ「乃至」・ｂ「媒介」の意味を変えず、別の言葉で言い換えよ。ただし、どちらもひらがな五字以内とする。

2　――線部Ａを言い換えた部分を、文章中から十字以内で抜き出して書け。

3　――線部Ｂと同じ組み立ての熟語を次から一つ選び、記号で答えよ。

ア　研磨　　イ　仮定　　ウ　散会　　エ　雷鳴

4「　Ｃ　」「　Ｄ　」に当てはまる語をそれぞれ文章中から抜き出して書け。

5　――線部Eとあるが、それは何を指し示すと筆者は考えているか。文章中から三十五字以内で抜き出して書け。

(☆☆☆◎◎◎)

【四】次の文章を読んで、後の問いに答えよ。
※句読点や記号も一字と数えること。

抽象は【　A　】と対置する言葉で、一般には具体的な条件、要素、事象をどんどん無視して、最終的な、【　B　】的な根本原理を見出す方法論である。「地球は球面をしている」という具合に、全体の特徴をとらえて象徴することも、抽象という言葉の意味に含めてよいと考える。

いずれにせよ、分析には事象を抽象化することが必要なのである。抽象のaない分析は、問題の解決にはつながらbないことが多いのだ。

私たち数学者が理論を創造するために分析の仕事をすすめる上でも、抽象が必要だ。具体的な要因を可能な限り無視し、制約的な条件を片っぱしからはずしながら、普遍性を増大させていくのである。数学は「抽象の学問」といわれるくらい、それは数学者にとって大切なことである。

数学には、また「表現」という側面がある。抽象によって生まれた概念を、イメージのはっきりした具体的な状況で再表現するのが、数学でいう「表現」である。なぜ、そんなことが必要なのかというと、あまりに抽象的な概念は、論理的には正確であっても、何のことかよくわからcない場合が多い。だが、それが具体的な問題を通して表現された時、その意味が、なるほどと理解されるからである。

この表現には、概念を忠実に表現する態度と、概念を象徴的に表現する態度とがある。つまり、後者の表現の仕方は、私が抽象のもう一つの意味として考えている、「象徴」にのっとったやり方なのである。近代数学の中では、この表現論が非常な発展をとげている。

それはともかく、C数学にある抽象と表現という二つの側面は、芸術の中では、特に音楽に共通するものだと思う。数学者に音楽愛好家が多いのもその点で、心情的に自然に溶け込んでいるからだと思う。音楽の美しさというのは、音の美しさである以上に、音の構造の美しさであると思う。近代数学でも、構造というのが非常に大切だ。音楽の構造の選択というのは、美感に頼っているところがある。それと同じようなプロセスが数学の構造の選択にもあって、美感というものが大いに役立つのである。

だが、人間のクリエーションにはいろいろなものがあって、それらが総計されてクリエーションになるわけだ。だから、何と何を学べばクリエーションができるというものでもdない。従って、そこのところでもっと基本的、基礎的な訓練が必要なわけだ。D音楽と数学というのは、クリエーションの態度という点で、非常によく似ていると思う。

（広中　平祐『生きること学ぶこと』による。）

1　【　A　】に「抽象」の対義語を漢字二字で書け。

2　【　B　】に当てはまる言葉を文章中から二字で抜き出して書け。

3　――線部a「ない」と同じ品詞のものを――線部b～dから一つ選び、記号で答えよ。また、――線部a「ない」の品詞名を書け。

4　――線部Cとあるが、①「数学における抽象」と②「数学における表現」とは、どのようなことか。「こと」という言葉に続くように、①は五十字以内、②は四十字以内で文章中から抜き出して書け。

5 ——線部Dとあるが、音楽と数学の共通点は何だと言っているか。文章中の言葉を使って二十字以内で書け。（ただし、「クリエーションの態度」という言葉は使わないこと。）

（☆☆☆◎◎◎）

【五】次の文章を読んで、後の問いに答えよ。

※句読点や記号も一字と数えること。

或人《あるひと》、A花実《くわじつ》の事を歌にたて申して侍るにとりて、古《いにしへ》の歌は皆実《み》を存して花を忘れ、近代の歌は花をのみ心にかけて実には目もかけぬからと申しためり。尤《もつと》もBさとおぼえ侍る上、古今序にもその意侍るやらむ。さるにつきて、なほこの下の了簡《れうけん》、愚推をわづかにめぐらしみ侍れば、心得べき事侍るにや。いはゆる実と申すは心、花と申すは詞《ことば》なり。必ず古の詞強く聞ゆるを実と申すとは定め難かるべし。古人の詠作にも、心なからむ歌をば実無き歌とぞ申すべき。今の人のよめらむにも、Cうるはしく正しからむをば実有る歌と申し侍るべく候。

さて、「心をさきにせよ」と教ふれば、「詞を次にせよ」と申すに似たり。「詞をこそ詮《せん》とすD【べし】」といはば、また「心はなくとも」といふにて侍り。所詮心と詞とを兼ねたらむをよき歌と申すべし。心・詞の二つは鳥の左右のつばさの如くなるべきにこそとぞ思う給へ侍りける。ただし、E心・詞の二つを共に兼ねたらむはいふに及ばず、F心の欠けたらむよりは詞のつたなきにこそ侍らめ。

※古今序・・『古今和歌集』真名序

1　この文章『毎月抄《まいげつしょう》』の作者で、『新古今和歌集』の編者の一人であり、『小倉百人一首』の選者でもある藤原定家が詠んだ和歌を次から一つ選び、記号で答えよ。

ア　熟田津《にきたつ》に船乗りせむと月待てば潮もかなひぬ今は漕ぎ出でな

イ　願はくは桜の下にて春死なむそのきさらぎの望月のころ

ウ　花の色はうつりにけりないたづらにわが身世にふるながめせしまに

エ　駒とめて袖うち払ふかげもなし佐野のわたりの雪の夕暮れ

2　――線部A「花実」とは何かわかる部分を文章中から一文で抜き出せ。

3　――線部B「さ」とはどういうことか。「さ」が示す内容がわかるように、現代語で四十五字以内で書け。

4　――線部「或人」と作者の考えの違いは何か。「或人」との違いについて書かれている一連の三文の初めと終わりの五字を抜き出して書け。

5　――線部C「うるはしく」と対照的な意味を表す同じ品詞の単語を文章中から探し、そのままの形で抜き出して書け。

6　D【べし】を文法上ふさわしい形に活用して書け。

7　――線部E「心・詞の二つを共に兼ねたらむはいふに及ばず」を現代語訳せよ。

8　――線部Fの直前に、作者の考えがはっきりわかるよう言葉を補うとするとどのような内容がふさわしいか。前後の文脈を考え、現代語で、十五字以内で書け。

（☆☆☆◎◎◎）

【高等学校】

【一】次の文章を読んで、後の問いに答えよ。

世阿弥の至花道書に、「闌位事《らんいのこと》」という一段がある。「たけたる位」とも訓み、みだり、たけなわ、やりかけ、まばら、などの意味があり、いずれも不完全なことを現している。原文は解りにくいので、大意だけ記しておく。

――芸の奥儀を極めたシテが、ときどき異風(変ったかたち)を見せることがあるが、面白いと思って、初心者が安易にaモホウしてはならない。そもそも「たけたる位」というのは、若年から老年に至るまで、あらゆる稽古をしつくした人間が、稀に演じる非風(悪いかたち)なのである。上手な人は、善いところばかりで、完全無欠な芸だけでは、見物にとって珍しくない。そこへ非風を少しまぜれば、面白く見えるのであって、非風が却って是風(正しいかたち)となる。それを未熟なものが真似ると、もともとしてはいけないことをするのだから、まずい上にまずいことを重ねる結果となり、「焔に薪をそへるが如し」。たくるというのは技ではない。名人上手が鍛練工夫をしたあげくに到達した「心位」なのである。――

友枝喜久夫の芸は、現代でいえば、まさしく「たけたる位」に相当しているといえよう。といっても、本人が意識して行っているわけではなく、目が見えぬ悲しさといらだちが、「①我を忘れる」結果となり、「我を忘れた」時に、思いもかけぬ美しさが火花となって散るのである。友枝さんの芸が能には珍しくドラマティックであるのは、訓練を重ねた技術の向こう側に赤裸々な人間性が現れるからで、そのために、姿勢がbクズれる恐れはいささかもない。今、ドラマティックと私がいったのは、芝居がかっているという意味ではなく、矯めに矯めた感情が、能の型や約束を打ち破って現れる時、強烈な感動を与えるのだ。それは誰にでも理解できる美しさで、――美しさというより、魂をゆさぶる衝撃といえようか。今時そんなものに出会うことは稀にしかない。テレビの前で寝そべっていてはダメなので、こちらから出かけて行ってつかみとらねばならない。世の中にこれほど愉しく、かつ深遠な悦びを与えるものがあるだろうか。私が友枝さんの能を見るのは、一に②そういう精神的なショックをうけたいためで、大げさにいえばこちらもA斎戒沐浴して、身心をととのえておく必要がある。

ここまで書いて来て気がつくのは、右に述べたような至芸は、別に能に限ったわけではない。日本の文化が究極のところで求めていたのは、③世阿弥のいう「たけたる心位」に達することではなかったか。

たとえば茶道の始祖であった村田珠光は、「たけくらむ」(闌け暗む)という語を用いており、初心のものが備前や信楽のわびた焼きものをB賞玩するのは、「人もゆるさぬたけくらむ事、言語道断也。かる、と云事は、よき道具をもち、其あぢわひをよくしりて、心の下地によりてたけくらみて、後までひへやせてこそ面白くあるべき也」といっているし、利休がはじめて一畳半の小さな茶室を造ったことについて、弟子の宗二は、「宗易(利休)ハ名人ナレバ、山ヲ谷、西ヲ東ト、茶湯ノ法ヲ破リ、自由セラレテモ面白シ」といい、それぞれ表現は違うけれども、規則を破った自由な境地にほんとうの面白さがあると説いている。

芭蕉が最後に到達した「軽み」についても、去来が書き残した書簡によると、「翁(芭蕉)曰、当時ノ俳諧ハ④梨子地ノ器ニ高蒔絵シタルガゴトシ、美ツクシ善ツクストイヘドモ漸く飽レ之。我門人ノ句ハ⑤桐ノ器ヲカキ合セニヌリタランガゴトク、ザングリトアラビテ作スベシ」と記し、備前や信楽の焼きものに共通する自然の荒々しさ、無関心さに最高のものを見出していた。

芭蕉が西行を敬愛していたのも、王朝のみやびを捨てて俗語を使い、日常の悩みや苦しみを構わず歌に詠んではばからなかった、そういう生きかたに共感したのではなかろうか。その西行も晩年には、歌の姿に「軽き趣のすぢ」を重要視した人物で、芭蕉の「軽み」もおそらくそこに原典があったのではないかと想われる。
してみると、わび、さび、冷え、枯れ、などという言葉も、一種の（　あ　）なのであって、文字どおりに受けとってはなるまい。美をつくし、善をつくした高蒔絵の如きは、一見完璧なもののように見えるが、既につくすという言葉の中に、あとにはもう何もないことを示しており、それに反して極度に縮小された茶室とか、荒びた器や焼きものには、何物にも拘束されない自由な天地と、すべてのものを生み出すいのちが秘められていることを語っている。

一方に、室町時代の中国伝来の茶器や、秀吉が造った黄金の茶室といったような、豪華絢爛な趣味が存在したために、このような思想が生れたのであろうが、その時はじめて日本人は⑥日本人の美意識に目ざめたということもできよう。別言すれば、珠光も、利休も、芭蕉も、あえていうなら世阿弥も、善をつくしたものに飽き、そこに限度を見出して、自分自身の行くべき道を発見したのである。

「この道や行人なしに秋の暮」と吟じた芭蕉は孤独であったが、それは名人が負わなければならない宿命であり、この句にはどこかそういうcタンソクとともに、C矜持みたいなものが感じられなくもない。「軽み」という言葉は、現代では誤解されているようだが、西行や芭蕉の軽みと、『サラダ記念日』の軽さは違うのである。同様に、わび、さび、などという言葉も、一般には短絡的に解釈されており、文字どおりに受けとると間違う。それは「よき道具をもち、其あぢわひをよくしりて」後に発見することができるもので、「人もゆるさぬたけくらむ事、言語道断也」という珠光の言は、何よりもよくそのことを証している。

私がなぜこの本に『老木の花』という題名を与えたか、読者は既に推察して下さったと信じている。それは私の造語でなく、世阿弥が父親の観阿弥を評した言葉に、――年をとってからは、舞台の花はすべて初心者にゆずり、自分自身はdヒカえめに、はでなことは一切しないでいたが、それにも拘わらず「花はいやましに見えし也。これまことのD花なるが故に、能も枝葉もすくなく老木になるまで花は散らで残りしなり」（花伝書）によったものである。

そのほかにも、「老木に花の咲かんがごとし」という形容を世阿弥は度々用いており、老人になってからの芸がいかに大切か、人生の最後に咲いた花こそ、「まことの花」であるとくり返し説いている。先にも述べたようにそれは日本の文化一般に通ずる思想であって、西洋の芸術が若さと力の表徴であるなら、これは人生の経験を積んだ後に到達することのできる幸福な境地と呼べよう。私はどちらがいいなどといっているのではない。ただ年をとるということは、ある意味では生涯で一番たのしい時期ではないかとひそかに思っているにすぎない。というのは、若い時には知らずにすごしたさまざまなものが見えて来るからだ。友枝さんの心の眼にも、必ずそういうものは映っているに違いない。せめてそういうことの一端でも記すことによって、友枝さんの美しい芸にeムクいたいと私は思っている。

（白洲正子『美は匠にあり』）

問一　傍線部a～eのカタカナを漢字で書け。

問二　傍線部A～Dの意味として最も適当なものを、各群の選択肢からそれぞれ一つずつ選び、記号で答えよ。

A　ア　身心のけがれをとること　イ　熱心に学ぶこと
　　ウ　姿勢を正すこと　エ　心を穏やかにすること

B　ア　できばえをほめたたえること　イ　深く観察し価値を鑑定すること
　　ウ　いいかげんにもてあそぶこと　エ　美しさやよさを味わい楽しむこと

C　ア　悲哀　イ　威厳

ウ　自負　　　　　　　　　　　　　　　エ　諦念

D　ア　本質　　　　　　　　　　　　　イ　魅力

ウ　自然　　　　　　　　　　　　　　　エ　若さ

問三　（あ　）に入れるのに最も適当な語を次の中から一つ選び、記号で答えよ。

ア　戯言　　イ　心位　　ウ　逆説　　エ　姿勢

問四　傍線部①「我を忘れる」とはこの場合どのようなことか、解答欄に合うように文中から二十五字以内で抜き出して答えよ。

問五　傍線部②「そういう精神的なショック」とは何のことか、文中から二箇所、それぞれ五字で抜き出して答えよ。

問六　傍線部③「世阿弥のいう『たけたる心位』に達する」とはどういうことか、最も正しく説明しているものを次の中から一つ選び、記号で答えよ。

ア　焔に薪をそへるように、美を求める心がさらに激しく高ぶっている境地に達すること。

イ　我を忘れるまで鍛練工夫をすることにより、人を感動させる美しさを無意識に生み出すことができる境地に達すること。

ウ　完全無欠さを極めた名人が、規則を破った不完全さの中に面白さを見出す境地に達すること。

エ　初心を忘れずに精進している誠実な者が、素朴な自然の中に美しさを見いだせる境地に達すること。

問七　傍線部④、⑤はそれぞれ何をたとえているか、その比喩内容として最も適当なものを次の中からそれぞれ一つずつ選び、記号で答えよ。

ア　極度に縮小されたもの　　　　　イ　完全無欠なもの　　　　　ウ　興味のないもの

エ　技巧を凝らしていないもの　オ　価値が定まったもの　カ　規則を破ったもの

問八　傍線部⑥「日本人の美意識」とはどのようなものだと筆者は考えているか、本文中の語句を用いて説明せよ。

（☆☆☆◎◎◎）

【二】次の文章を読んで、後の問いに答えよ。

敦敏の少将の子なり、佐理の大弐、世の手書の上手。任はてて上られけるに、伊予国のまへなるとまりにて、日いみじう荒れ、海のおもてあしくて、風おそろしく吹きなどするを、少しなほりて出でむとしたまへば、また同じやうになりぬ。①かくのみしつつ日頃過ぐれば、いとあやしく思して、(注1)もの問ひたまへば、「神の御崇」とのみ言ふに、さるべきこともなし。いかなることにかと、怖れたまひける夢に見えたまひけるやう、いみじうけだかきさましたる男のおはして、「この日の荒れて、日頃ここに経たまふは、おのれがし侍ることなり。よろづの社に額のかかりたるに、おのれがもとにしもなきがあしければ、かけむと思ふに、なべての手して書かせむがわろくはべれば、われに書かせたてまつらむと思ふにより、この折ならではいつかはとて、とどめたてまつりたるなり」とのたまふに、「誰とか申す」と問ひまうしたまへば、「この浦の三島に侍る翁なり」とのたまふに、夢のうちにもいみじうかしこまりまうすと思すに、おどろきたまひて、また②さらにもいはず。

さて、伊予へわたりたまふに、多くの日荒れつる日ともなく、うらうらとなりて、そなたざまに追風吹きて、飛ぶがごとくまうでつきたまひぬ。湯たびたび浴み、いみじう潔斎して、清まはりて、日の装束して、③やがて神の御前にて書きたまふ。神司ども召し出だして(注2)打たせなど、よく(注3)法のごとくして帰りたまふに、（④）怖るることなくて、すゑずゑの船にいたるまで、たひらかAに上りたまひBにき。わがすることを人間にほめ崇むるだに興あることCにてこそあれ、まして神の御心に⑤さまでほしく思しけむこそ、⑥いかに御心おごりしたまひけむ。また、おほよそこれにぞ、いとど日本第一の御手の⑦覚えはとりたまへりし。六波羅蜜寺の額も、この大弐の書きたまへるなり。されば、かの三島の社の額と、この寺のとは同じ御手にはべり。

御心ばへぞ、懈怠者《けだいしゃ》、少しは如泥人《じょでいにん》とも聞こえつべくおはせし。故(注4)中関白殿、東三条つくらせたまひて、御障子に歌絵ども書かせたまひし色紙形を、この大弐に書かせましたまひけるを、いたく人さわがしからぬほどに、まゐりて書かれなばよかりぬべかりけるを、関白殿わたらせたまひ、⑧上達部・殿上人など、さるべき人々まゐりつどひて後に、日高く待たれたてまつりてまゐりたまひければ、少し骨なく思し召さるれど、さりとてあるべきことならねば、書きてまかでたまふに、女の装束かづけさせたまふを、さらでもありぬべく思さるれど、捨つべきことならねば、そこらの人の中をわけ出でられけるなむ、なほ懈怠の失錯なりける。のどかなるけさ、とくもうちまゐりて⑨書かれなましかば、かからましやはとぞ、皆人も思ひ、みづからも思したりける。「むげの、その道、なべての⑩下臈などにこそ、かやうなることはせさせたまはめ」と、⑪殿をも誇りまうす人々ありけり。

（『大鏡』）

(注1)もの問ひ…ここでは、占いをさせるの意。
(注2)打たせ…額を掲げさせ。
(注3)法…きまり。作法。
(注4)中関白殿…藤原道隆。

問一　傍線部A〜Cの「に」について、それぞれ文法的に説明せよ。

問二　傍線部①、⑥、⑨を、それぞれ現代語訳せよ。
問三　傍線部②、③、⑦の語句の解釈として最も適当なものを、各群の選択肢からそれぞれ一つずつ選び、記号で答えよ。

②　ア　決して口にしない　　イ　何とも言いようがない　　ウ　いうまでもない
　　エ　誰にも話せない　　オ　どうしようもない

③　ア　ようやく　　イ　そのうち　　ウ　そのまま　　エ　その後に　　オ　少しして

⑦　ア　才能　　イ　評判　　ウ　覚悟　　エ　資格　　オ　祝儀

問四　（　④　）に入る最も適当な副詞を、次の中から一つ選び、記号で答えよ。

ア　つゆ　　イ　え　　ウ　など　　エ　な　　オ　いかで

問五　傍線部⑤を具体的に記した部分を三十五字で抜き出し、その最初と最後の五字を記せ。
問六　傍線部⑧、⑩の読みを、それぞれ現代仮名遣いで答えよ。
問七　傍線部⑪「殿をも誘りまうす」とあるが、どうして人々は中関白殿を非難したのか、説明せよ。

（☆☆☆◎◎◎）

【三】次の文章を読んで、後の問いに答えよ。（設問の都合で返り点・送り仮名を省いたところがある。）

（注1）公子聞ク下趙ニ有リ二処士一毛公ハ蔵《かく》レ二於博徒ニ一、薛《せつ》公ハ蔵ルト中於

（注2）売《ばい》漿《しやう》家《か》ニ上。公子欲スレ見ント二両人ヲ一。両人自ラ匿《かく》レ不レ肯《がへん》ゼレ見ルヲ二公子ヲ一。

公子聞《キキ》レ所《ヲ》レ在《ル》、乃《チ》(注3)間歩《シテ》往《キ》、従《ヒテ》二此《ノ》両人《ニ》一游《ビ》、甚《ダ》歓《ブ》。(注4)平原君聞《キ》レ之《ヲ》、謂《ヒテ》二其《ノ》夫人《ニ》一曰《ク》、「始《メ》吾聞《ク》二夫人《ノ》弟《ノ》公子《ハ》天下無双《ナリト》一。今吾聞《ク》レ之《ヲ》、乃《チ》妄《みだリニ》従《ヒテ》二博徒売漿者《ニ》一游《ブト》。公子《ハ》妄人《ナル》耳《ト》。」夫人以《テ》告《グ》二公子《ニ》一。公子乃《チ》謝《シテ》二夫人《ニ》一去《ラントス》。曰《ク》、「始《メ》吾聞《ク》二平原君《ノ》賢《ヲ》一、故《ニ》負《そむキテ》二魏王《ニ》一而救《ヒ》レ趙《ヲ》、以《テ》(注5)称《かなフ》二平原君《ニ》一。平原君之游《ハ》、‖A徒豪挙《ナル》耳‖B。不《ル》レ求《メ》レ士《ヲ》也。無忌《むき》自《リ》下在《ル》二(注6)大梁《ニ》一時上、常《ニ》聞《ク》二此《ノ》両人《ノ》賢《ヲ》一。至《リテ》レ趙《ニ》、①恐《ル》レ不《ルヲ》レ得レ見《ルヲ》。以《テ》二無忌《ヲ》一従《ヒテ》レ之游《ブモ》、尚《ホ》恐《ル》三其《ノ》不《ルヲ》二我《ヲ》欲《セ》一也。今平原君乃《チ》以《テ》為《ス》レ羞《ト》。其《レ》不《ト》レ足《ラ》二従游《スルニ》一。」乃《チ》装《シテ》為《ス》レ去《ラント》。夫人具《つぶサニ》以《テ》語《つグ》二平原君《ニ》一。②平原君乃《チ》免《ぬギテ》レ冠《ヲ》謝《シ》、固《ク》留《ム》二公子《ヲ》一。平原君《ノ》門下聞《キ》レ之《ヲ》、半《バ》去《ツテ》二平原君《ヲ》一

帰ス二公子ニ一。天下ノ士復タ往キテ帰ス二公子ニ一。公子傾ク二平原君ノ客ヲ一。

公子留マルコトレ趙ニ十年、不レ帰ラ。秦聞キ二公子ノ在ルヲ一レ趙ニ、日夜出ダシレ兵ヲ

東ノカタ伐ツレ魏ヲ。魏王患《うれへ》レ之ヲ、③使三使往請二公子一。公子恐レ二其ノ怒ルヲ一レ

之ヲ、乃チ誡《いまし》メ二門下ヲ一、有ラバ下敢テ為ニ二魏王ノ使ヒノ一通ズル者上死セントス。賓客皆背イテレ魏ニ

‖C之レ趙ニ、莫シ三敢テ勧ムルモノ二公子ニ帰ルヲ一。毛公・薛公ノ両人、往キテ見テ二公子ヲ一

曰ク、「公子ノ所下以重ニ‖D於趙一、名聞コユル中諸侯ニ上者、徒以テレ有ルヲレ魏也。

今秦攻メレ魏ヲ、魏急ナリ。‖E而公子不レ恤《うれへ》。使下秦破二大梁一、而(注7)夷中

先王之宗廟上。公子④当何面目立天下乎。」⑤語未ダレ及バレルニ

卒《おハルニ》、公子立チドコロニ変ジレ色ヲ、告ゲテレ車ヲ(注8)趣《うながシ》レ駕《がヲ》、帰リテ救フレ魏ヲ。

（注1）公子…戦国時代の魏の政治家。名は無忌。魏王に無断で魏の軍を動かし、秦に攻められた趙を救ったが、魏王の怒りを恐れ、趙に留まっている。
（注2）売漿家…飲み物屋。
（注3）間歩…こっそりと出かけること。
（注4）平原君…戦国時代の趙の政治家。
（注5）称…心にかなう。
（注6）大梁…魏の都。
（注7）夷…破壊する。
（注8）趣駕…急がせる。

問一　二重傍線部A「徒」、B「耳」、C「之」、E「而」の読みを、それぞれ現代仮名遣いのひらがなで答えよ。（必要ならば送り仮名を付けて答えよ。）
問二　二重傍線部Dの助字「於」の意味を、次から一つ選び、記号で答えよ。
ア　場所　イ　受身　ウ　原因　エ　対象　オ　比較
問三　傍線部①「恐不得見」、⑤「語未及卒」を、それぞれ現代語訳せよ。
問四　傍線部②「平原君乃免冠謝」について、このような行動をとった理由を五十字以内で述べよ。
問五　傍線部③「使使往請公子」について、
（1）書き下し文に直せ。
（2）「請」の内容を明らかにして現代語課せよ。

問六　傍線部④について、次の現代語訳を参考にして、訓点を施せ。
「どんな面目があって天下に立つことができるでしょう。」

（☆☆☆◎◎◎）

解答・解説

【中学校】

【一】①　こうでい　②　はしご　③　ざんじ　④　つぶや　⑤　かんが　⑥　会得　⑦　円滑
⑧　怠　⑨　警鐘　⑩　携

〈解説〉漢字は、表意文字であるから、文の内容に整合するように意味を考えながら表記することが大切である。
同音(訓)異義語や類似の字形に注意すること。

【二】1　①　適切に表現　②　正確に理解する　③　言語感覚を豊か　④　国語を尊重する
2　①　オ　②　ア　③　カ　④　イ　⑤　ク　⑥　エ

〈解説〉1　中学国語の教科目標は、大きく二つの部分から構成されている。前段は「国語を適切に表現し正確に理解する能力を育成し、伝え合う力を高める」であり、国語の能力の根幹となる、国語による表現力と理解力とを育成することを意味している。後段は、「思考力や想像力を養い言語感覚を豊かにし、国語に対する認識を深め国語を尊重する態度を育てる」であり、「思考力や想像力」とは言語を手掛かりとしながら論理的に思考する力や豊かに想像する力、「言語感覚」とは言語の使い方の正誤・適否・美醜などについての感覚を指す。　2　「書くこと」の目標は、書く能力と書く態度に関する事項であり、各学年ともに「目的や意図に応じ」ることを共通のねらいとしている。高学年になるにしたがって、より高次の目標が設定されていることを踏まえて、学習するとよい。

【三】1　a　あるいは(または)　b　なかだち(ちゅうかい)　2　過不足なしの状態　3　ア　4　C　きず　D　創造(順不同)　5　意味の展開を可能にする「比喩的直観」がその基礎にあるからだということ

〈解説〉1　aは接続詞で「あるいは、または」、bは「両方の間に入ってとりもつこと」で、仲立ち、とりもち、仲介等に言い換えることができる。　2　Aは考えや行いがかたよらず穏当なことで、中正、中道ともいう。　3　累積は「累」(重なる)と「積もる」と類義語の熟語である。アは類義語の関係、イは修飾・被修飾関係、ウは述語・目的語関係、エは主語・述語関係の熟語である。　4　CとDの前にある「このこと」とは「地中に挿しこんだ、その創口から初々しい根が生え」ること。「創(きず)口」と「新しい根が生える」(創造)の関係をとらえる。　5　Eと同義の表現を文中から探すこと。後に「一つの言葉の中のいくつかの意味に脈絡がある」とあり、その理由も述べられている。

【四】1　具象(具体)　2　普遍　3　記号…d　品詞名…形容詞　4　①　具体的な要因を可能な限り無視し、制約的な条件を片っぱしからはずしながら、普遍性を増大させていく(こと)　②　抽象によって生まれた概念を、イメージのはっきりした具体的な状況で再表現する(こと)　5　構造の選択の場面で美感に頼っている点。

〈解説〉2　根本原理は、一般的に変わらないものなので、「普遍」が該当する。　3「ない」には、自立語(形容詞)と助動詞があり、後者は動詞だけに接続する。aは「抽象の」(主語)に対する述語であり、bとcは動詞に接続した助動詞、dは自立した形容詞である。　4　文章中から抜き出す際は、漢字・ひらがな等の使い分けに注意すること。「片っ端」「外す」と書いた場合、誤答になる可能性がある。　5　クリエーション(物事の創造)の基礎・基本において、音楽と数学に共通する点を、Dの前段落で、筆者は、音楽も数学も構造の選択において美感に頼っているところがあることを述べている。

【五】1　エ　2　いはゆる実と申すは心、花と申すは詞なり。　3　古い歌は皆、実を重視していて花を軽視しており、近代の歌は花を重視して実を軽視していること。　4　初め…必ず古の詞　終わり…るべく候。　5　つたなき　6　べけれ　7　心と詞との二つを兼ねているのが理想なのはもちろんですが　8　それが不可能である場合には

〈解説〉1　アは額田王(万葉集)、イは西行(山家集)、ウは小野小町(古今集)、エは藤原定家(新古今集)である。　3「さ」は、「そのように」の副詞で、前の文の特定の内容をさす。文中の「古の歌は皆実を存して花を忘れ、近代の歌は花をのみ心にかけて実には目もかけぬ」がその内容である。「昔の歌は皆実ばかりあって花を忘れており、近代の歌は花ばかり気にしていて実には全く注意しない」という意味。　4　或人の「古歌」と「近

代の歌」についての考えに対し、筆者(定家)は、「古人の詠作にも、心なからむ歌をば実無き歌とぞ申すべき。」(古人の歌でも歌境の深まりのない歌は実のない歌と申すべきでしょう)とのべている。　5　Cは「うるわし」(形・シク)の連用形で、整って調和感のあるという意味である。この語と対照的な形容詞は「つたなき」(形容詞「つたなし」の連体形)で、うまく調和していない、という意味である。　6「べし」(適当の助動詞)は、「詞をこそ」の係助詞「こそ」と呼応して、係結びをつくるため、活用形を已然形に変える。　7　Eの「む」は婉曲の助動詞で、心と詞との二つを兼ねているのが、「いふに及ばず」は、(理想なのは)もちろんですが、という意味である。　8　Fは、「心と詞の二つを兼ねていないときは、心の欠けているよりも詞がうまく用いられていない方をとるべきでしょう」という意味だから、「心と詞」の二つを兼ねそなえているのが「不可能な場合」と考えることができる。

【高等学校】

【一】問一　a　模倣　b　崩　c　嘆息　d　控　e　報　問二　A　ア　B　エ　C　ウ　D　イ　問三　ウ　問四　・矯めに矯めた感情が、能の型や約束を打ち破って現れる(こと。)　・訓練を重ねた技術の向こう側に赤裸々な人間性が現れる(こと)　問五　・強烈な感動　・深遠な悦び　問六　ウ　問七　④　イ　⑤　エ　問八　善や美を尽くしたものに限界を見出し、自然の荒々しさや無関心さの中に何者にも拘束されない自由な天地と、すべてのものを生み出すいのちを見出す美意識。

〈解説〉問二　Aの「斎戒」とは、神聖な仕事をする人が、飲食や行いをつつしみ、心身を清めること、「沐浴」とは、からだを洗って身も心も清らかにすること。Bは、物の美しさやよさを味わうこと。Cは、自分の力、才能などを信じて持つ誇りのことで、慣用では「きんじ」と読む。Dは、能楽で世阿弥が最も大切にした芸術理念で、努力によって得られる美しさ(魅力)のこと。　問三　空欄の前後でわび、さび、冷え、などの言葉について、「文字どおり受けとってはなるまい」とある。これは、芸道の極みに達した者でしか発見できない美意識の象徴ととらえ、一種の逆説と考える。問四　①「我を忘れる」とは、友枝さんが無我の境地で能に取組む姿勢である。筆者は、友枝さんの芸について、能には珍しくドラマティックであると述べている。この「ドラマティック」の内容を抜き出せばよい。問五　②の「そういう精神的なショック」の「そういう」の指示する内容を②より前の文の中から選ぶこと。問六　第二段落に「たけたる位」というのは、若年から老年に至るまで、あらゆる稽古をしつくした人間が、稀に演じる非風(悪いかたち)なのである、と述べている。問七　④「梨子地(なしぢ)」は、金銀の粉を梨の皮のまだらなように散らして、その上に梨子地漆を塗ってみがき出すこと。その器に「高蒔絵」を表したような美の限りをつくした(俳諧)とある。⑤は桐の器にカキ(柿)合せ塗りをしたような、粗雑な(俳諧)のことである。問八　前後の文を踏まえて答えることが大切。室町時代の中国伝来の茶器や秀吉の黄金の茶室に見る豪華絢爛な趣味へのアンチテーゼ的な思想として「何ものにも拘束されない自由な天地とすべてのものを生み出すいのちが秘められている」と述べている。茶道における珠光、利休、俳諧における芭蕉、能における世阿弥をあげ、筆者は「善(および美)をつくしたものに飽き、そこに限度を見出して、自分自身の行くべき道を発見した」と例証している。

【二】問一　A　ナリ活用形容動詞「たひらかなり」の連用形活用語尾　B　完了の助動詞「ぬ」の連用形　C　断定の助動詞「なり」の連用形　問二　①　このようなことばかりを繰り返して数日過ぎたので、⑥　どれほど得意になりなさっただろう。⑨　書きなさったならば、このようであっただろうか、いや、このようではなかっただろうに。問三　②　ウ　③　ウ　⑦　イ　問四　ア　問五　なべての手…らむと思ふ　問六　⑧　かんだちめ(べ)　⑩　げろう　問七　身分の高い佐理に人々の前で女物の着物を褒美として与えて、恥をかかせたから。

〈解説〉問二　①「かくのみしつつ」の「かく」は、前文の(佐理の大弐)が京に上ったとき、伊予の国に入る手前で天候が荒れ、海上が険悪になる日が続いたことを指す。「日過ぐれば」は、幾日も過ごすこと。⑥の「いかに」は、どんなに、の意味で推量を表す副詞。「けむ」は、過去の推量の助動詞である。⑨の「…ましかば、…まし」は、反実仮想の内容を表す。「ましか」は反実仮想の助動詞「まし」の未然形で、「ば」は仮定条件を表す接続助詞である。「やは」は反語の係助詞。「(佐理殿が早く参上して)お書きになってしまわれたならば、こんな不体裁なことになっただろうか(いやならずにすんだのに)」という意味である。　問三　②の「さらに」(更に)は下に打消を伴い、まったく、少しも、という意味である。ただし、「さらにもいはず」は慣用句で、改めて言うまでもない、もちろんだ、という意味になる。③はそのまま、⑦は評判を指す。　問四　空欄には「怖るることなくて」の「なくて」を修飾する、「少しも」を意味する「つゆ」が適切である。　問五　⑤の「さまで」(然迄)は、「それほどまでに」の意の副詞。三島明神が佐理に夢の中で懇望した部分「なべての手して書かせむがわろくはべれば、われに書かせたてまつらむと思ふ」について、その最初と最後の五文字を抜き出す。　問六　⑧は昔朝廷に仕えた太政大臣・左右大臣・大中納言および参議の称、⑩は修業を少ししか積まない、地位の低い僧。転じて官位の低い者を指す。　問七　⑪「殿をも誇りまうす」というその内容は、その前の文「むげの、その道なべての下臈などに」(全く話にもならない書道一般並みの身分の低い者に対して)、「かやうなること」(女の装束をかずけ物として与えること)、「せさせたまはめ」(なされてもよかろうに)をふまえ、日本第一の能書家である佐理への仕打のひどさに対して人々は、道隆公を謗っている。

【三】問一　A　ただ　B　のみ　C　ゆき　E　しかれども(しかるに)　問二　イ　問三　①　会うことができないことを恐れる。⑤　言葉がまだ終わらないうちに、　問四　公子は人を見かけで判断せずに本質を見抜いていたのに、それに気付かずに公子を批判したことを恥じたから。　問五　(1)　使ひをして往きて公子に請はしむ　(2)　使者に行かせて公子に帰国を求めさせた。

問六　当《ニ》《キ(ケン)》三何《ノ》面目《アリテ(カ)》立《ツ》二天下《ニ》一乎。

〈解説〉問一　Aは、たんに、という意味であり、Bは断定をあらわす。Cは「行き」と同じ動詞で、Eは逆接の接続詞で、しかし、という意味である。　問二「重於趙」は、「趙に重んぜられ」と訓読し、「於」は受身の置き字である。　問三　①　毛公と薛公の二人に(趙に来ても)会えないのではないかと心配したのである。⑤　毛公と薛公の二人が魏へ帰国することを公子に説得する言葉が終わらないうちに、という意味である。問四　公子(無忌)が、博徒仲間にまじっている毛公と飲料売りの薛公と交際していることを耳にした平原君が、夫人に公子を妄人(いい加減な人間)と評したことへの反省である。公子が毛公・薛公と交際したのは、文中の「無忌自在大梁時、常聞此両人賢」から、両人が賢人であることを公子は見抜いていた。外聞だけで公子を批判した平原君は、おのれの軽率さを反省し、謝罪したのである。　問五　③(1)「使《ム》三使《イヲシテ》往《キテ》請《ハ》二公子《ニ》一」の書き下し文である。　(2)「請」は、公子に帰国するよう求めることを指す。　問六「当に何の面目あって天下に立つべきか」と訓読する。再読文字「当」に注意して返り点と送りがなをつける。

二〇二三年度 実施問題

【中学校】

【一】次の①～⑩の――線部の漢字には読みがなを、カタカナには漢字を書け。

(☆☆☆◎◎◎)

① 滞りなく式を終える
② 弾圧を凌ぐ
③ 鉄道を敷設する
④ 欠伸を我慢する
⑤ 脆弱な地盤
⑥ 後輩にシタわれる
⑦ 人の道にソムく
⑧ 法律をジュンシュする
⑨ キュウヨの一策
⑩ 監督をコウテツする

【二】次の文章を読んで、後の問いに答えよ。

ためらひもなく花季《はなどき》となる黄薔薇何を怖れつつ吾は生き来し

尾崎　左永子

咲けば必ず散るのが花の運命だ。美しければ美しいほど、散るのはさぞ辛いことだろう、と思うのが人の心だが、［　A　］は、どうやらそうでもないらしい。「ためらひもなく」堂々と花ひらく黄薔薇。散ることを前提としていながら、こんなにもいさぎよく、明るく、美しい。このくったくのない、天真爛漫な感じというのが「黄」という色によって、より鮮明に伝わってくる。これが、「白」や「真紅」の薔薇だったら、少しニュアンスが異なってしまうだろう。

花季の黄薔薇を眺めながら、作者はふと、これまでの自分の生きかたを自問している。散ることを怖れて、咲くことをためらってはいなかっただろうか？　散ると決まったわけではないときにも、一歩が踏み出せないことがあったのではないだろうか？

迷うことなく、花は生きている。下の句の自問からは、［　B　］という、作者の願いをも、読みとることができるだろう。

はらはらと黄の冬ばらの崩れ去るかりそめならぬことの如くに
窪田　空穂

「はらはらと……崩れ去る」には、「［　C　］」という言葉では、捉えきれない重みがある。はらはらと、のせつない響き。一枚一枚の花びらが、離れてゆくにしたがって、そこにあった「花」という形がこわれ、消えてゆく。それが「崩れ去る」である。

作者は、冬ばらと冬ばらの背後に、何かとてつもなく大きなものの力を感じとった。ここに詠まれているばらには、毅然とした意志が感じられる。そして、ばら自身の意志とともに、それと呼びあっているような何か。「何か」とは、なにか？　あえて自然、神、宇宙……といった言葉に置きかえることはしなくても、いいように思う。それは、かりそめならぬ何かなのだ。目に見えるものが崩れ去るときに、目に見えない力を見つめている作者の視線の深さが、一首の魅力を支えている。

D 乾きゆくものへの挽歌黄のばらのドライフラワーとなるを見届く　青木　信

ドライフラワーという状態は、生なのだろうか、死なのだろうか。自然に枯れた花と違って、私たちはそれを買い、部屋に飾る。装飾品としては、まだ生きていると言えるだろう。（以下省略）

（俵　万智『三十一文字のパレット』による。）

1 傍線部「天真爛漫」とよく似た意味の「天」で始まる四字熟語を漢字で書け。
2 [A]・[C]にあてはまる言葉を、Aは「人の心」という言葉を踏まえて三字で、Cは文章中から二字で抜き出して、それぞれ書け。
3 [B]にあてはまる作者の願いとはどのようなものと考えられるか。二十字以内で書け。
4 ――線部Dの短歌から受けとれる作者の思いとして、最も適切なものを一つ選び、記号で答えよ。
ア ドライフラワーの生い立ちを想像し、哀歓の思いを抱いた。
イ ドライフラワーの姿に本当の意味での死の姿を見つけた。
ウ ドライフラワーの装飾品としての新しい生命の存在を認めた。
エ ドライフラワーのみずみずしさを失っていく工程を見届けた。
5 三首の短歌から受けとれる黄のばらのイメージはどのようなものか、次から最も適切なものを一つ選び、記号で答えよ。

ア　黄のばらには、白や真紅にはない重厚な姿がある。
イ　黄のばらには、屈託のないえもいわれぬ雰囲気が感じられる。
ウ　黄のばらには、明るさとせつなさとが同居している。
エ　黄のばらには、人の心を惑わす目には見えない魅力がある。

（☆☆☆◎◎◎）

【三】次の文章を読んで、後の問いに答えよ。

仲間と研究会をやるとき、久しぶりの再会ということで、ついよもやま話に花が咲く。ひとしきりおしゃべりしたあと、「ほんなら始めましょか」というだれかの言葉とともに、座がいったん静まり、さっと研究者調の話しぶり、頭の使い方に変わる。a会話の水準そのものがすとんと転位するのだ。学生たちの読書会でもそのようだ。思考の水準を切り換えるために「ほんなら始めましょか」という一言がどうしても必要だ。

b「一席、設ける」という言葉もある。一仕事終わってだれかを慰労しようかというときによく口にするし、たがいに遠慮しあってこれまで会うチャンスがなかった二人を結びあわせるためにそう呼びかけることもあるし、たがいに意地を張りあって関係が煮つまったときに、いわば「手打ち」のためにそう提案することもある。「一席」というからには、他人が入ってこない座敷や個室をとり、食事をともにし、金も払いあうわけだから、そこには対等で向きあうという気楽さがある。これまでのことにいったん切りをつけてという、あるいはこれまでのことをいったん水に流してという、儀礼的な含みがあるので、それぞれにちょっとは抑制もはたらく。そんなわけで、ひとびとのあいだで、局面を変える、あるいは打開するために、よくこの方法が使われる。

Cこういう虚構性、演技性は、人間関係においてはとても重要である。会合であれ「一席」であれ、「席」は、席につく者が本気になってしまえば崩れる。ただの交渉の場、取り引きの場にしかならないからである。だからそういう人間は無粋だといわれる。

「席」は、仮設される空間だ。それは、虚構に遊ぶというより、むしろ現実を編みなおすために仮設される。「われわれが一緒に食事をとる度に、自由は食卓に招かれている。椅子は空いたままだが席は設けてある」。フランス陥落後のレジスタンス運動に身を投じた詩人、ルネ・シャールは、運動の終焉後、自由がそこへと舞い降りるはずだった空間の封印を苦々しくふり返りながら、そう書いた。それよりおよそ一世紀前、ボードレールは、もっと過激に、詩人にとっては「すべてが空席なのだ」と書いていた。

「席」はこのように、現実を編みなおすために想像力がこじ開ける仮設の場所としてある。なのに、いまの「席」はむしろ、あまたの行政審議会がそうであるように、現実を追認する儀式となっている。

一時期、若いひとたちのあいだで「キャラ」という言葉が流行ったことがある。仲間うちで「キャラが立つ」ように、あるいは「キャラがかぶらない」ように、必死でじぶんの居場所を探す、そんな［　A　］姿にふれて、気が滅入った。いや、いまもきっとそうなのだろう。そんな「存在を賭けた」椅子取りゲームのような、痛々しい「席」もある。

「席」はあくまでd現実を編みなおすための虚構であること、それを忘れて「席」そのものが重い現実になっては、元も子もないようにおもうのだが。

（鷲田清一・内田樹『大人のいない国』による。）

1　傍線部「むしろ」の品詞名を書け。

2 [　A　]にあてはまる言葉を次から一つ選び、記号で答えよ。

ア　かりかりした　イ　あきあきした

ウ　ひりひりした　エ　ふつふつした

3 ——線部a「会話の水準そのものがすとんと転位する」を言い換えた言葉を、文章中から十一字で抜き出して書け。

4 ——線部b「一席、設ける」という言葉には、どのような働きがあるのか。「働き」という言葉に続くように文章中から十五字で抜き出して書け。

5 ——線部c「こういう虚構性、演技性は、人間関係においてはとても重要である。」といえるのはどのようなことからか、文章中の言葉を使って、三十字以内で書け。

6 ——線部d「現実を編みなおすための虚構」と対比的に使われている言葉を文章中から九字で抜き出して書け。

(☆☆☆◎◎◎)

【四】次の文章(徒然草　第四十九段)を読んで、後の問いに答えよ。

老来《おいきた》りて、始めて道《みち》を行《ぎやう》ぜ a ん と待つことなかれ。古き墳《つか》、多くはこれ少年の人なり。はからざるに病《やまひ》をうけて、忽《たちま》ちにこの世を去らんとする時にこそ、はじめて過ぎぬるかたのあやまれ b る 事は知らるなれ。あやまりといふは、他の事にあらず、 c すみやかにすべき事をゆるくし、 d ゆるくすべき事を急《いそ》ぎて、過ぎにしことの A くやしきなり。 e その時悔ゆとも、かひあらんや。

人はただ、無常の身に迫りぬる事を心にひしとかけて、つかのまも忘るまじきなり。さらば、などかこの世の濁《にご》りも薄《うす》く、仏道をつとむる心もBまめやかならざらん。

「昔ありける聖《ひじり》は、人来《きた》りて自他《じた》の要事《えうじ》をいふ時、答へて言《い》はく、今f火急の事ありて、既《すで》に朝夕《てうせき》にせまれりとて、耳をふたぎて念仏して、つひに往生《わうじやう》を遂《と》げけり」と、g禅林の十因に侍《はべ》り。h心戒といひける聖《ひじり》は、あまりにこの世のCかりそめなる事を思ひて、Dしづかについゐけることだになく、常はうずくまりてのみぞありける。

※禅林の十因・・京都禅林寺の永観律師の著「往生十因」のこと。心戒・・平宗盛の子、宗親のこと

1　傍線部A～Dの「くやしき」・「まめやかなら」・「かりそめなる」・「しづかに」の中で品詞の違うものはどれか。一つ選び記号を書き、その品詞名を書け。

2　――線部a「ん」、b「る」をそれぞれ文法的に説明せよ。

3　――線部c「すみやかにすべき事」d「ゆるくすべき事」f「火急の事」とは、具体的にどのようなことをいっているのか。それぞれ次から一つ選び、記号で答えよ。

ア　この世の俗事　　イ　人の頼まれ事　　ウ　往生の大事

エ　仏道修行　　オ　病気を治す事　　カ　勉学

4　――線部e「その時悔ゆとも、かひあらんや。」を現代語訳せよ。

5　――線部g「禅林の十因」の聖やh「心戒」はどのような人の例としてあげられているのか、書け。

（☆☆☆◎◎◎）

【五】中学校学習指導要領(平成二十年三月告示)について次の問いに答えよ。

1　第二章各教科　第一節国語　第一目標について、①～④の空欄にあてはまる語句を書け。

国語を(　①　)を育成し、(　②　)とともに、思考力や想像力を養い(　③　)し、国語に対する認識を深め(　④　)を育てる。

2　第二　各学年の目標及び内容の中のC「読むこと」の(二)に書かれている言語活動例の内、読書に関わるものについて、次の①～⑥の空欄にあてはまる語句を書け。

第一学年

課題に沿って本を読み、必要に応じて(　①　)紹介すること。

第二学年

(　②　)や(　③　)、学校図書館等の施設などを活用して得た情報を(　④　)こと。

第三学年

自分の(　⑤　)を振り返り、本の(　⑥　)について考えること。

(☆☆☆◎◎◎)

【高等学校】

【一】次の文章を読んで、後の問いに答えよ。

「鈴木さん、あの円柱水槽のウミヘビは引っ込めたらどうですか。ヘビはどうしても、気持悪くてね」

「ここは水族館なのだから……」と、①反論しかけてやめてしまった。だまって引き下がって、もう一回言われるまで放っておくことにした。日本人のヘビ嫌いは、②どうして、なかなかのものがある。もちろん、ヘビ嫌いは日本人だけにいるのではないだろう。ルナールの『博物誌』にだって「ヘビ、長すぎる」という短詩がある。それにしても、ヘビが嫌いだから、水族館にウミヘビを展示するのは止めてはどうかと、たとえばヨーロッパの国でもいうだろうか。

ヨーロッパの水族館は、爬虫類や両生類の展示室を持っているのがふつうである。爬虫類・両生類館と水族館が同居している施設も少なくない。そのどこでも、ガラス越しにヘビやトカゲを丹念に見ながら、ゆっくりと解説を読む見学者の姿があった。美しい若い女性が長いまつ毛をガラスに寄せて、熱心にヘビを見ている光景も珍しくない。

ヘビが嫌いだから見るのもいやだというA見方しかできない文化と、好き嫌いは別として、水槽のガラスの向こうにいる、見に来た生きものを冷静に見るという態度の相違は、自然を見る目の相違から生まれるものであろう。

昭和四六年の春、初めてヨーロッパの博物館と水族館を見学したときの印象は、若かった私にはなかなかアセンレツだったと見え、二三年後の今でも、そのうちのいくつかの情景を思い浮かべることができる。忙しい日程で八ヶ国を飛び歩いて、見て回った水族館の数は九、博物館のそれは一二。

日程の割には見た博物館の数が少ないようだが、大英博物館みたいに気に入ったところへは何度も見に行ったし、カルチェラタンを歩いて古本屋を覗いたり、水族館を見にプリムスやナポリまで、日帰りで足を延ばしたり、かなり気ままな旅行だったから、ま、これでも要領よく見て回れた方だったのだろう。

水族館や博物館を見て、最も深く印象に残ったのは見学する人々の態度だった。とくに小学生の団体が教師に引率されてイセイシュクに見学コースをたどり、ひとまわり見学すると、館内ホールの適当なB場所で、引率の教師が講義を始める様子に大いに感心した。子どもたちがまた、おとなしく熱心にその説明に聞き入るのであった。水族館の見学態度も、博物館におけるのと変わらず、水族館が博物館として受け取られている様子が実感できた。これらの国々では、博物館や水族館を教室授業の延長として利用するのであろう。マナーの悪い子どもは、まわりの見ず知らずのC大人がきびしくとがめて叱る。当たり前のようなことに感心している自分がはずかしかった。大人も子どもも、自分がなんのために水族館や博物館にきたのかが、よくわかっている。わが国で見慣れていたのとまったくちがう水族館の見方があることを初めて知ったときは、カルチュアショックを感じた。習慣とかマナーのちがいよりも、③文化の成熟度を示しているように思えた。

一方で、水族館の設備内容や展示の工夫には、それほど驚くところがなかった。設備はむしろ日本の方が進んでいると感じられたし、展示のアイデアは、すでにどこかで見た感じのものが多かった。考えてみると、こうした先進水族館の水槽の形やディスプレーなど、表面的な工夫はわが国の水族館がいち早く取り入れてしまい、それを私も日本ですでに見ていたために、今更、新味が感じられなかったのかも知れない。と、その眼で見れば、あれはこれ、それはあれと、対比できるところがいくつもあった。

ところで、水族館や動物園を博物館の一種だと考える場合、さまざまな分野にわたる博物館の中で、水族館に一番近いのは、やはり動物を飼って見せている動物園だと、ふつうは考えられている。博物館屋さんのD世界でも、水族館と動物園とは、生きたものを扱っているという理由で植物園ともいっしょにされて、動物園・水族館・植物園と、同じ一つのグループの博物館に分類されている。自然史博物館がもうちょっと離れた親戚ということになっている。生きているか死んでいるかのちがいはあっても、生物という同じ対象を扱う博物館だからというわけだ。同じ理由で、水族館と動物園と植物園を広義の自然史博物館に含めることもある。

けれども、水族館と動物園と自然史博物館には(少なくとも我が国では)大きなちがいというか、かなりの距離がある。

平成二年に千葉の幕張で、日本動物園水族館協会の主催で「生涯学習時代を迎えて動物園・水族館になにができるか」というフォーラムが開かれた。そのパネルディスカッションで、水族館サイドのパネラーが「観賞に耐えることを意識してつくった(水族館)」と発言したのをとらえて、博物館学の専門家から質問があった。「歴史博物館や自然史博物館は理解する場であり、美術館が観賞し感動を与える場である。水族館が理解する場でなく観賞する場だとすると、水族館で見せようとしているのは、なんなのか」

④この質問には、回答すべき二つの問題が含まれている。第一は、[a]ということで、第二は、[b]ということだった。回答者は第二について「生きていることを見せる場」だというように答えていた。第一については、はっきりした回答をしなかったように思う。ここでは「水族館における観賞」ということについて、少しつついてみよう。

水族館の歴史が「観賞」の歴史から始まったことは確かである。水族館は、珍しいもの、美しいもの、非日常的なものを集めて飼って見せる場所として発展してきた。平たくいえば、目玉に「⑤ゼニのとれるもの」が必要だった。非日常的なものを見せることで代価を得てきた。その点は、一般の博物館も同じことだったはずである。

私が水族館に入ったころは、ある魚を水族館に展示するかどうかの判断基準は、第一に観賞価値のあるなしであった。そのころは、水槽内の装飾もあくまで装飾であって、魚の習性に最適の環境をつくろうというよりも、観賞に耐えるシーンをつくり出そうとしたのだった。あるいは、水槽内装飾を芸術表現の手段と考える向きもあった。

昔も今も、水槽の中で飼う魚と植える水草を組み合わせて、思いのままの小さな水中世界を水槽の中に作るのを趣味としている人たちがいる。ウボンサイのようなもので、水槽ディスプレー、あるいは水槽レイアウトと唱えたり、水中芸術とか水槽園芸ともいっている。その作品コンテストも開かれている。こうした視点の延長にも水族館があり、水族館がきれいな生きもの、珍しい生きもの、かわいい生きものの観賞の場としても受けとられていることは否定できない。

　しかし、それはけっして、他の博物館にくらべて、引け目に感じることではないはずである。この地球上に、このような美しいもの、このような（エ）キバツな形のものが自然に存在し、生きつづけている。その合理的な形や生きる仕組は、知れば知るほど驚異的である。水族館はそのほんの一部を取り出して紹介しているにすぎない。

　陸から海を眺めても、見えるのは海面だけである。その、なにも見えない海の中から、取り出された造化の不思議に、まず素直に驚き、感動してもらう。その「驚き」や「感動」に「観賞」と区別できない面があっても、それは当然なのではないか。

　ただ、そこで終わってはならないと思う。そこから先が「理解」の段階だ。「感動」や「驚き」は、生きものという素材に、自然にそなわる魅力にまかせればいい。その魅力を分析し、理解してもらうのが、博物館としての水族館の活動であろう。

　自然は、かくされた秩序と法則で成り立っている。その法則を見つけ出して説明するのが自然科学の役割ならば、水族館が博物館であろうとする努力もまさにその過程にあると考えられる。水族館も科学のきまりに従って、自然の秩序や法則を取り出して見せ、あるいは説明することに力をそそげばいい。その過程がなければ、水族館が、観賞の段階で留まっていると見られても止むを得まい。

　美術館は人類の芸術活動の過程を紹介し、そこから感動を得る場である。水族館は生きものという自然の存在を取り出して、その存在から得る感動を紹介する場である。もう一歩踏み込めば、生きる喜び、生命の尊重、自然の恩恵などについての思想を語り、⑥理解を求めることもできる。水族館は、いうなれば、美術館で得る感動と、自然史博物館で得る理解と、両方を受け止めてもらえる場所なのではあるまいか。

アメリカの水族館は面白いが、ヨーロッパの水族館は面白くない。理屈ばかりが先行しているという人がいる。しかし、私はヨーロッパの水族館を見て、面白くないとは少しも思わなかった。その「面白さ」が「アミューズメント」とか「エンターテインメント」と同じ意味の「面白可笑しさ」ならば別だが、「知的興味」を湧き起こさせる「面白さ」ならば、それはどのような行き方の水族館でも感じてもらえるはずのものだ。それさえも感じられない水族館がもしあるとすれば、それは水族館側のオタイマンのせいとしか思えない。

日本人の水族館の見方は情緒的であるという意見もある。ならばなお、水族館できれいなもの美しいものを見て得た感動を大切にしたい。同時に、その感動を、きれいでないものや美しくないものが存在する意味への興味と理解につなげたい。それを自然と自然科学への理解に結びつけたい。

(鈴木克美『水族館への招待』)

問一　傍線部ア～オのカタカナを漢字で書け。

問二　傍線部の漢字A「見方」、B「場所」、C「大人」、D「世界」の読みは次のどれに当てはまるか。それぞれ適当なものを選び記号で答えよ。

ア　音読み　イ　重箱読み　ウ　湯桶読み　エ　訓読み　オ　熟字訓

問三　傍線部①「反論しかけてやめてしまった」のはなぜだと考えられるか。本文中の語句を用いて説明せよ。

問四　傍線部②「どうして」の説明として最も適当なものを、次の中から一つ選び記号で答えよ。

ア　日本人のヘビ嫌いについてあきれる気持ちを表している。

イ　日本人のヘビ嫌いの理由について疑問を表している。
ウ　日本人のヘビ嫌いについて侮蔑する気持ちを表している。
エ　日本人のヘビ嫌いについて否定する気持ちを表している。
オ　日本人のヘビへの対処の仕方について疑問を表している。

問五　傍線部③「文化の成熟度を示している」とあるが、水族館に関する文化の成熟度の違いについて、筆者の考えを日本とヨーロッパを比較して説明せよ。

問六　傍線部④「この質問には、回答すべき二つの問題が含まれている」とあるが、空欄a・bに、どのような「回答すべき」問題を入れるのがよいか。空欄a・bに入る「回答すべき」問題の組み合わせとして最も適当なものを、次の中から一つ選び記号で答えよ。

ア　a―水族館は博物館に含まれるのか　b―水族館が観賞の場か理解の場か
イ　a―水族館ではなにを見せているのか　b―水族館は博物館に含まれるのか
ウ　a―水族館が観賞の場か理解の場か　b―水族館ではなにを見せているのか
エ　a―水族館が観賞の場か理解の場か　b―水族館は博物館に含まれるのか
オ　a―水族館ではなにを見せているのか　b―水族館が観賞の場か理解の場か
カ　a―水族館は観賞に耐えうるか　b―水族館ではなにを見せているのか

問七　傍線部⑤「ゼニのとれるもの」の意味として最も適当なものを、次の中から一つ選び記号で答えよ。

ア　富裕層を対象とした水族館　イ　市場価値のある水棲生物
ウ　非日常的な展示方法　エ　水族館の存在価値を示すもの
オ　入場者を集める展示物

問八　傍線部⑥「理解を求める」とあるが、水族館が「理解を求める」ためにはどうすることが必要であると筆者は考えているか。三十字以内で答えよ。

問九　筆者の考えとして最も適当なものを、次の中から一つ選び記号で答えよ。

ア　ヨーロッパやアメリカの水族館は知的興味を湧き起こさせる仕掛けが随所に見られ先進的であるが、日本の水族館はまだ観賞中心であり欧米に後れを取っているといわざるを得ない。

イ　水族館本来の目的は自然と自然科学への理解を求めることであり、その意味では観賞のための美しいだけの生きものや珍しいだけの生きもの、あるいは水槽内の装飾というものはできるだけ少ないほうがよい。

ウ　博物館学の分類によると、水族館は動物園や植物園と同じグループになり、広義には自然史博物館に含められるのであるから、博物館としての機能を最優先にして水族館を運営していかなければならない。

エ　観賞の場から始まった水族館ではあるが、それに留まらず自然を理解させる場となる可能性もあり、水族館は美術館と博物館の機能を発揮する可能性を秘めている場ということができる。

オ　日本人が水族館で展示物を見る様子は、同じく観賞する場である美術館で芸術作品を鑑賞する域にも達しておらず、ヨーロッパの水族館で出会った小学生の見学の様子のほうが立派であり、はずかしく思っている。

（☆☆☆◎◎◎）

【二】次の文章を読んで、後の問いに答えよ。

今は昔、比叡の山に有りける僧の、山にてさせる事①なかりければ、山を去りて、本の(注1)生土にて、摂津の国某の郡に行きて、妻など儲けて有りける程に、その郷に自然《おのづか》ら法事など行ひ、(注2)仏経など供養するには、多くは此の僧を呼び懸けて、講師などをしけり。才賢き者には無けれども、さやうの程の事は心得てしければ、(注3)修正など行ふにも、必ず此の僧を導師にしけり。

其の行ひの餅を此の僧多く得たり。人にも②あたへで家に取り置きたりけるを、此の僧の妻、「此の多くの餅を無益に子供にも従者共にも食はせむよりは、此の餅の久しく成りて、(注4)こごりたらむを破《わり》集めて、酒に造らばや」と思ひ得て、夫の僧に、「かくなむ思ふ」と③云ひければ、僧、「いとよかりなむ」と云ひ合はせて、酒に造りてけり。

其の後、久しく有りてその酒出来ぬらむと思ふ程に、妻行きて、其の酒造りたる壺の蓋を開きて見るに、壺の中に動く様に見ゆ。「怪し」と思ふに、暗くて見えねば、火を灯して壺の内に指し入れて見るに、壺の内に大きなる小さき蛇一壺、頭を指し上げて、蠢《むくめ》き合ひたり。「あな怖し。此はいかに」と云ひて蓋を覆ひて逃げて去りぬ。夫に此の由を語るに、夫、「あさましき事かな。若し妻の僻目か」と「我行きて見む」と思ひて、火を燃《とも》して壺の内に指し入れてのぞくに、まことに多くの蛇有りて蠢く。然れば、夫も愕きて去りぬ。さて、壺に蓋を覆ひて「壺ながら遠く棄てむ」と云ひて、掻き出て遠き所に持て行きて、広き野の有りけるにひそかに棄つ。

其の後、一両日を経て、男三人其の酒の壺棄てたる側を過ぎけるに、此の壺を見付けて、「あれは何ぞの壺ぞ」と云ひて、一人の男を寄せて壺の蓋を開きてのぞくに、先づ壺の内よりめでたき酒の香匂出でたり。あさましくて、今二人の男に「かく」と云へば、二人の男も寄りて共にのぞくに、壺に酒一壺入りたり。三人の男、「此はいかなる事ぞ」など云ふ程に、一人が云はく「④我れただ此の酒を呑まばや」と。今二人の男、「野の中にかく棄てて置きたる物なれば、よもただにては棄てじ。定めて様有る物ならむ。怖ろしげに。え呑まじ」と云ひけるを、前に呑まむと云ひつる男⑤極めたる上戸にて有りければ、酒の欲しさに堪へずして、「さはれ、そこ達はえ呑まぬぞ。我は譬ひいかなる物を棄て置きたるなりとも、ただ呑みてむ。命も惜しからず」と云ひて、腰に付けたりける具を取り出て、指しすくひて一坏呑みたりけるに、まことにめでたき酒にて有りければ、三坏呑みてけり。今二人の男これを見て、それも皆上戸なりければ、「欲し」と思ひて、「今日かく三人つらなりぬ。一人が死な⑥むに、我らも見棄てむやは。譬ひ人に殺さるるとも、同じく〔　A　〕は死なめ。いざ我らも呑みてむ」と云ひて、二人の男もまた呑みてけり。世に似ず美き酒にて有りければ、三人指し合ひて、「よく呑みてむ」と云ひて、大きなる壺なりければ、其の酒多かりけるを、指し荷なひて家に持て行き、日ごろ置きて呑みけるに、更に事なかりけり。

かの僧は少しのさとり有りければ、「我が仏物を取り集めて、邪見深きが故に、人にもあたへずして酒に造りたれば、罪深くして⑦蛇に成りにけり」と悔い恥ぢて有りける程に、其の後、程を経て、「そこそこに有りける男三人こそそこの野中にて、酒の壺を見つけて、家に荷なひ持て行きてよく呑みけれ。まことにめでたき酒にてこそ有りけれ」など語りけるを、僧自然ら伝へ聞きて、「さらば蛇には。非の深きが故に、⑧ただ我らが目ばかりに蛇と見えけるなりけり」と思ひて、いよいよ恥ぢ悲しびけり。

此れを思ふに、仏物は量り無く罪重き物なりけり。現に蛇と見えて蠢きけむ、極めて有難く希有の事なり。しかれば尚さやうならむ仏物をば、強《あなが》ちに貪らずして、人にも与へ、⑨僧にも食はしむべきなり。

此の事はかの酒呑みたりける三人の男の語りけるなり。また僧も語りけるを聞き継ぎて、かく語り伝へたるとや。

（『今昔物語集』）

（注1）　生土―生まれ故郷
（注2）　仏経―仏像と経典
（注3）　修正―正月初めに国土の平安と五穀豊穣を祈る法会
（注4）　こごりたらむ―かたくなった（餅）

問一　傍線部①「なかり」、②「あたへ」、⑥「む」を、それぞれ文法的に説明せよ。
問二　傍線部③「云ひければ」とあるが、(A)誰が、(B)誰に、(C)何と言ったのか。AとBは本文中の語を抜き出して答えよ。また、Cは五十字以内で具体的に現代語で答えよ。
問三　傍線部④「我れただ此の酒を呑まばや」、⑤「極めたる上戸にて有りければ」、⑧「ただ我らが目ばかりに蛇と見えけるなりけり」を、それぞれ現代語訳せよ。
問四　本文中〔　A　〕にあてはまる語を考えて答えよ。
問五　傍線部⑦「蛇に成りにけり」、⑨「僧にも食はしむべきなり」を品詞分解したものとして最も適当なものを、次の中からそれぞれ一つ選び記号で答えよ。
ア　名詞＋助詞＋名詞＋助詞＋助動詞
イ　名詞＋助詞＋動詞＋助動詞＋助動詞
ウ　名詞＋助詞＋動詞＋助詞＋助動詞
エ　名詞＋助詞＋助詞＋動詞＋助動詞＋助動詞＋助動詞

オ　名詞＋助詞＋助詞＋動詞＋助詞＋助詞＋助動詞＋助動詞
カ　名詞＋助詞＋助詞＋動詞＋助動詞＋形容詞＋助動詞
問六　本文中に書かれている内容として正しいものを、次の中から一つ選び記号で答えよ。
ア　三人の男たちは、壺の中の蛇が気になったが、それ以上に酒が呑みたいという気持ちが強く、先を争って呑み始めた。
イ　僧は、小さく砕いた餅と蛇を同時に酒に漬けておくと極めておいしい酒になることを知らなかった。
ウ　仏のお供え物を、独り占めしたことにより天罰が下ったのだとさとった僧は、すぐに餅を子どもたちや使用人に分け与えた。
エ　この話は、僧の犯した過ちを三人の男たちがあちこちで、おもしろおかしく話したために広まった。
オ　この僧は、自分が人に分け与えるという気持ちを持たず独り占めしたために、酒が蛇になったのだと悔いた。

（☆☆☆◎◎◎）

【三】次の文章を読んで、後の問いに答えよ。（設問の都合で返り点・送り仮名を省いたところがある。）

凡人所為、動①輒如意、謂之②順境。所為、動輒齟齬、謂之③逆境。順境快意、易以壊《やぶ》人。逆境難堪、久而有益。松《しょう》柏《はく》不経霜雪不能堅固。有識者遭値逆境、則見理愈《いよいよ》明、学力愈進。無識者遭値逆境、小則自沮《やぶ》、大則失節。④故観人者、当於其処逆境観之。

自古卿相達官必先困苦後乃貴。何前後之不均也。方《あた》其困苦（注1）造物者⑤豈不能以其後之所享《う》

予メ以テ与ヘレ之ニ、稍《やや》以テ拯《すく》フ上レ之ヲ。⑥蓋居ル二人ノ上ニハ一者甚ダ難シ。

⑦苟不三(注2)諳《あん》二─知《ち》セ艱難ヲ一、遽《には》カニ授クルニ以テスレバレ権ヲ、妄意ニ設施シテ、下有リ下受クル二其ノ害ヲ一者上矣。⑧此レ造物之所二─以ナリ必ズ先ニ使ムル二困苦セ一。諳二─知シテ艱難ヲ一、然ル後ニ授クルニレ之ニ以テスレバレ権ヲ、則チ其ノ他日ノ設施、⑨下将有被其恵者矣。故ニ造物之先ニ困二─苦セシムルハ其ノ人ヲ一、非ズシテ下独リ如キノミニ中(注3)孟子ノ増二─益スル其ノ所ヲレ不ルレ能ハ之説ノ上、凡ソ以テ為ニスル下他日在ルニ其ノ人之下ニ一者之利ノ上也。

(倪思《げいし》『経鉏堂雑志《けいしょどうざつし》』)

(注1) 造物者─万物を創造するもの。天地万物の支配者。以下の「造物」も同じ。
(注2) 諳知─十分に知ること。
(注3) 孟子増益其所不能之説─造物者は、後に為政者となる人物に、まず労苦を与えてその能力を増進さ

せ、大任に耐えうるようにするという孟子の説。

問一　傍線部①「輒」、⑤「豈」、⑥「蓋」、⑦「苟」について、本文中での読みを歴史的仮名遣いで答えよ。ただし、送り仮名は（　）内に答えよ。

問二　傍線部②「順境」、③「逆境」について、筆者はどのように言っているか。現代語で説明せよ。

問三　傍線部④「故観人者、当於其処逆境観之」について、(A)書き下し文に直せ。また、(B)現代語訳せよ。

問四　傍線部⑧「此造物之所以必先使困苦」と筆者は書いているが、その理由を現代語で答えよ。

問五　傍線部⑨「下将有被其恵者矣」を現代語訳せよ。

問六　筆者の考え方を説明したものとして最も適当なものを、次の中から一つ選び記号で答えよ。

ア　孟子は順境というものが人間を大きく成長させ、その結果人の上に立つにふさわしい人格を作り上げるのだと論じたが、むしろ逆境こそが社会全体の安定につながるということまで考えて論じられなければならない。

イ　孟子は人の上に立つ者個人の成長という観点から順境の効果を論じているが、実は人の上に立つ者が順境により身につけた人格は、治められる民衆の利益、不利益にまで影響を及ぼすという観点からも論じられなければならない。

ウ　孟子は人の上に立つ者個人の成長という観点から逆境の効果を論じているが、人の上に立つ者が逆境を味わうことの意味は、治められる民衆の利益、不利益という観点からも論じられなければならない。

エ　国家を正しく導きうる人物となるためには、松柏が霜や雪の中で強固に育つようにどんな苦労も自分から引き受けることが必要であり、孟子がいうような人間的成長を遂げて人々の期待に応えるようにならなければならない。

オ　国家を正しく導きうる人物となるためには、さまざまな苦難を味わう逆境の期間を希望を持って送ることが必要であるが、その逆境の期間は造物者の配慮によって与えられたものであることを忘れてはならない。

（☆☆☆◎◎◎）

解答・解説

【中学校】

【一】①　とどこお　②　しの　③　ふせつ　④　あくび　⑤　ぜいじゃく　⑥　慕　⑦　背　⑧　遵守（順守）　⑨　窮余　⑩　更迭

〈解説〉④は熟字訓の読みである。熟字訓とは二字以上の熟字を訓読みすることで、「昨日」などがその代表例である。漢字は、表意文字であるために意味を考えながら表記すること。

【二】1　天衣無縫　2　A　花の心　C　散る　3　これからは違う生き方を選んでいきたい
4　イ　5　ウ
〈解説〉1「天真爛漫」は、偽らず、飾らず心に思うままが言動にあらわれること、無邪気なさを表す。「天衣無縫」は詩や文章などに、技巧のあとが見えず自然であって、しかも完全無欠で美しいこと、物事が完璧であることのほかに、天真爛漫の意味もある。　2　空欄補充は、前後の文や語句との整合性が求められる。Aは直前に「…だが」と逆接になっているので、「人の心」の対語を考える。Cには、「はらはらと」のオノマトペ(擬態語)に呼応した「散る」が適切。　3　設問の短歌の下の句は「何を怖れつつ吾は生き来し」である。歌人の自問は、おのれの生き方への自省でもある。自分の生は運命に決定づけられているとはいえ、生き方の選択は自分にある。作者の願いはおそらく新たな生の選択へのそれであろう。　4　ドライフラワーは、生の状態か、それとも死の状態かについて筆者は「装飾品としては、まだ生きていると言えるだろう」という。筆者は装飾品のドライフラワーに本当の意味での「死」を感じとっている。Dの歌にも「乾きゆくものへの挽歌(弔歌)」とある。　5「ためらひもなく…」には、黄のばらの美しさと明るさと必ず散る花の運命が歌われ、「はらはらと…」の歌には、黄の冬ばらの散るせつなさと毅然とした意思が詠まれている。「乾きゆくものへの挽歌…」には、黄のばらの明るさとはかなさが三十一音のリズムに美しく調和している。三種の短歌の基調にあるのは、「明るさとせつなさ」である。

【三】1　副詞　2　ウ　3　思考の水準を切り換える　4　局面を変える、あるいは打開する(働き)
5　対等で向きあう気楽さがあり、ちょっとは抑制もはたらくから。　6　現実を追認する儀式
〈解説〉1「むしろ」は、二つの事柄のうち、どちらを選ぶかと言えば一方がよりよいという意を表す副詞であ

る。　2　空欄Aの前の文「必死でじぶんの居場所を探す」やAの後の文の「痛々しい」等から、皮膚に痛みを感ずるように心に痛さや辛さを感じさせる言葉を選ぶ。　3　前文にある「さっと研究者調の話しぶり、頭の使い方に変わる」、つまり同じメンバーでも局面が変わるような表現をさがせばよい。　4　後文にある「一席、設ける」ことの意義を考えてみる。「これまでのことをいったん水に流す儀礼的な含みのある方法」であり、その効果は「局面を変える、あるいは打開するための働き(方法)」と説明している。　5「こういう」とあるので、解答の手がかりは前文にある可能性が高いと考える。どのようなことからか、と問われているので「…から」と解答すること。　6「席」についての表現はいくつかあるが、形式段落七段落では、現実を編みなおすために想像力がこじ開ける仮設の場所と表現しており、後文では「なのに」と逆接でつなぎ、いまの席の状況を対比的に示している。そして、その具体例として「行政審議会」をあげている。

【四】1　記号…A　品詞名…形容詞　2　a…意志を表す助動詞「む(ん)」の終止形　b…完了を表す助動詞「り」の連体形　3　c　エ　d　ア　f　ウ　4　その時になってたとえ後悔しても、何のかいがあるだろうか(いやない)。　5　死が自分の身に迫っていることを心得て、仏道修行をしている人

〈解説〉1　A「くやしき」は、「くやし」(形容詞・シク活用)の連体形。B「まめやかなら」は、形容動詞「まめやかなり」の未然形。C「かりそめなる」は、形容動詞「かりそめなり」の連体形。D「しづかに」は、形容動詞「しづかなり」の連用形である。　2　a「ん」は、意志の助動詞「む」の撥音化したもので終止形。接続助詞「と」の接続から活用形を判別する。b「る」は、完了の助動詞「り」の連体形。体言の「事」を修飾することから活用形を判別する。　3　c「すみやかにすべき事」は、冒頭の「老来りて、始めて道を行ぜんと待つことなかれ」(老年がやってきて、そのときはじめて、仏道を修行しようと待っていてはならない)に

関わる。したがって、「早急になすべき(仏道修行)」である。d「ゆるくすべき事」は、「ゆっくりやるべき俗事」のこと。f「火急の事」の「火急」は、火のつくように、さしせまっている往生間近の状態である。4 e「その時悔ゆとも、かひあらんや」の「その時悔ゆとも」は、その前の文「あやまりといふは…くやしきなり」を踏まえ、その時になって後悔してもという意味。「かひあらんや」は反語形で、何のかいがあろうか(いや、ありはしない)という意味。5 g「禅林の十因」は、永観(一一一一年没)の著で、高徳の僧の仏道修行について述べている。h「心戒」は、平宗盛の養子の宗親であり、平氏滅亡の後、高野山に入った。

【五】1 ① 適切に表現し正確に理解する能力　② 伝え合う力を高める　③ 言語感覚を豊かに　④ 国語を尊重する態度　2 ① 引用して　② 新聞　③ インターネット　④ 比較する　⑤ 読書生活　⑥ 選び方や読み方

〈解説〉1 学習指導要領は、教育課程編成の基準となる準則である。そのために教科目標は、正しく理解しておかなければならない。教科目標は、国語科の最も基本的な目標である国語による表現力と理解力とを育成するとともに、人間と人間との関係の中で、互いの立場や考えを尊重しながら言葉で「伝え合う力」を高めることを位置づけている(前段)。また、論理的な思考力や想像力を養い言語感覚を豊かにするとともに、伝統的な言語文化に触れたり、国語の特質を理解しながら、国語に対する認識を深めたり国語を尊重したりする態度の育成を位置づけている(後段)。2 学習領域の「C 読むこと」は、平成十年の中学校学習指導要領改訂に伴い新設されたもので、「言語活動例」は領域ごと科目ごとの指導内容を効果的に定着させるために改訂とともに示されたものである。「C 読むこと」の各学年の目標および指導内容とともに正しく理解しておくことが大切である。

【高等学校】

【一】 問一 ア 鮮烈 イ 静粛 ウ 盆栽 エ 奇抜 オ 怠慢 問二 A エ B ウ C オ D ア 問三 ヘビが嫌いだから見るのもいやだという見方をする文化もあり、水族館がきれいな生きものなどの観賞の場として受け取られることも事実だから。 問四 ア 問五 (例) 日本では水族館がまだ観賞の場として受け取られているのに対して、ヨーロッパでは水族館が博物館、すなわち学習の場、理解の場として受け取られている。 問六 ウ 問七 オ 問八 かくされた自然の秩序や法則を取り出して見せ、説明すること。 問九 エ

〈解説〉問二 A「見方(みかた)」は訓＋訓、B「場所(ばしょ)」は訓＋音、C「大人(おとな)」は熟字訓、D「世界(せかい)」は音＋音である。熟字訓は熟字単位で訓読みをあてたものであり、他の例として「昨日」があげられる。 問三 ①の前に「ここは水族館なのだから…」とあるので、水族館の性質に関わることが理由になっていると推測できる。後文で水族館の歴史が「観賞」の歴史から始まったこと、展示基準が観賞価値のあるなしであったこと。さらに日本人はヘビ嫌いであり、見るのも嫌だといった文化があることを考慮して、まとめるとよい。 問四 ②「どうして」は、驚いたり、感心したりしたときに使う副詞である。 問五 ③を含む段落中に「水族館が博物館として受け取られている様子が実感できた」とヨーロッパの水族館に対する捉え方がある。一方、日本では、水槽ディスプレー等の延長に水族館があることを否定できないとしている。 問六 bの後の回答では「生きていることを見せる場」とあるので、最も適切な問題は「水族館ではなにを見せているのか」である。また、aについては「はっきりした回答をしなかったように思う。」とあること、パネルディスカッションにおける水族館サイドのパネラーの発言を考慮すると、カよりウのほうが適切と判断できる。 問七「ゼニのとれるもの」の「ゼニ」は、ここでは金銭的収入を意味し、観客の入場料を

意味している。　問八　水族館の役割について、筆者は「自然の存在を取り出して、その存在から得る感動を紹介する場」としており、さらに前段落では「自然は、かくされた秩序と法則で成り立っている。その法則を見つけ出して説明するのが自然科学の役割ならば、水族館が博物館であろうとする努力もまさにその過程にあると考えられる」と述べている。

【二】問一　①　形容詞　ク活用　「なし」の連用形　②　動詞　ハ行下二段活用　「あたふ」の未然形　⑥　仮定(婉曲)の助動詞　「む」の連体形　問二　A　(僧の)妻　B　(夫の)僧　C　たくさんの餅を無駄に子どもたちや使用人たちに食べさせるより、固くなった餅を砕いて酒を造ったほうがよい。

問三　④　私はただこの酒が飲みたいのだ。　⑤　大酒飲みだったので　⑧　ただ私たちの目だけに蛇と見えたのであったなあ。　問四　こそ　問五　⑦　イ　⑨　エ　問六　オ

〈解説〉問一　①「なかり」は、「なし」(形・ク活用)の連用形。ここはカリ活用の連用形である。②「あたへ」は、「あたふ」(ハ行下二段活用)の未然形。連用形と同じだが「で」(ずて)との接続で見分ける。⑥「む」は、断定を避け婉曲にいう助動詞の連体形である。格助詞「に」との接続を考える。　問二　③「云ひければ」の前に「夫の僧に」とある。したがって、主語は(僧の)妻、対象は(此の)僧となる。発言内容は(此の)僧の妻の考えた「此の多くの餅を…酒に造らばや」をまとめる。「酒に造らばや」の「ばや」は、願望の終助詞である。

問三　④「呑まばや」の「ばや」は願望の終助詞で、呑みたいものだという意味。⑤「有りければ」は、…であったのでと解釈する。「ば」は、既成条件を表す接続助詞である。⑧「なりけり」の「けり」は詠嘆の助動詞で、…だったのだなあと解釈する。　問四　係結びの法則を考える。「死なめ」の「め(「む」の已然形)」に呼応する係助詞「こそ」が入る。　問五　⑦は「蛇」(名詞)、「に」(助詞)、「成り」(動詞)、「に」(完了の助動詞「ぬ」の連用形)、「けり」(過去の助動詞「けり」の終止形)となる。⑨は「僧」(名詞)、「に」「も」(ともに

助詞)、「食は」(動詞「食ふ」の未然形)、「しむ」(使役の助動詞の終止形)、「べき」(適当の意の助動詞の連体形)、「なり」(断定の助動詞の終止形)である。　問六　文中、「我が仏物を取り集めて、邪見深きが故に、人にもあたへずして酒に造りたれば、罪深くして蛇に成りにけり」と悔い恥ぢて有りける程に、とある。

【三】問一　①　すなは(ち)　⑤　あ(に)　⑥　けだ(し)　⑦　いやしく(も)(いやし(くも))

問二　②　人がとった行動の内容について、その人が行動を起こすたびにいつも思い通りになることで、心に快感をもたらすけれども、それゆえに人を駄目にしやすいもの。　③　とった行動の内容が、行動を起こすたびにいつもくい違ってしまうことで、堪え難く辛いものではあるが、長い間にはその人のためになるもの。

問三　A　故に人を観る者は、当に其の逆境に処するに於て之を観るべし。　B　したがって人の力量を推し量ろうとする者は、その人が逆境にいかに対処するかを丹念に観るべきであろう。　問四　人の上に立つ者が仮にも苦労を十分に知らずに、いきなり権力を与えられてしまったならば、むやみやたらと政策を推し進め、下々の者の中には被害を受ける者がでてしまうだろうから。　問五　下々の者の中にはいずれ恩恵を受ける者がでてくることになるだろう。　問六　ウ

〈解説〉問一　①「輒」は「すなは(ち)」と読み、「動輒」は、ややもすればすなは(ち)と読み、ともすると、という意味になる。⑤「豈」は「あ(に)」と読み、文末に疑問を表す助字を伴って反語形をつくる。⑥「蓋」は「けだ(し)」と読み、思うにという意味。⑦「苟」は「いやしく(も)」と読み、かりにもという意味。

問二　②の「順境」については「凡人所為、動輒如意」と述べている。「如意」は、意の如くに振まうことができることをいう。また「順境快意、易以壊人」と述べ、自由自在な振まいにより快感に酔いしれるあまりかえって人間としての成長を破綻させ易いことを諭している。③「逆境」については、「動輒齟齬」と述べ、自

分の所為(行動)がいつも齟齬(物事のくいちがいを生ずること)のため、難堪(堪え難いこと)ではあるが、「久而有益」(久しくすれば有益なこともある)と述べている。　問三　返り点、上下点、再読文字、送りがなに注意して書き下すこと。「観人者」は、人の資質や能力を推し量る者のこと。「当」(まさニ…ベシ)は、当然…すべきであると訳す。「於其処逆境観之」は、逆境にいかに対処するかを細かく観察することをいう。問四　⑧「此造物之所以必先使困苦」(此れ造物の必ず先に困苦せしむる所以なり)は、「自古卿相達官必先困苦後乃貴」に照応させたもので、その理由は、⑧の前の文「苟不諳知艱難、遽授以権、妄意設施、下有受其害者矣」を受けている。⑧は、これが創造主が為政者にまず困難を与え労苦させる理由であるという意味。問五　⑨「下将有被其恵者矣」(下将に其の恵を被る者有らんとす)の現代語訳である。再読文字「将」(まさニ…ントす)は、今にも・まさに…しようとする、「下」は、下々の民衆、「被其恵者」は、その恩恵を受ける者という意味である。　問六　筆者は、孟子の考え方について「造物之先困苦其人、非独如孟子増益其所不能之説」と述べたあとに、「(造物之先困苦其人)凡以為他日在其人之下者之利也」(およそ以て他日其の人の下に在る者の利の為にするなり)と論じている。孟子は、為政者たるべき人物の逆境での難堪が大任を果たすうえでの能力増進につながると述べているが、筆者はそれに加えて民衆の利益(恩恵)についてもその必要性を論じている。

二〇二二年度　実施問題

【中学校】

【一】次の①～⑫の――線部の漢字には読みがなを、カタカナには漢字を答えよ。

① 拙い文章　② 杜撰な計画　③ 浅学非才の身
④ 選択が恣意的だ　⑤ 非業の死　⑥ 要因を斟酌する
⑦ 我々の目をアザムく　⑧ 暇をツブす　⑨ 大衆の意見にゲイゴウする
⑩ 快刀ランマを断つ　⑪ 知人のフホウに接する　⑫ 師のクントウを受ける

（☆☆☆◎◎◎）

【二】次の文章を読んで、後の問いに答えよ。

① 国境《くにざかい》の長いトンネルを抜けると雪国であつた。夜の底が白くなつた。信号所で汽車が止まつた。

これはa川端康成『雪国』の冒頭である。ここには日本語の本質がよく示されている。だからこそ日本人の琴線に触れ、b人口に膾炙《かいしゃ》したのだろう。

（　A　）、「国境の長いトンネルを抜ける」の主語は一体なんだろうか。理屈をいえば「汽車」だろう。事実、英訳は冒頭の一文をthe train came out of the long tunnel into the snow country.(列車は長いトンネルを抜けて雪国に出た)と訳している。日本語は分かりきったことは言わない。受け手との関係、話される場に寄りかかった形で発話行為がなされる。つまり日本語はコンテクスト(発話環境)依存的言語である。この後すぐに問題にするが、「(B)」以外の文の要素はいくらでも省略可能だ。主語もその例外ではない。ただ、この場合は文法的に省略が可能だからというだけではなく、それとは別の理由もある。視点の問題である。

日本語の文章の視点は「私」が基本である。日本語は黙っていれば「私」が見たこと、感じたこと、思ったことを語っている。だから普通はいちいち「私」と断る必要はない。もしわざわざ断れば、(C)「私」は自分の殻(ウチ)から世界のなかに出て、自分を位置づけている。つまり客観化された「私」(one of them)が問題になっている。

「国境の長いトンネルを抜ける」という表現は「私」—汽車に乗っている私—の視点から語られている。「私」の視点を考慮して引例を書き直せばこんなふうになるだろうか。

① 国境の長いトンネルを抜けたら、ほら目の前に雪国の景色が拡がってきた。夜の底が白くなったように感じるな。おや、信号所で汽車が止まったぞ。

(D)、日本語は自分の印象や想念を浮かんだ順にそのまま伝える。つまり「部分」を積み重ねてゆく。「全体」は考えていない。ちょうどカメラのシャッターを次々と押すような具合だ。スナップショットの連続。受け取る側は発信者の立場に自分の身を置いて、語られたことを暗黙の前提(コンテクスト)を補って追体験することになる。受け手のほうも「全体」(論理)など求めず、個々の「部分」に関心を集める。むしろ意外性(偶然性)は話のおもしろさと評価されるくらいである。これが日本語の論理である。

もう一つ例を挙げよう。今度も小説の冒頭である。

②ｃこのうちに相違いないが、どこからはいっていいか、勝手口がなかった。

往来が狭いし、たえず人通りがあってそのたびに見とがめられているような急《せ》いた気がするし、しょうがない、切餅《きりもち》のみかげ石二枚分うちへひっこんでいる玄関へ立った。（初めの傍点強調は引用者）

②は幸田文『流れる』から引いた。「私」の視点から書かれた、省略の多い文章である。しかしながらその情報量はけっこう多い。「相違ない」「勝手口」がヒントである。「勝手口」から入らなければならない人間といえば、玄関の敷居が高く感じられる、出入りの商人とか使用人とかある社会的階層の人間が想像される。事実、この語り手は奉公口を探している女性である。しかも、そんな人間には不釣り合いな硬い表現ｄ「相違ない」を使っている。つまり、（　Ｅ　）という設定であることが使用されている言葉から推量できる。

最初の傍点を付した文を、省略部分を補って書き直せば次のようになるだろう。

②［　　　　　　　　　　　（　Ｆ　）　　　　　　　　　　　］

（一部省略）

普段なにげなく使っている日本語だが、巨細《こさい》に見るといかに隙間の多い言語であるかが、よく理解できるはずだ。それもこれも、日本語が［　　　（　Ｇ　）　　　］だからである。

（野内良三『偶然を生きる思想』より）

1　次の作品のうち、――線部ａ「川端康成」の作品でないものを一つ選び、記号で答えよ。

ア『伊豆の踊子』　イ『水晶幻想』　ウ『眠れる美女』　エ『細雪』　オ『山の音』

2（　Ａ　）・（　Ｄ　）にあてはまる接続詞を選び、それぞれ記号で答えよ。

ア　なぜなら　イ　ところが　ウ　つまり　エ　さて

3　――線部b「人口に膾炙した」の意味を答えよ。

4　（　B　）にあてはまる言葉を漢字二字で答えよ。

5　（　C　）にあてはまる文として最も適切なものを次から選び、記号で答えよ。

ア　そのとき「私」は私という存在から乖離した存在となる。

イ　そのとき「私」は他の人と対比されていることになる。

ウ　そのとき「私」は非現実的なものとみなされる。

エ　そのとき「私」は絶対的なものへと深化したこととなる。

6　――線部d「相違ない」という言葉から予想される（　E　）にあてはまる設定を答えよ。

7　（　F　）にあてはまるcの文の省略部分を補った文章を六十字程度で答えよ。

8　（　G　）にあてはまるこの文章から読み取れる日本語の特質を二十字程度で答えよ。

（☆☆☆◎◎◎）

【三】次の文章を読んで、後の問いに答えよ。

三蔵法師は不思議な方《かた》である。a実に弱い。驚くほど弱い。変化の術ももとより知らぬ。途で妖怪に襲われれば、すぐに掴《つか》まってしまう。弱いというよりも、まるで自己防衛の本能が無いのだ。この意気地の無い三蔵法師に、我々三人が斉《ひと》しく惹《ひ》かれているというのは、一体どういう訳だろう？（こんな事を考えるのは俺だけだ。悟空も八戒もただ何となく師父を敬愛しているだけなのだから。）私は思うに、我々は師父のあの弱さの中に見られる或る悲劇的なものに惹かれるのではないか。これこそ、我々・妖怪からの成上り者には絶対に無い所のものなのだから。三蔵法師は、大きなものの中における自分の（あるいは人間の、あるいは生物《いきもの》の）位置を

―その哀れさと貴さとをハッキリ悟っておられる。しかも、その悲劇性に堪えてなお、正しく美しいものを勇敢に求めて行かれる。確かにこれだ、我々に無くて師に在るものは。なるほど、我々は師よりも腕力がある。多少の変化の術も心得ている。しかし、一旦己の位置の悲劇性を悟ったが最後、b金輪際《こんりんざい》、正しく美しい生活を真面目に続けて行くことが出来ないに違いない。あの弱い師父の中にある・この貴い強さには、全く驚嘆の外は無い。内なる貴さが外の弱さに包まれている所に、師父の魅力があるのだと、俺は考える。もっとも、あの不埒《ふらち》な八戒の解釈によれば、俺たちの―少くとも悟空の師父に対する敬愛の中には、多分に男色的要素が含まれているというのだが。

全く、悟空のあの実行的な天才に比べて、三蔵法師は、何と実務的には鈍物《どんぶつ》であることか！　だが、これはc二人の生きることの目的が違うのだから問題にはならぬ。外面的な困難にぶつかった時、師父は、それを切抜ける途を外に求めずして、内に求める。つまり自分の心をそれに耐え得るように構えるのである。いや、その時慌てて構えずとも、外的な事故によって内なるものが動揺を受けないように、平生《へいぜい》から構えが出来てしまっている。いつどこで窮死してもなお幸福であり得る心を、師は既に作り上げておられる。だから、外に途を求める必要が無いのだ。我々から見ると危くて仕方の無い肉体上の無防禦《むぼうぎょ》も、つまりは、師の精神にとって別に大した影響は無いのである。悟空の方は、見た眼にはすこぶる鮮やかだが、しかし彼の天才を以てしてもなお打開できないような事態が世には存在するかも知れぬ。しかし、師の場合にはその心配は無い。師にとっては、何も打開する必要が無いのだから。

悟空には、嚇怒《かくど》はあっても苦悩は無い。歓喜はあっても憂愁は無い。彼が単純にこの生を肯定できるのに何の不思議もない。三蔵法師の場合はどうか？　あの病身と、禦《ふせ》ぐことを知らない弱さと、常に妖怪どもの迫害を受けている日々とを以てして、なお師父は怡《たの》しげに生を肯《うべな》われる。これは大《たい》したことではないか！

おかしいことに、悟空は、師の自分より優《まさ》っているこの点を理解していない。ただ何となく師父から離れられないのだと思っている。機嫌の悪い時には、自分が三蔵法師に随っているのは、ただ緊箍咒《きんそうじゅ》(悟空の頭に嵌《は》められている金の輪で、悟空が三蔵法師の命に従わぬ時にはこの輪が肉に喰い入って彼の頭を緊め付け、堪えがたい痛みを起すのだ。)のためだ、などと考えたりしている。そして「世話の焼ける先生だ。」などとブツブツ言いながら、妖怪に捕えられた師父を救い出しに行くのだ。「危くて見ちゃいられない。どうして先生はああなんだろうなあ!」という時、悟空はそれを弱きものへの(　A　)だと自惚《うぬぼ》れているらしいが、実は、悟空の師に対する気持の中に、生き物の凡てが有《も》つ・優者に対する本能的な(　B　)、美と貴《とうと》さへの(　C　)が多分に加わっていることを、彼は自ら知らぬのである。

もっと可笑《おか》しいのは、師父自身が、自分の悟空に対する優越を御存じないことだ。妖怪の手から救い出されるたびごとに、師は涙を流して悟空に感謝される。「お前が助けてくれなかったら、わしの生命はなかったろうに!」と。だが、実際は、どんな妖怪に喰われようと、師の生命は死にはせぬのだ。

二人とも自分たちの真の関係を知らずに、互いに敬愛し合って(もちろん、時にはちょっとしたいさかいはあるにしても)いるのは、面白い眺めである。およそ対蹠的《たいしょてき》なこの二人の間に、しかし、たった一つ共通点があることに、俺は気が付いた。それは、二人がその生き方において、共に、所与を必然と考え、必然を完全と感じていることだ。更には、その必然を自由と見做《みな》していることだ。金剛石と炭とは同じ物質から出来上っているのだそうだが、その金剛石と炭よりももっと違い方の甚だしいこの二人の生き方が、共にこうした現実の受取り方の上に立っているのは面白い。そして、この「必然と自由の等置」こそ、彼らが天才であることの徴《しるし》でなくて何であろうか?

(中島敦　『悟浄歎異』より)

1 『悟浄歎異』の作者「中島敦」の作品をこの作品以外から一つ答えよ。
2 ――線部b「金輪際」の品詞を答えよ。
3 「三蔵法師」の――線部aのような面をなんと表現しているのか、文中より七字で抜き出せ。
4 ――線部c「二人の生きることの目的が違う」とあるが、三蔵法師と悟空の生きる目的とはどのようなものか、文章中の言葉を使ってそれぞれ答えよ。
5 （ A ）―（ B ）―（ C ）にあてはまる語句の組み合わせとして最も適切なものを次から選び、記号で答えよ。
ア 畏敬―憐憫―憧憬　イ 憧憬―畏敬―憐憫　ウ 憧憬―憐憫―畏敬　エ 憐憫―畏敬―憧憬
6 この文章は「沙悟浄」の視点から述べられているが、この文章から読み取れる沙悟浄の妖怪像について説明せよ。

（☆☆☆☆◎◎◎）

【四】次の文章を読んで、後の問いに答えなさい。

俊恵《しゆんゑ》に和歌の師弟の契《ちき》り結び侍《はべ》りしはじめのことばに曰《いは》く、「歌はきはめたる故実《こじつ》の侍るなり。a われをまことに師と頼まれば、この事をたがへらるな。

b そこはかならず末の世の歌仙《かせん》にていまそかるべき上《うへ》A に、かやうの契りをなさるれば、申し侍るなり。あなかしこ、あなかしこ、われ人に許さるる程になりたりとも、証得《しやうとく》してわれはきそくしたる歌詠み給ふな。ゆめゆめあるまじき事なり。その故《ゆゑ》は後徳大寺《ごとくだいじ》の大臣《おとど》は、左右《さう》なき手だりにていませしかど、その故実なく、高慢にして、今は詠み口後手《ごて》B になり給へり。そのかみ、前大納言《さきのだいなごん》など聞こえし頃、道を執《しふ》し人を恥ぢて、磨《みが》き立てたりし時のままならば、今は肩を並ぶる人少なからましを、われ至りにたりとて、この頃詠まるる歌は、少しも思ひも入れず、やや心づきなきことばうちまぜたれば、何によりてか秀歌《しうか》も出で来《こ》む。歌は当座《たうざ》にこそ、人がらによりて、よくもあしくも聞こゆれど、後朝《ごてう》に、今一度しづかに見るたびは、さはいへど、風情《ふぜい》もこもり、姿もすなほなる歌こそ、見とほしは侍れ。かく聞こゆれば、をこのためしなれど、俊恵は、この頃も、ただ初心のごとく歌を案《あん》じ侍り。また、わが心をば次にして、あやしけれど、人のほめもそしりもするを、用ゆなり。これは古き人の教へ侍りし事なり。この事をたもてるしるしにや、さすがに老い果てたれど、俊恵を『詠み口ならず。』と申す人はなきぞかし。またくこと事《ごと》にあらず。この故実をあやまたぬ故なり。」

1　この文章『無名抄』の作者を次から選び、記号で答えよ。

ア　吉田兼好　　イ　鴨長明　　ウ　唯円　　エ　世阿弥

2　――線部A～Dの四つの「に」の違いを説明せよ。

3　この文章には「秀逸なければ、また人用ひず。」という一文が抜けている。この一文が入る部分を見つけ、その前の五文字を答えよ。（句読点を含む。）

4　――線部aとcの「われ」とは誰のことを指しているのか、それぞれ答えよ。

5　――線部b「そこはかならず末の世の歌仙にていまそかるべき」を現代語訳せよ。

6　――線部d「かく」とは、どの部分を指しているのか、指示している箇所の初めと終わりの五文字ずつを答えよ。（句読点を含む。）

7　この文章の内容にふさわしい格言を答えよ。

（☆☆☆☆◎◎◎）

【五】中学校学習指導要領(平成二十年三月告示)について次の問いに答えよ。

1　中学校学習指導要領　第2章第1節国語　第1　目標　について、空欄にあてはまる適切な語を答えよ。

国語を(　①　)能力を育成し、(　②　)を高めるとともに、思考力や想像力を養い(　③　)し、国語に対する認識を深め(　④　)を育てる。

2　第2　各学年の目標及び内容について

各学年の　2内容　A「話すこと・聞くこと」の(2)言語活動の例について、次の空欄にあてはまる語を左の語群から選び、記号で答えよ。

第1学年

ア　日常生活の中の話題について(　①　)たり、それらを聞いて(　②　)たりすること

イ　日常生活の中の話題について(　③　)こと。

第2学年

ア　調べて分かったことや考えたことなどに基づいて(　④　)たり、それらを聞いて(　⑤　)たりすること。

イ　社会生活の中の話題について、(　⑥　)こと。

第3学年

ア　時間や場の条件に合わせて(　⑦　)たり、それを聞いて(　⑧　)たりすること。

イ　社会生活の中の話題について、(　⑨　)こと。

語群

ア　朗読や暗唱し

イ　スピーチし
ウ　意見を述べ
エ　理由や原因を述べ
オ　解説や批評し
カ　対話や討論などを行う
キ　説明や発表をし
ク　自分の意見の参考にし
ケ　相手を説得するために意見を述べ合う
コ　ディスカッションし
サ　司会や提案者などを立てて討論を行う
シ　報告や紹介をし
ス　互いを尊重しディスカッションする
セ　質問や助言をし
ソ　相手の意見との共通点相違点を確認する

3　第2　各学年の目標及び内容について
各学年の　2内容　B「書くこと」の(1)指導事項ついて、その構成をまとめると次のようになる。空欄にあてはまる語句を漢字二字で答えよ。
課題設定や(　①　)→構成→記述→(　②　)→(　③　)

4　「書写」の指導について、空欄にあてはまる数字を答えよ。

「書写」を指導する授業時数については、第3「指導計画の作成と内容の取扱い」の中で、「書写の指導に配当する授業時数は、第1学年及び第2学年では年間（　①　）単位時間程度、第3学年では年間（　②　）単位時間程度とすること。」と示されている。

（☆☆☆◎◎◎◎）

【高等学校】

【一】次の文章は、苅谷剛彦氏が西研氏と対談した後の文章である。この文章を読んで後の問いに答えよ。

西さんとの対談を通じて、私が考えてみたいと思っていた問題は、学ぶ意味とは何かについて、さらにいえば、学ぶ意味を考えるということ自体についてであった。そうした議論をもとに、①通常論じられているのとは違う視点から、「学ぶ意味」の再構築ができないだろうか。それが、私にとっては今回の対談の大きなねらいだった。そして、そのねらいは、おおかた達成された。対談の中でも随所にその成果が現れているが、以下では、西さんからの刺激を受けて発展させた、私なりの「学ぶ意味」論をあらためて展開してみたい。

はじめに私が疑問に思っていた問いから始めよう。今の子どもたちには学ぶ意味が見つからない、そう大人たちが指摘するときに、大人はいったいどんなことを想定して、「学ぶ意味」と言っているのだろうか。このことが必ずしも明確に示されないまま、学ぶ意味が見いだせないから学ぶ意欲が低下しているのだと言われる。子どもにとっての「学ぶ意味」を考える前に、まずは、大人が想定している「学ぶ意味」がどのような特徴をもっているのかを考えてみたいのである。

この問いを考えるにあたり、手がかりとなるのは、「何のために勉強するのかわからない」という子どもの声を拾い上げて、大人たちがしばしば「学ぶ意味」が見えにくくなったと指摘している点である。「何のために」という目的を探る疑問符が前提としているのは、「学ぶこと」を手段と見立てた「何かの役に立つこと」

を求める意識である。今学んでいることが何かの役に立つことがわかっていれば、学ぶ意味もとらえやすい、そういう前提が含まれていると考えることができるのである。

もうひとつ、一見矛盾するように見えるかもしれないが、「何のために」という疑問に含まれるのは、この問いの外側に学ぶこと自体の楽しみや喜びを想定する発想である。何かほかのことに役立つということを探ると同時に、学ぶこと自体に含まれる楽しみや喜びが感じられる状態――「学ぶ楽しさや喜びのために学ぶ」のだといった、外部にある目的探しを反転した見方もそこには含まれている。

しかしながら、学校で学ぶことの意味を多くの子どもたちにわかってもらおうとする場合、いずれの前提も難しさを抱えている。そして、その難しさは、学校という共同の場において、一人ひとりの子どもにとっての学ぶ意味を探ろうとする暗黙の前提のうちにある。

学んでいることが何かの役に立つかどうか。この問いを、学ぶ子ども一人ひとりにとっての意味として考えようとした途端、その答えが容易ならざることに気づくだろう。将来何になるのか、どんな人生をたどるのかは、一人ひとり違う。一人の人生においても、これだけ複雑化した社会の中で、どの場面でどんな知識が役に立つのかは、ほとんど予測不可能といってもよいだろう。知識に限らず、何かを調べる力や問題解決能力、aプレゼン能力といったところで、具体的な場面でどのような力が役に立つかは、それぞれ違っている。社会や人生の多様性や複雑さを念頭におけば、一人ひとりの子どもが自ら納得できるように、学校で学習する内容の「役立ち感」をもたせることは、相当困難な課題である。

しかも、将来の職業や実生活に直接役立つこと、役立つことが見えやすいことだけを学べばよいとすれば、そのことは、将来の展望をもたないうちに、学習内容を制約することを通じて、将来の職業選択の機会をアセバめることにもなる。対談の中でも述べたが、とくに義務教育段階では、将来何になるのかをできるだけ制約することがないように、「普通教育」を与えることが重要であると、そういう「機会の平等」という原則を考慮しつつ、「何かに役立つ」学習を提供しなければならないのである。

一人ひとりの興味関心が異なる子どもたちを相手に、楽しさや喜びを感じるような学習を提供することも容易なことではない。場面場面でそのような学習が可能であるとしても、それを続けることはほとんど不可能と言えるだろう。何かを学ぶことには、その瞬間、瞬間を楽しいと感じることとは別の、単調さやつらさや厳しさもあるからだ。楽しさや喜びを感じることを学習の「内発的動機づけ」とすることには、限界があることを知っておかなければならない。

一人ひとりが、学ぶことの意味を自分の中で了解していなければ、「自ら学ぼう」とはしない。そういう暗黙の前提がそこには入り込んでいる。「内発的な動機づけ」という表現に明確に示されているように、学ぼうとする意欲は、個人の内面から沸々とわいてくるものというイメージがそこでは疑われることなく設定されているのである。言い換えれば、学ぶ意味をめぐる日本での最近の議論のほとんどが、「自己にとっての学ぶ意味」を問うものだといえるのである。学ぶ意味が明確な状態というのは、自分にとって、何のために学ぶのかがわかっていることであり、役に立つことのためであれ、楽しみのためであれ、どちらも「自分のため」に学ぼうとする状態をさして、そこに自己に根ざした、学ぶ「意欲」があると想定しているのである。

というよりも、「動機づけ」や「意欲」という語彙自体が、自己を中心として学ぶ意味を考えるために用いられた用語だといえるのである。「自分のために学ぶ」とはは っきり言っていなくても、学ぶ意欲の持ち主として前提されているのは、自己であり、「私」としての個人である。学ぶということが、誰かほかの人＝他者にとってどういう意味があるのかということを軽視した、自己中心的な「学びの意味」論が展開されてきたといえるのである。

だが、学ぶ意味とは、こうした自己を中心とした物語に回収し尽くされるのだろうか。西さんとの対談を通じて考えてきたのは、「私」や「自己」を越え出たところで、学ぶということをとらえ直せないかという課題だった。言い換えれば、「他者」との関わりの文脈に、もう一度、学ぶことを位置づけられないか、ということである。「わかる」ということの意味にこだわったのも、「知識」が他者との関係に開かれていることを確認したかったのも、このことと関わっている。

学ぶという営みにとって、他者との関わりが不可欠なことは言うまでもない。学習ということ自体が、すぐれて社会的な営みであることは、ほとんど疑われないほど当たり前のことである。技術を身につける場合であれ、知識を獲得する場合であれ、他者の存在を抜きにしては学習という行為自体がそもそも成立しない。それは、教える―学ぶという関係において他者がいるという基本的なことに留まらない。時間や空間を越えて他者がつくりだしてきた文化を身につける。学ぶbコンテンツの創造にも他者の存在が不可欠なのである。

にもかかわらず、学ぶ意味を論じる場合に、自己中心的な見方にイカタヨリがちなのはなぜだろうか。ひとつには、学習を、一人ひとりの人間の行為として、それも内面の変化としてとらえようという見方が支配的だからである。知識であれ、情報であれ、それを獲得するのは個人である。そして、それらを獲得することを通じて、個人が変化していく。そうした変化を指して学習と見なす見方である。

このような個人化された学習観をさらに強化しているのが、近年の個性重視の教育言説である。教育の目的を個性の尊重に掲げたところから、学習とは、一人ひとりの子どもが自らの興味や関心に従って学んでいくことだという見方が強調されるようになった。一人ひとりを大切にするという教育の見方は、学習もまた個人化されるべきだという見方とセットになっている。他の誰でもない「自分」を大切にする教育を掲げる以上、学ぶことの意味も、「自分にとって」の意味として設定されるようになるのである。

このように、個人化された学習の意味づけが中心となるなかで、他者との関わりという視点が弱くなっているように見える。その点を明確にするために、ここでは、学習の個人化モデルとは異なる視点を導入してみよう。

レイブとウェンガーの「正統的周辺参加」としての学習論である。認知科学者・人類学者である二人は、『状況に埋め込まれた学習――正統的周辺参加』（佐伯胖訳、産業図書）という本を通じて、学習とは共同体への参加のプロセスであるという見方を提示している。彼らが注目する学習の典型は、徒弟制である。徒弟は、職業集団の外側（周辺）から中心に向けて、スキルや作法の獲得と同時に、参加の度合いを増していく。レイブとウェンガーにとって、学習とは、徒弟が個人として何かを獲得していくプロセスなのではなく、職業集団への関わり方が強まっていく、そうした集団＝他者との関係性の変化として見なしうる。何かを学んでいくプロセスを、個人による獲得と見なすのではなく、共同体への参加と見なす、いわば関係論的な学習観である。

このような見方が参考になるのは、学ぶことの意味づけ論をあまりに個人化した見方から一端切り離すことができるからである。徒弟制のように、職業集団の共同性が明確な場合には、共同体への参加を強めていくことが「一人前」になる過程と一致する。同じように、かつての村落共同体においても、一人前になるプロセスは、共同体の担い手として身につけておかなければならないルールやスキルを獲得していくと同時に、他のメンバーからそのことが承認され、周辺から中心へと参加の度合いを進めていくことと併行している。職業集団であれ、地域共同体であれ、共同性が明確であることを前提にすれば、一人前になる過程は、参加の度合いを進めることであり、それは他者の承認抜きではありえない。親方であれ兄弟子であれ、次のステップに進めると見なされたときに、参加は促進されるのである。

学習をこのように周辺から中心に向けての参加の度合いの増進とみると、学習の意味づけも変わってくる。

共同体のメンバーとして一人前になる・一人前として扱われるプロセスが学習なのだから、自分のための学ぶ意味というとらえ方とは異なる視点を取り出すことができるようになるのである。

（苅谷剛彦『考えあう技術』）

問一　傍線部ア、イのカタカナを漢字で書け。

問二　傍線部a、bの言葉の意味として最も適切なものを選択肢の中からそれぞれ一つずつ選び、記号で答えよ。

a　ア　存在　イ　説得　ウ　発表　エ　学習　オ　教授

b　ア　内容　イ　方法　ウ　場所　エ　意味　オ　人物

問三　次の文章は本文中から抜き出した一段落である。この段落のあとに続く段落の最初の十字を抜き出せ。

これまで見てきた、こうした「学ぶ意味」のとらえ方は、「私」や「自己」を前提にしている。つまり、何かに役立つかどうかの判断にしろ、学ぶこと自体の楽しみを求めるにしろ、「自分のために学ぶ」ことを暗黙のうちに措定している。「自ら学び、自ら考える」といった教育改革のキャッチフレーズに典型的に示されているように、学ぶのは「自分」＝「私」という構図が大前提なのである。

問四　傍線部①について、作者はどのような視点から、「『学ぶ意味』の再構築」をしているか、百字以内で述べよ。

問五　本文の内容と一致するものを次の中から二つ選び、記号で答えよ。

ア　「学ぶ意味」がどのような特徴を持っているのかが必ずしも明確にされないまま、学ぶ意味が見いだせないから学力が低下しているのだと言われているが、まず、子ども自らに学ぶ意味を考えさせ、学習意欲を喚起することが大切である。

イ　これまでは自己中心的な観点から「学ぶ意味」が考えられることが多かったが、学ぶという営みは一個人の中だけで完結するものではなく、誰かから教えられたり、文化を継承したりするといった社会的な側面を必然的に含むものである。

ウ　個性を重視する教育観は、個々の子どもが自らの興味関心に従って学んでいくことが学習だという見方につながっているが、それぞれに異なる興味関心を持つ子どもに対して、内発的動機づけのみで学習を継続させることには限界がある。

エ　将来の職業および実生活に役立つ知識や技術の獲得は、他者の存在を抜きにして成り立たない社会的な営みであるので、義務教育段階においては、子どもたちが将来の職業や生活をイメージできるような学習内容とすることが重要である。

オ　子どもたちに学ぶことの意味をわからせることが困難な状況が広がっているが、個人中心的な学習観を見直し、社会的な文脈の中で学ぶきっかけをつかませることで、子どもたちが意欲を持ち、自ら進んで学ぶようになる可能性がある。

（☆☆☆◎◎◎◎）

【二】次の文章を読んで後の問いに答えよ。

「うん、妹がそこのJ病院に入院してるから」

その時、少年のお腹がきゅんと音を立てた。思いがけず空腹を告げる音が身体から出たのが恥ずかしかったのか、少年は（　Ａ　）ように川辺から離れていこうとした。

「君、ちょっと君……」

川辺は少年に昼食を一緒に摂らないか、と誘った。川辺の言葉をア怪訝そうな顔で聞いていた。

「いや、三十年振りにこの橋に来てみて、学生時代を思い出してしまってね。君のような学生さんと昼飯でも食べてみたくなったものだから……」

川辺が（　B　）ように言うと、少年はすぐに白い歯を見せて、川辺の隣りを歩きはじめた。

神保町にある中華料理店に入り、川辺は店の自慢料理を注文した。屈託のない少年であった。

妹の病状を話した時、少年の顔に一瞬イ翳りのようなものがあらわれたのを見て、

「大丈夫だよ。J病院は東京でも指折りの病院だし、優秀な先生が多いから」

と川辺がなぐさめると、

「いくら優秀なお医者さんがいても医学って人間の病気を完全に治すことはできないらしいよ。取りあえず目に見える悪いところを切り取るとか熱を下げるとかしかできないんだ。病気を本当に治すのは本人の力だって。香里はもう四年も病院にいるんだ。病気を治す力が足らないんだ」

少年は素っ気なく言って、女店員が持ってきた蒸し籠の中を覗き込んだ。

「小籠包《シャオロンバオ》だ。結構、美味いものだよ」

少年は取り箸を手にし、皿にひとつ小籠包を載せ、川辺に渡した。躾のいい子なのだ、と思った。

「でも中学生だとは思わなかったな。そんなに身体が大きいのは何か運動でもしていたのかい？」

「何もしてない。クラスには僕より大きな奴は何人かいたよ。さっき中学生って言ったけど本当は先週、卒業したんだ」

「そう、じゃ四月には高校生ってわけだ」

「違うんだ」

「違うって何が？」

「今日が高校入試の発表の日だったんだ」

「そうか、それで希望の高校へ入れたのかい？」

「発表は見に行ってない」

少年は小籠包をもうひとつ取って口に入れた。

「自信があるから大丈夫ってわけだ」

川辺は笑って少年を見た。少年は口をふくらましたまま首を大きく横に振り、口の中のものを呑み込んで言った。

「不合格なんだ」

「どうしてわかるんだ？」

「答案用紙を白紙で出したもの」

そう言って少年はコーラを喉を鳴らして飲み干した。

「えっ、どういうことだい？」

「だから高校へは行かないんだ」

「そんなことをして家族の人は怒らないの？」

「家族って言ったって母さん一人だもの。それと香里だし」

「じゃ母さんが哀しむだろう」

「たぶん泣くだろうね」

少年は表情を変えずに言った。

「……そうか、君は不良なんだ」

「不良か……。そうかもしれないね。でも母さんの言うことに逆らったのは、これが初めてだから、たぶん今日から僕は不良になるのかもしれない」

川辺は腕組みして少年を見つめた。

「おじさんはどんな学生だったの？」

少年が訊き返した。

「私か……。そう言われてみれば私も不良だったな。そうか、君と同じか」

川辺は笑いながら頭を掻いた。川辺の笑い声につられて少年が笑った。右頬に片えくぼが見えた。そのえくぼを見つけた途端、川辺は少年がハルミに似ていることに気付いた。先刻から少年と話をして、胸の隅が（　C　）ような奇妙な感覚がしていた理由が、ハルミとよく似ていたからだとわかった。

少年は食事を終えると手持ち無沙汰にして、店内を見回していた。おそらくこの店を出たら、少年は去って行くだろう。川辺はもう少し少年と居たい気持ちになっていた。妹の病気のことも高校受験のことも強がりを言っているものの何か事情があるような気がした。

「高校へ行かなくとも立派な仕事をしている人はたくさんいるよ。むしろそういう人の方がちゃんと生きてる人が多いな。それで君はどんな仕事をしたいんだい？　あっ、そう言えば君の名前を聞いてなかったね。私は川辺次郎だ。君は？」

「高橋耕太。田を耕やすの耕に太いっていう字だよ」

「耕太君か、いい名前だね。耕太君、どんな仕事をしたいか、私に話してくれないか。食事をつき合ってくれたお礼に相談に乗るよ。今日逢って別れてしまうんだから、母さんや学校の先生より話し易いだろう。それに少しは人生の経験もあるしね」

　おどけて胸を叩いた川辺を少年は（　　D　　）ような目で見ていた。

　川辺の座る喫茶店の席からニコライ聖堂の十字架が見えていた。十字架のそばに鳩が数羽とまっていた。川辺は少年が病院から戻ってくるのを待っていた。目の前の古い革のシートは少年が座っていたところだけがへこんでいた。その凹みは①少年が抱えてきた重みのように思えた。先刻、その席で少年が打ち明けてくれた話が思い出され、彼の質問にあんなふうにしか返答ができなかった自分を川辺は悔んでいた。

　中華料理店を出て、二人は喫茶店に入った。少年は注文したコーラフロートのアイスクリームを勢い良く食べ、コーラを一気に飲み込んでから、川辺の目を覗き込むようにして訊いた。

「おじさん、人は命の取り替えっこはできないの？」

「えっ、何と言ったの？」

「命の取り替えっこだよ。僕の命と誰かの命を取り替えるんだよ」

　からかわれていると思ったが、少年の真剣な目を見て、川辺は少年が何を言いたいのかを考えていた。

「だから僕の命と引き換えに誰かの命を助けるってことだよ。トランプのゲームにあるだろう。自分に配られたカードの手がひどい時に全部を取り替える奴だよ」

――誰かの命……。

　少年の説明に川辺はようやく相手が何を言おうとしているのかがわかった。

――妹の具合はそんなに悪いのか。

川辺はコーヒーをゆっくりと飲みながら真っ直ぐ自分を見つめ返答を待っている少年を見ていた。何と返答すべきかと考えた。十五歳とはいえ、物事の道理はちゃんとわかっているはずである。なのにおウ伽噺のような質問をしなくてはならないほど、少年には切羽詰った状況があるのかもしれない。川辺は口の中にひろがったコーヒーの苦味を消すためにテーブルの上の水を飲んだ。

「人の命はカードとは違うから、それはできないだろうね」

川辺の返答に少年の左目がエ痙攣したように数度動いた。

「そうかな……。じゃ、神様はいるの？　僕が言っている神様って、キリストやブッダのことじゃないよ。それよりもっと大きな僕たちや宇宙をこしらえた奴のことだよ。僕等のことを見ていて何でも自由にしてしまう奴のことだよ。おじさん、〝E.T.〟っていう映画見たことがあるでしょう。あの映画の中で少年とE.T.が指先を合わせると命がよみがえっただろう。あれは映画だけの話だと思う？」

　少年の気持ちがわからぬでもなかった。川辺もかつて同じことを考えたことがあった。

「映画が人生とは違うことは君はわかっているだろう。神様がいるかどうかは私には正直なところわからない。ただ……」

「ただ何？」

　少年が身を（　E　）ように川辺の目を覗いた。

「ただここまで生きてきて、神様は……」

　そこまで言って川辺は少年の背後の壁に掛けてあった時計の針を見た。

「耕太君、そろそろ香里ちゃんの夕食の時間じゃないのか。どうだろうか、この話の続きは君が病院から戻ってきてからしないか。どこかで夕食でも食べよう。私がご馳走するから……」

川辺は兄妹の母親が何かの事情で彼女の故郷の鹿児島に戻っているのを少年の口から聞いていた。

「戻ってくるかどうかは約束できないよ。おじさんは僕の質問にちゃんと答えてくれないしね」

不満そうな少年の目を見て川辺は言った。

「君の質問は難しいんだ。私もここで答えを考えてみるよ。嫌なら戻ってこなくともいいよ。六時までは私はここにいるから……」

「そう。たぶんもう戻ってはこないな。ごめんね。別におじさんを困らせようと思って訊いたわけじゃないんだ。おじさんには何となく話せたからなんだ。じゃ行くよ。ご馳走さま」

少年は立ち上がると川辺に手を差し出した。

川辺は座ったまま少年の手を握った。熱い手だった。

少年が席を立ってから小一時間が過ぎていた。ガラス越しに映ったニコライ聖堂の彼方の空が傾きかけた春の陽に色を濃くしている。川辺は新しいコーヒーを注文し、手の中に残った少年の手のぬくもりをたしかめるように皺だらけになった手のひらを撫でた。

「おじさん、人は命の取り替えっこはできないの？」

子供じみた会話であるが、川辺には少年を笑うことはできなかった。人間は親しい人の死を目の前に突きつけられると、救いを求めるために口から零れ出す言葉は子供じみたものになるのかもしれない。言葉は単純なものとなり、さらに突き詰めれば言葉さえが無力に思えてくるのだろう。よほど切ないものを少年は日々見ているのだろう、と川辺は思った。

川辺は妹の容体を尋ねた時、少年が見せた一瞬の顔の翳りをもう一度思い浮かべた。

「　1　」

少年の言葉が耳の奥でした。

聡明そうな顔立ちをしていた。神の存在を尋ねた時も、キリストでもブッダでもないと言っていたから、あの年齢にしては物事をしっかりと捉える能力があるのだろう。それは②寓話的な質問のしかたでもうかがえた。ひょっとしてあの少年は自分が高校へ進学することを妹に気遣って拒否したのかもしれない。母と兄妹の三人家族と言っていたから、家庭の事情で、進学することで母親に負担をかけたくないと考えての行動とも思えた。それともあの年頃の若者にありがちな、気まぐれや我儘でそんな行動をしたのだろうか……。

「いや、そうではあるまい。あの子は自らそれを選んだのだろう」

川辺は呟いた。ほんのいっときしか少年と接していなかったが、彼には少年の誠実さが伝わっていた。十五歳という年齢は、生死を見つめることでは充分に大人である。そう考えると、少年の置かれた立場は切なすぎるように思えた。年齢には関係なくオ容赦のない運命が人には与えられてしまう。誰がそんなことをするのだ……。

「　2　」

川辺を見つめた少年の目に、涙があふれそうな付け睫毛をしたハルミの目が重なった。

（伊集院静　「キャッチボールをしようか」）

問一　傍線部ア～オの漢字の読み方をひらがなで記せ。

問二　（　A　）～（　E　）に入る言葉を次の中から選び、記号で答えよ。記号の使用は一回限りとする。

ア　たしかめる　　イ　怒った　　ウ　乗り出す　　エ　ざわめく　　オ　戸惑った

問三　「　1　」、「　2　」に入る少年の会話文を、1については十三字、2については七字で抜き出せ。

問四　傍線部①「少年が抱えてきた重み」について川辺はどのようにとらえているか、説明せよ。

問五　傍線部②「寓話的な質問のしかた」とは具体的にどういうことか。最も適切なものを次の中から一つ選び、記号で答えよ。

ア　少年が命や神に関する疑問をトランプのゲームや映画のE．T．に喩えて話をしたこと。
イ　少年が自分の問題を面白い話に喩えて尋ねたこと。
ウ　少年が自分の人生をキリストやブッダの生き方と重ねて話をしたこと。
エ　少年が疑問に思っていた命の神秘性についてわかりやすく話をしたこと。
オ　少年が妹の病気で悩んでいることをトランプのゲームや映画のE．T．に重ね合わせ理解していること。

問六　本文の内容と表現の特徴として最も適切なものを次の中から一つ選び、記号で答えよ。

ア　少年の大人に対する信頼と感謝の気持ちが、何かと気を配って相談に乗ってくれる川辺の姿を通して描かれている。
イ　少年の子供じみた言動に対する川辺の同情が、ニコライ聖堂の十字架に少年の境遇を象徴させながら描かれている。
ウ　少年と川辺との相容れない難しい人間関係が、川辺に対する少年の素っ気ない別れの仕方によって描かれている。
エ　少年の境遇や心情と川辺の少年に対する思いが、真直ぐにまなざしを向けた対話や深い思索によって描かれている。
オ　少年と川辺の運命的な出会いと交流の深まりが、二人の対照的な境遇と相手への、思いやりによって描かれている。

（☆☆◎◎◎）

【三】作者と中宮定子の親しい交わりを描いた次の文章を読んで、後の問いに答えよ。

御前に人々あまた、物仰せらるるついでなどにも、「世の中の腹立たしう①むつかしう、②かた時あるべき心ちもせで、いづちもいづちも③行き失せなばやと思ふに、ただの紙のいと白う清らなる、よき筆、白き色紙、みちのくに紙など得つれば、かくてもしばしありぬべかりけりとなむおぼえはべる。また、高麗ばしの畳の莚、青うこまかアに、縁の紋あざやかに、黒う白う見えたる、ひきひろげて見れば、何か、④なほさらに、この世はえ思ひ放つまじと、命さへをしくなむなる」と申せば、「いみじくはかなき事にもなぐさむなるかな。姨捨山の月は、いかなる人の見るイにか」と笑はせたまふ。候ふ人も、「いみじくやすき息災の祈りかな」と言ふ。

さて後にほど経て、すずろなる事を思ひもし、にくみて、さかにあるころ、⑤めでたき紙を、二十包みに包みて給はせたり。仰せごとには「とくまゐれ」などのたまはせて、「これは⑥聞こしめしおきたる事ありしかばなむ。⑦わろかめれば、寿命経も書くまじげにこそ」と仰せられたる、いとをかし。むげウに思ひ忘れたりつる事をおぼしおかせたまへりけるは、なほただ人にて（　⑧　）をかし。ましておろかならぬ事にぞあらぬや。

⑨心も乱れて、啓すべきかたもなければ、ただ、

「⑩かけまくもかしこきかみのしるしには鶴のよはひになりぬべきかな

あまりにやと啓せさせたまへ」とて、まゐらせつ。台盤所の雑仕を御使エに来たる。青き単衣など取らせて。

まことに、この紙を草子に作りてもてさわぐに、むつかしき事もまぎるる心ちして、をかしう心のうちもおぼゆ。

二日ばかりありて、赤き衣着たる男の、畳を持て来て、「これ」と言ふ。「あれはたれぞ。⑪あらはなり」など、物はしたなう言へば、さし置きていぬ。「いづこよりぞ」と問へば、「まかりにけり」、取り入れたれば、ことさらに御座といふ畳のさまにて高麗など清らなり。心のうちには、さにやあらむと思へば、なほおぼつか

なきに、人ども出だして求めさすれば、失せ オにけり。あやしがり笑へど、使のなければ、言ふかひなし。所たがへなどならば、おのづからもまた言ひに来なむ。宮の辺に案内しにまゐらせまほしけれど、なほたれか⑫すずろにさるわざはせむ。仰せ言なめりと、いみじうをかし。

『枕草子』

(注) さかにあるころ…一説によると、「さか」は地名。

問一 傍線部ア～オの「に」から助動詞を二つ記号で抜き出し、助動詞の文法的意味を答えよ。

解答例 カ 推量

問二 傍線部①④⑤⑪⑫の語句の解釈として最も適切なものを、各群の選択肢からそれぞれ一つずつ選び、記号で答えよ。

① ア 気味が悪く　イ 困難で　ウ 見苦しく　エ 煩わしく　オ 不思議で

④ ア 決してこの世は思い捨てることができそうにもない。
イ これ以上この世は思い捨てないつもりだ。
ウ 二度とこの世は思い捨てられそうにない。
エ 全くこの世は思い捨てたものではなさそうだ。
オ この上この世は思い捨てられない。

⑤ ア めでたい　イ すばらしい　ウ 華やかだ　エ 目ざましい　オ 好ましい

⑪ ア 丸見えだ　イ 不用心だ　ウ 無遠慮だ　エ 明らかだ　オ 公然だ

⑫ ア わけもなく　イ 突然に　ウ すぐに　エ ようやく　オ やたらに

問三　傍線部②③を口語訳せよ。
問四　傍線部⑥の該当する部分を本文中から探し、最初と最後の六字で抜き出せ。
問五　傍線部⑦に含まれる自立語について文法的に説明せよ。
問六　（　⑧　）に入る適切な副助詞を次の中から一つ選び、記号で答えよ。
　ア　ばかり　　イ　だに　　ウ　など　　エ　のみ　　オ　さへ
問七　傍線部⑨について、作者はなぜ「啓すべきかた」もないほど心が乱れたのか、五十字以内で答えよ。
問八　⑩の和歌から掛詞を探し、解答欄にあうように説明せよ。また、「鶴のよはひ」とは何のたとえか答えよ。
問九　中宮定子の言葉から自敬表現と考えられる単語を二つ抜き出せ。

（☆☆☆◎◎◎◎）

【四】次の漢文を読んで、後の問いに答えよ。ただし、設問の都合上、訓点を省略した箇所がある。

①明主之所導制其臣者、二柄②而已矣。二柄者トハ刑徳也。何ヲカ謂フ二刑徳ト一。曰ハク、殺戮ヲ之レ謂ヒレ刑ト、慶賞ヲ之レ謂フレ徳ト。為ル二人臣一者ハ、畏レテ二誅罰ヲ一利トス二慶賞ヲ一。故ニ人主自ラ用キナバ二其ノ刑徳ヲ一、則チ群臣畏レテ二其ノ威ヲ一而帰セン二其ノ利ニ一矣。故ニ世之姦臣ハ則チ

不レ然《ラシメ》。所《ハ》レ悪《ム》則《チ》能《ク》得《テ》二之《ヲ》其《ノ》主《ニ》一而罪《シ》レ之《ヲ》、所《ハ》レ愛《スル》則《チ》能《ク》得《テ》二之《ヲ》其《ノ》主《ニ》一而賞《ス》レ之《ヲ》。今、人主非《ズシテ》レ使《ムルニ》三賞罰之威利《ヲシテ》出二於己一也、聴《キテ》二其《ノ》臣《ニ》一而行《ハバ》二其《ノ》賞罰《ヲ》一、則《チ》一国之人、皆畏《レテ》二其《ノ》臣《ヲ》一而③易二其《ノ》君《ヲ》一、帰《シテ》二其《ノ》臣《ニ》一而去《ラン》二其《ノ》君《ヲ》一矣。此《レ》人主失《フ》二刑徳《ヲ》一之患《ヘ》也。夫《レ》虎之所二以《ノ》能《ク》服《スル》㆑狗《ヲ》者《ハ》爪牙也。使《メ》三虎《ヲシテ》釈《テ》二其《ノ》爪牙《ヲ》一、而《シテ》使《メバ》二狗《ヲシテ》用《キ》㆑之《ヲ》、則《チ》虎反《ッテ》④服於狗矣。人主者《ハ》以《テ》二刑徳《ヲ》一制《スル》レ臣《ヲ》者也。今、君《タル》レ人《ニ》者、釈《テ》二其《ノ》刑徳《ヲ》一、而《シテ》使《メバ》二臣《ヲシテ》用《キ》㆑之《ヲ》、則《チ》君反《ッテ》制於臣矣。故《ニ》田常《ハ》上《ハ》請《ヒテ》二爵禄《ヲ》一、而行《ヒ》二之《ヲ》群臣《ニ》一、下《ハ》大《ニシテ》二斗斛《ヲ》一、而施於百姓。此《レ》簡公失《ヒ》レ（⑤）、而《シテ》田常用《ヰル》レ之《ヲ》也。⑥故簡公見弑。子罕謂《ヒテ》二宋君《ニ》一曰《ハク》、夫《レ》慶賞賜予者、民之所レ喜《ブ》也。君自《ラ》行《ヘ》レ之《ヲ》。殺戮刑罰者、民之所レ悪《ム》也。⑦臣請当之。

於《テ》レ是《ニ》宋君失《ヒ》レ（⑧）、而《シテ》子罕用《キル》レ之《ヲ》。故宋君見劫。田常⑨徒用《キテ》レ徳《ヲ》、而簡公弑、子罕徒用《キテ》レ刑《ヲ》、而宋君劫。故《ニ》今之為《ル》二人臣一者、兼《ネテ》二刑・徳《ヲ》一而用《ヰナバ》レ之《ヲ》、則《チ》是《レ》世主之《ノ》危《キコト》、⑩甚於簡公・宋君也。故《ニ》劫殺擁蔽之主《ハ》、併《ハセ》二失《ヒ》刑徳《ヲ》一、而使《メ》二臣《ヲシテ》用《ヰ》一レ之《ヲ》、而⑪不危亡者、則未嘗有也。

『韓非子』

（注）明主…賢明な君主　柄…権力　姦臣…悪臣　斗斛…一斛入りの升　田常…春秋時代の斉の家臣
簡公…斉の君主　子罕…戦国時代の宋の人　宋君…戦国時代の宋の桓侯
擁蔽…君主が臣下に耳目をふさがれること

問一　傍線部②⑨の読みを現代仮名遣いのひらがなで答えよ。（必要ならば送り仮名を付けて答えよ。）

問二　傍線部①について、次の口語訳を参考にして、訓点を施せ。
「賢明な君主がその臣下を制御するのに拠り所とするものは」

問三　傍線部③の文中での意味を次の中から一つ選び、記号で答えよ。
ア　やさしい　イ　移す　ウ　納める　エ　交換する　オ　侮る

問四　傍線部④⑩の助字「於」の意味を次の中からそれぞれ一つ選び、記号で答えよ。
ア　場所　イ　受身　ウ　原因　エ　対象　オ　比較

問五　⑤～⑧に入る適語を次の中からそれぞれ一つ選び、記号で答えよ。
ア　刑徳　イ　刑　ウ　徳　エ　人主　オ　人臣　カ　民
問六　傍線部⑥を書き下し文に改めよ。
問七　傍線部⑦について、「臣」「之」を明確にして口語訳せよ。
問八　傍線部⑪を口語訳せよ。
問九　刑徳を行使する上で大切なことは何か。本文に即してまとめよ。

（☆☆☆◎◎◎◎）

解答・解説

【中学校】

【一】①　つたな　②　ずさん　③　せんがく　④　しい　⑤　ひごう　⑥　しんしゃく　⑦　欺　⑧　潰　⑨　迎合　⑩　乱麻　⑪　訃報　⑫　薫陶

〈解説〉漢字は学習するだけではなく、読書など日常生活の中で身につけたい。特に、⑪の訃報などは新聞等でもよく見るので、意識して読むようにしたい。

【二】1　エ　2　A　エ　D　ウ　3　(例)　広く世人に好まれ、話題に上って知れわたること　4　述語　5　イ　6　(例)　かなり教養のある女性だ　7　(例)　私の探している家はこのうちに相違いないが、私はどこからはいっていいか、分からない。だってこの家には勝手口がなかったから。　8　コンテクストに寄りかかった主観的言語

〈解説〉1　川端康成は明治32年に生まれた日本の小説家であり、感覚的でイメージや象徴を重視する作風から、新感覚派と称された。『伊豆の踊子』や『雪国』、『山の音』などが主な作品である。エの『細雪』は同じく明治に生まれた作家、谷崎潤一郎の作品であるのであわせて覚えておきたい。　2　Aは直前の内容を受けた上で新たな局面で説き起こし始める部分であるので、「さて」が入る。また、D以後はこれまで述べられてきたことのまとめの内容となるので、Dには「つまり」が入る。　3「膾炙」とは「広く世人に好まれ、話題に上って知れわたること」という意味である。『雪国』が、多くの日本人に知られていることからも推測できるだろう。　4　文を構成する要素はいくつかあるが、最も基本的な構造は主語＋述語の形である。直後に「主語もその例外ではない」とあるため、ここでは「述語」が入ると考えられる。　5　問題部直後の二文と具体的な例から説明すれば、「楽しかった」と言った場合はただ単に「私」が感じたことであるが、「私は楽しかった」と言った場合は、「私」ではない人も存在し、「他の人と対比されている」状態になる、ということである。　6　奉公口を探すような社会的階層の人間と「相違ない」という言葉に隔たりがある、ということはつまり、「そんな人間」は「間違いない」というような表現を使うのではないかと予想されるのに、高度な表現ができているということである。ここから導けるのは、この女性は「相違ない」という言葉を用いることができるほど教養がある、ということである。　7　補う省略部分というのは、文脈から読み取れるように「主語」の部分である。日本語においては「私」と特別に断らなければ、その主語は「私」であるのだから、この傍点を付

した部分にも「私」という主語をおいて書きかえる。 8 この文章で冒頭から一貫して述べられているのは、「日本語は受け手との関係や、話される場に寄りかかった形で発話行為がなされる」ということである。このような内容を文字数にあう形で書けばよい。

【三】 1 (例) 山月記 2 副詞 3 実務的には鈍物 4 三蔵法師…・(例) 窮死してもなお幸福であり得る心をもち怡しげに生を肯定する 悟空…・(例) 嚇怒と歓喜をもって単純にこの生を肯定する 5 エ 6 (例) 客観的に三蔵法師や悟空、八戒を見つめ、生き方を懐疑的に思索している妖怪

〈解説〉1 中島敦の作品は、中国の古典から題材を得たもの、南洋諸島に赴任した際に題材を得て創作されたもの、過剰な自意識に悩む人間の有様を描いたものと三つに大きく分けられる。出題文の『悟浄歎異』、解答例の『山月記』の他にも『名人伝』や『李陵』がある。 2 「金輪際」はあとに打消を伴って「断じて」という意になり、用言にかかるので副詞である。 3 三蔵法師の弱さや自己防衛の本能のなさを言い換え、端的に表している箇所を見つける。問題文にある七文字が、大きなヒントである。「鈍物」とは「才知のにぶい者」という意味である。 4 三蔵法師と悟空、二人の生き方についてが対比させながら述べているのは、形式段落第2段落と第3段落である。ここから主語に注意してそれぞれの生き方を整理し、端的に述べている箇所を用いて答えればよい。 5 「憐憫」は「あわれむこと」、「畏敬」は「かしこまり敬うこと」、「憧憬」は「あこがれること」という意味であることを踏まえ、それぞれの記号の直前の記述と照合し、あてはめればよい。 6 この『悟浄歎異』は本文からもわかるように、『西遊記』の三蔵法師に付いて旅する悟空や八戒を「独り言の癖」をもつ沙悟浄の目から見て書かれたものである。沙悟浄が結局は何について考察していたのかは、主に最終段落から「生き方について」だと読み取れる。

【四】１　イ　２　Ｃのみ完了の助動詞「ぬ」の連用形、あとは格助詞　３　出で来む。　４　ａ　俊恵　ｃ　後徳大寺の大臣　５　あなたはかならず後世において和歌の達人として名声を得られるでしょう　６　初め…俊恵は、こ　終わり…用ゆなり。　７　初心忘るべからず

〈解説〉１　『無名抄』は鴨長明によって書かれた歌論書である。和歌に関する故実、歌人の逸話、詠歌の心得などが雑録されている。　２　Ａ、Ｂ、Ｄは体言・連体形に接続するので格助詞であるが、Ｃは動詞「至る」の連用形に接続しているので完了の助動詞「ぬ」の連用形である。　３　「秀逸」「また」という言葉から導く。少しも思いも入れず、少々感心しない言葉を入れていては秀歌などできるわけもないし、秀逸でなければ、また人も尊重しない。という流れが自然である。　４　ａは俊恵が話している会話文中の表現なので俊恵が主語である。ｃは後徳大寺の大臣の話の流れであり、「至りにたり」とは後徳大寺の大臣の感情であるので、後徳大寺の大臣が主語となる。　５　ここでの「そこ」は人代名詞であるので、主語は「あなたは」となる。加えて「いまそかり」は「在り」の尊敬語であり、助動詞「べし」が推量であることを踏まえて訳せばよい。　６　問題部を含む「かく聞こゆれば、をこのためしなれど」というのは、「こう申し上げると、ばかげた例になりますが」ということで、自分のことを卑下している表現であるので、この直後に述べられている部分がその内容となる。　７「俊恵は…案じ侍り。」で端的に表されているように、どんなに認められた歌人になっても、うぬぼれた歌を詠んではいけない、という内容であるので「初心忘るべからず」が適当。

【五】１　①　適切に表現し、正確に理解する　②　伝え合う力　③　言語感覚を豊かに　④　国語を尊重する態度　２　①　シ　②　セ　③　カ　④　キ　⑤　ウ　⑥　サ　⑦　イ　⑧　ク　⑨　ケ　３　①　取材　②　推敲　③　交流　４　①　20　②　10

〈解説〉1　教科の目標は大きく二つの部分から構成されており、前段では、国語の能力の根幹となる、国語による表現力と理解力とを育成することが、国語科の最も基本的な目標であることを述べている。後段では「思考力」「想像力」「言語感覚」について述べたあとに、さまざまな特質と役割を担っている国語に対する認識を高めていくことが国語の習得を一層確実にすることができるとし、「国語を尊重する態度を育てる」ことを求めている。　2　学年が上がるごとに、アについては話の形態や自己に還元すること、イについては話題の範囲や討論の形式、目的などが高度な内容になっていることをおさえる。　3　各学年のB「書くこと」の(1)指導事項については、どの学年でも課題設定や取材に関する指導事項、構成に関する指導事項(第三学年は課題設定や取材、構成とまとめられている)、記述に関する指導事項、推敲に関する指導事項、交流に関する指導事項の五つで構成されている。　4　第一学年と第二学年の年間の配当時間が同程度となったことで、二年間を見通した系統的で計画的な指導が行いやすくなっている。

【高等学校】

【一】問一　ア　狭める　イ　偏り　問二　a　ウ　b　ア　問三　一人ひとりが、学ぶことを周辺から中心への参加の度合いの増進とみて、他者から承認され、一人前になるプロセスという視点でとらえている。　問四　(例)　個人化された学習の意味づけではなく、「他者」との関わりの文脈の中に学ぶことを位置づけ、学習を周辺から中心への参加の度合いの増進とみて、他者から承認され、一人前になるプロセスという視点でとらえている。　問五　イ、ウ

〈解説〉問三　補充箇所の「これまで見てきた、こうした「学ぶ意味」のとらえ方は、「私」や「自己」を前提にしている」という文言に着目する。「これまで見てきた」とあることから、「私」や「自己」を前提にして「学ぶ意味」をとらえている段落を探す。　問四　第十二・十三・十七・十八・十九段落に、「学ぶ意味」に関しての作者の主張が述べられてる。具体的には、第十二段落の「「他者」との関わりの文脈に、もう一度、学ぶ

ことを位置づけられない」、第十九段落の「学習をこのように周辺から中心に向けての参加の度合いの増進とみると、学習の意味づけも変わってくる。」「共同体のメンバーとして一人前になる・一人前として扱われるプロセスが学習」などの内容をまとめる。　問五　アは「まず、子ども自らに学ぶ意味を考えさせ、学習意欲を喚起することが大切である。」が不適。エは「義務教育段階においては、子どもたちが将来の職業や生活をイメージできるような学習内容とすることが重要である。」が不適。　オは「子どもたちが意欲を持ち、自ら進んで学ぶようになる可能性がある。」が不適。

【二】問一　ア　けげん　イ　かげり　ウ　おとぎばなし　エ　けいれん　オ　ようしゃ
問二　A　イ　B　オ　C　エ　D　ア　E　ウ　問三　1　答案用紙を白紙で出したもの
2　神様はいるの?　問四　(例)　母子家庭で、たった一人の妹が重病で入院しており、少年がその世話をし、家庭の事情で高校進学を諦めたこと。　問五　ア　問六　エ

〈解説〉問二　本問で選択肢に戸惑った場合は、選択肢が確実に決まる箇所から解くとよい。　A　空欄直前の「恥ずかしかったのか」、直後の「川辺から離れていこうとした」から推察する。　B　空欄前にある川辺の態度や発言から推察する。　C　空所直後の「奇妙な感覚」から推察する。　E　空所直前にある「身を」や少年の発言「ただ何?」から推察する。「身を乗り出す」は慣用表現で興味・関心を深く持つといった意味。
問四　本文の「ひょっとしてあの少年は自分が高校へ進学することを妹に気遣って拒否したのかもしれない。母と兄妹の三人家族と言っていたから、家庭の事情で、進学することで母親に負担をかけたくないと考えての行動とも思えた。」をまとめる。　問五　少年の発言「そうかな……。じゃ、神様はいるの?僕が言っている神様って、キリストやブッダのことじゃないよ。…あれは映画だけの話だと思う?」が寓話的と表現している。

問六　消去法を用いる。アは「少年の大人に対する信頼と感謝の気持ち」が不適。イは「少年の子供じみた言動」が不適。ウは「少年と川辺との相容れない難しい人間関係」が不適。オは「二人の対照的な境遇と相手への思いやりによって描かれている。」が不適。

【三】問一　イ　断定、オ　完了　問二　①　エ　④　ア　⑤　イ　⑪　ウ　⑫　ア　問三　②　一時も生きていられそうな気持もしないで　③　行ってしまいたい　問四　「世の中の腹…ぼえはべる。　問五　形容詞ク活用「わろし」連体形撥音便(無表記)　問六　イ　問七　(例)　自分でも忘れていた紙の事を中宮が覚えていて、悩んでいる作者に下賜された中宮の優しさに感動したから。　問八　かみに紙と神が掛けてある。　鶴のよはひ…長寿　問九　まゐれ、聞こしめしおき

〈解説〉問一　イは断定の助動詞「なり」の連用形、オは完了の助動詞「ぬ」の連用形である。　問二　①「むつかし」は「①機嫌が悪い、②煩わしい、③むさくるしい、④気味が悪い」などの意味。④「え…(打消)」は「決して…ない」の意味、「思ひ放つ」は「見放す、あきらめる」の意味である。⑤「めでたし」は「①すばらしい、②喜ばしい、③愚かだ」などの意味である。⑪「あらはなり」は「①丸見えだ、②明白だ、③表立っている、④無遠慮だ」などの意味である。⑫「すずろなり」は「①わけもない、②無関係だ、③趣を理解しない、④思いがけない、⑤むやみやたらに」などの意味である。　問三　②の「かた時」は「わずかな時間」の意味、「で」は打消しの接続助詞である。　③「ばや」が願望を表す終助詞である。　問五「わろし」は「①よくない、②体裁が悪い、③美しくない、④つたない、⑤貧しい、⑥まともでない」などの意味である。　問六　空所の直後にある「まして」に着目する。　問九　中宮定子の会話文の中から探す。

【四】問一　②　のみ　⑨　ただ　問二　明主之所ノ三導二制スル其ノ臣ヲ一者ハ　問三　オ　問四　④　イ　⑩　オ　問五　⑤　ウ　⑧　イ　問六　故に簡公弑せらる。　問七　子罕に刑を担当させて下さい。
問八　危ない目にあったり亡びたりしなかった者は、今までにあったためしはないのである。
問九　(例)　刑徳は二つあわせて行使することが大切で、人臣に任せるのではなく、人主が自分自身で行わなければならない。

〈解説〉問二　「明主之所導制其臣」全体が「者」を修飾する。「明主之所導制其臣」は「明主」が主語、「導制」が述語、「其臣」が目的語となる。　問三　「畏其臣」と「易其君」が対になっていることに着目する。
問四　前後の文脈から判断する。「於」には、動作・行為の時間・空間・範囲・位置・対象・方向や動作・行為が発生する時間・空間・位置や原因・理由・根拠、比較の対象、受身などを表す用法がある。　問五　本文「田常徒用徳、而簡公弑、子罕徒刑、而宋君劫。」から推察する。　問六　「見」は受身の用法である。
問七　「臣」は「子罕」を指し、「之」は「刑」を指す。　問八　「未嘗…(いまだかつて…ず)」に着目する。
問九　本文の「故今之為人臣者、兼刑・徳而用之、則是世主之危、甚於簡公・宋君也。」の内容を踏まえ、解答を作成すればよい。

●書籍内容の訂正等について

弊社では教員採用試験対策シリーズ（参考書，過去問，全国まるごと過去問題集），公務員試験対策シリーズ，公立幼稚園・保育士試験対策シリーズ，会社別就職試験対策シリーズについて，正誤表をホームページ（https://www.kyodo-s.jp）に掲載いたします。内容に訂正等，疑問点がございましたら，まずホームページをご確認ください。もし，正誤表に掲載されていない訂正等，疑問点がございましたら，下記項目をご記入の上，以下の送付先までお送りいただくようお願いいたします。

① **書籍名，都道府県（学校）名，年度**
（例：教員採用試験過去問シリーズ　小学校教諭 過去問　2025 年度版）
② **ページ数**（書籍に記載されているページ数をご記入ください。）
③ **訂正等，疑問点**（内容は具体的にご記入ください。）
（例：問題文では“ア～オの中から選べ”とあるが，選択肢はエまでしかない）

〔ご注意〕

○ 電話での質問や相談等につきましては，受付けておりません。ご注意ください。
○ 正誤表の更新は適宜行います。
○ いただいた疑問点につきましては，当社編集制作部で検討の上，正誤表への反映を決定させていただきます（個別回答は，原則行いませんのであしからずご了承ください）。

●情報提供のお願い

協同教育研究会では，これから教員採用試験を受験される方々に，より正確な問題を，より多くご提供できるよう情報の収集を行っております。つきましては，教員採用試験に関する次の項目の情報を，以下の送付先までお送りいただけますと幸いでございます。お送りいただきました方には謝礼を差し上げます。
（情報量があまりに少ない場合は，謝礼をご用意できかねる場合があります）。

◆あなたの受験された面接試験，論作文試験の実施方法や質問内容
◆教員採用試験の受験体験記

送付先
○電子メール：edit@kyodo-s.jp
○FAX：03-3233-1233（協同出版株式会社　編集制作部 行）
○郵送：〒101-0054　東京都千代田区神田錦町2-5
協同出版株式会社　編集制作部 行
○HP：https://kyodo-s.jp/provision（右記のQRコードからもアクセスできます）

※謝礼をお送りする関係から，いずれの方法でお送りいただく際にも，「お名前」「ご住所」は，必ず明記いただきますよう，よろしくお願い申し上げます。

教員採用試験「過去問」シリーズ

滋賀県の
国語科 過去問

編　集　©協同教育研究会
発　行　令和6年2月25日
発行者　小貫　輝雄
発行所　協同出版株式会社
〒101-0054　東京都千代田区神田錦町2-5
電話　03−3295−1341
振替　東京00190−4−94061
印刷所　協同出版・POD工場

落丁・乱丁はお取り替えいたします。
